歴史文化ライブラリー

532

明暦の大火

「都市改造」という神話

岩本 馨

吉川弘文館

目次

〔凡　例〕

一、近世の人名のあり方は現在と比べてはるかに複雑であるが、本書では原則として「苗字―諱（いみな）」で表記した。ただし諱が不明な場合は通称で、学者や文人などは号で表記した場合がある。

一、人物の年齢は原則として数え年で表記した。

一、日付は原則として和暦で表記し、括弧内に和暦年と対応する西暦年を併記した。季節が重要な意味をもつ箇所ではグレゴリオ暦換算での日付も示した。

一、人名、役職、地名などに付された尊敬の接頭語・接尾語は原則として省略した。

一、章扉の写真およびとくに註記のない図版はすべて筆者の撮影・作図である。

一、絵図はとくに註記のない場合、北を上にして掲載している。

しかし元首の慈悲深い援助も惜しみない施与も、神々に捧げた贖罪の儀式も、不名誉な噂を枯らせることができなかった。民衆は「ネロが大火を命じた」と信じて疑わなかった。

タキトゥス著／国原吉之助訳『年代記（下）』（岩波書店、一九八一年）

「都市改造」という神話――プロローグ

紀元六四年七月、ローマは燃えた。大競技場付近から起こった火は、風に煽られてまたたく間に燃え拡がり、六日間にわたって市街地の七割以上を焼いた。当時のローマでは木造建築が不規則に密集していて、それが甚大な被害につながったと考えられる。それゆえ大火後のローマでは、皇帝ネロのもとで、規則正しい街区の形成、道路の拡幅、建築の不燃化などの「都市改造」が行われたとされる。しかし当時のローマの人々は、もしやこの大火は、「暴君」ネロがローマを改造するために仕掛けたものだったのではないかと噂したという。

それから一五九三年後、明暦三年正月十八日から二十日にかけて（西暦一六五七年三月二日～四日）、ローマ大火などとともに世界史上最大級の惨事として挙げられるほどの大

火災が江戸を襲った。明暦の大火である。ローマ大火と明暦の大火、時代は遠く隔たってはいるが、その語られ方については不思議と符合する。

都市災害のなかで、火災はとりわけ人災としての側面が大きい。そもそも火災は意図的に発生させることが可能なうえに、狭隘(きょうあい)な市街地、燃えやすい建築、未熟な消火システムによって被害が拡大されうる。それゆえ大火に遭ったとき、人々は自らの都市が抱えていた問題点に向き合わざるを得ない。焼失した都市が大火後に「改造」されて相貌を一新したというような説明、あるいはさらにそこから飛躍して、大火はそもそも「都市改造」のために引き起こされたのだという陰謀論は、その点で人々にとって分かりやすい。

明暦の大火についても、放火説はともかく、大火が従前の江戸市街地を滅ぼし、その後の「都市改造」が新たな江戸を創り上げたという流れは、通説としてさまざまな書籍などで記述されてきた。例えば『国史大辞典』の「明暦の江戸大火」の項では以下のように記述されている（村井益男執筆、ルビは原文ママ）。

大火後幕府は、罹災町人に対して粥の施行や米の廉売を行い、また大名・旗本・町人に対し分限に応じて金銀を下賜あるいは貸与して復旧の資に充てさせるなど、応急の救済措置をとったが、それとともに江戸の復興については、防火対策を眼目にした大幅な都市改造を企画し、実行に移した。まず基礎作業として、大目付北条正房（氏

長）らに命じて実測による正確な江戸地図を作製させた。この図は、後年に遠近道印（おちこちどういん）作として板行された「寛文江戸図」の原型となった。第二に、江戸城内吹上にあった御三家邸をはじめとする武家屋敷を城外に出すなど、江戸城周辺の武家屋敷の大規模移動を行い、第三に外郭内の寺院を外濠外あるいは新開地に移動させ、第四には市内に広小路・火除明地・火除堤などを各所に設けて火災の延焼防止を図った。大火後、江戸市街は比較的短時日で復興したが、その都市的景観は大火前とは大きく様相を異にするようになった。また大火で焼失した江戸城天守閣は、再建の議はあったが結局再建されなかった。明暦大火は、江戸の都市史上一つの画期となった大事件であった。

　このように明暦の大火を江戸の都市史の劃期として捉える史観は、古くは戦前の書籍にも見られ、さらに大元をたどれば近世にまで遡る伝統的なものであった。しかしここに挙げられている「都市改造」の内実については、必ずしもきちんとした実証がなされてきたわけではなく、次の二つの点をふまえて改めて検討される必要があるように思われる。

　一つには、これまでの研究が依拠してきた史料の問題である。大火のような大災害には悲劇や美談といったさまざまなエピソードが付きものである。これらは劇的であるために心摑まれやすく、これまでの明暦の大火研究（例えば黒木喬『明暦の大火』など）でも仮名草子の『むさしあぶみ』や大名の言行録などが挿話的に多く使用されてきた。しかし人の

心を動かすための文章というのは必然的に修飾や創作をともなうものであり、その度合いが強いほど実態からは離れていくきらいがある。

もう一つは、近年の十七世紀江戸図の「発見」ないし紹介である。二十世紀段階では、明暦の大火前の江戸について知るための手がかりは「寛永描画図群」(飯田龍一・俵元昭『江戸図の歴史』)と呼ばれる一連の木板図がほとんどで、これらは江戸の中心部のみを図化したものであった。江戸全域らしい範囲を描いたものとしては「正保江戸図」の存在が知られてはいたが、これは随所に不自然な空白や欠落があり、不完全な図であった。つまり大火前の江戸の全体像を知ることはこの時点では不可能だったのであり、それゆえ大火後の江戸の拡張も過大に評価されがちであった。

ところが今世紀に入ると、二〇〇六年に大分県臼杵(うすき)市で寛永末年(一六四二〜四三)の江戸の全貌を描いた「寛永江戸全図」が「発見」され、翌年には早くも仮撮影版が刊行された(『寛永江戸全図 仮撮影版』)。また二〇〇七年には、大火直後の明暦三(一六五七)〜四年頃の江戸を描いたとみられる「明暦江戸大絵図」(三井(みつい)文庫所蔵)全体を高精細撮影して索引を付した書籍が刊行された(『明暦江戸大絵図』)。これら新たに「発見」・紹介された江戸全体図によって、誰もが大火前後の江戸の変遷を詳細に追うことが(その気になれば)できる環境が整ったのである。

そこで本書では、裏付けのないエピソード類の利用を可能な限り避け（ただしそうしたエピソードがいかにして生み出されたのかについては別に問う）、信頼性の高い記録から事実関係を押さえることを基本方針とする。併せて江戸図類に記載される情報の悉皆的なデータ化により、空間的な変遷を把握することで、明暦の大火とその後の復興の実像に迫っていきたい。

果たして江戸の「都市的景観は大火前とは大きく様相を異にするようになった」のか。そしてもし本当はそうでないとすれば、なぜそのように理解されるようになったのだろうか。本書が格闘したいのは、このような「都市改造」という神話である。

大火の日

本妙寺跡から南を望む

大火前後の江戸と絵図

本論に入る前に、大火前後の江戸の都市空間をどのように復元するか、その方法について概説しておきたい。

江戸の実測図

江戸の実像について知るうえでは、現代の地図と重ね合わせが可能な縮尺入りの復元図を作成することが一番である。ところが江戸図とはいわゆる絵図であり、図によってはかなり歪みが大きいものも少なくない。

実測にもとづいた精度の高い江戸図のうち、最も古い例として知られているのは、三井文庫に所蔵されている「**万治年間江戸測量図**」である（以下「測量図」と略記、部分図は二五三頁参照）。これは南北四一六〇ミリ×東西三二〇〇ミリという巨大な図で、芝（しば）—三田（みた）—麻布（あざぶ）—青山（あおやま）（ここまで現港区）—千駄ヶ谷（せんだがや）—四谷（よつや）—大久保（おおくぼ）—牛込（うしごめ）（ここまで現新宿区）—小日（こび）

寛文２年（1662）頃の江戸（「万治年間江戸測量図」をもとに作成）

向―大塚―駒込（ここまで現文京区）―谷中―上野―浅草（ここまで現台東区）までを図化した測量図である。南端部・西端部および隅田川以東が含まれていないなど、当時の江戸の全域図とはなっていないが、それでもかなりの範囲はカバーされている。

同図の景観年代については、その表題をもとに万治元年（一六五八）として整理されているが（飯田龍一・俵元昭『江戸図の歴史』）、記載情報を検討する限りでは、もっと後の時代の情報も含んでおり、全体としては寛文二年（一六六二）から三年頃の情報を基本としているとみられる。

同図は単円筒図法による実測図で、縮尺は二六〇〇分の一と計算できるという（秋岡武次郎「幕命による明暦年間江戸全域測量図」）。実際、同図の精度は高く、若干の補正を行うことで現代の地図と重ね合わせることが可能である。ただ、現代の東京は近代以降度重なる道路の拡幅や地形の改変を経てきており、重ね合わせのための適切な基準点を求めることが難しい。そこで本書では、文久二年（一八六二）頃の江戸市街を現代地図上に重ねた『江戸復原図』を基準として利用することで、図の補正を行った。これにより明暦の大火五年後の寛文二年頃の江戸については、縮尺入りの精度の高い復元図を作成することができた。本書で、大火後の江戸について論じる箇所では基本的にこの図をベースマップとして利用している（ただし必要に応じて別の絵図をベースとして、その上に情報を追加した場合

もある）。

なお、現存する「測量図」には、芝・市谷・小日向付近などに大きな欠損部が認められる。こうした箇所については、一〇年ほど時期が下るが、「測量図」をもとに刊行された**『新板江戸外絵図』**（部分図は一四七・一六七頁参照）をもとに補完していることをお断りしておきたい。

大火前の江戸図

一方、大火前の江戸についてはこのレベルでの実測図は発見されていない。大火前の江戸全図のうち最も大火に近い時期を描いたものとして、同じく三井文庫に所蔵される「**江戸市街図　寛文年以前**」がある。同図には紀伊徳川家の私設図書館であった南葵文庫の蔵書印が捺されており、また図中でも同家の屋敷を「御屋敷」と表記していることから判断すると、この図は紀伊徳川家で作成、保存され、その後何らかの経緯で三井文庫に渡ったものと考えられる。

この図も南北二二九三ミリ×東西一五七六ミリの大絵図である。ここには隅田川東岸の深川も含めた江戸の全域が描かれており、その景観は、吹上（現在の皇居吹上御苑）に「御三家」屋敷が健在であるなど、明らかに明暦の大火以前のものである。武家屋敷の記載人名を見ると、最も新しいもので明暦二年（一六五六）七月十九日の屋敷替の情報が反映されており、これを景観年代の下限とすることができる（師橋辰夫「三井文庫蔵・〔寛文十年以

前〕江戸市街図の一考証」〕。なお、同図は現在なぜか「〔寛文十年以前〕江戸市街図」なる図名で通用しているが、図の題簽（だいせん）（表紙に貼る題名の紙片のこと、おそらく後の時代に附されたものか）にはどこにも「十」の文字は見えないうえ、また大火後の図と誤解されやすい名称であることから、これを「**明暦大火前江戸大絵図**」と呼ぶことを提起したい。本書では以下、この図名を用いることとする。

　この図でもう一つ特筆すべき点は、明暦の大火に関する書き込みおよび貼紙の存在で、類焼範囲を示すとみられる朱線や火元の記載、大火の被害やその後の変動などを記した貼紙を確認できる。このことは同図が明暦の大火後に、大火前の江戸の状況と被害の実態を把握する資料として作成されたであろうことを推測させる。

　この点からも「明暦大火前江戸大絵図」は明暦の大火直前の江戸の全貌を知るうえでの重要史料と言えるが、ただし大火前の江戸の空間復元に同図を単独で用いることには危険がある。というのは、記載されている情報を仔細に検討すると、その一部に寛永年間（一六二四〜四四）の江戸の古い情報が混在していることが確認できるからである。おそらく同図は、寛永期頃の江戸図（未詳）をもとに、情報を追加・更新して作成されたものと考えられる。そしてその更新が不徹底であったことから、同図には異なる年代の情報が混在しており、したがってここに描かれている景観をただちに明暦二年（一六五六）の江戸と

して理解することはできないのである。

そこで必要になるのは近い年代の江戸図との比較である。まず「明暦大火前江戸大絵図」と最も関係の深い絵図として、「**明暦江戸大絵図**」（三井文庫所蔵）がある。この図も同様に紀伊徳川家が作成し、三井家に伝わったものとみられる（小林信也「失われた江戸と「明暦江戸大絵図」」）。こちらの景観年代は大火後の明暦三年（一六五七）十月中旬〜四年二月中旬頃と推定されるが、絵図の描写範囲と構図は「明暦大火前江戸大絵図」と非常に似ており（一四頁参照）、両図が大火前と大火後というペアで作成された可能性も考えられる。ただし寸法は南北二八八〇ﾐﾘ×東西一九五〇ﾐﾘと、こちらの方が二五％ほど大きい。

「明暦江戸大絵図」の方の記載情報は、調査の限りでは年代的な矛盾は少ない。大火後の図ではあるが、文献史料の屋敷移動の情報などをもとに遡らせれば、「明暦大火前江戸大絵図」の情報を検証することができよう。

また「明暦大火前江戸大絵図」以前の大絵図としては、近年「発見」された「**寛永江戸全図**」（臼杵市教育委員会所蔵）がある（全体図は一七九頁参照）。これは現在知られているなかで最古の江戸の全体図で、寸法は南北三一〇〇ﾐﾘ×東西二六五〇ﾐﾘと、「明暦江戸大絵図」よりもさらに大きい。景観年代は寛永十九年（一六四二）十一月〜二十年九月頃と

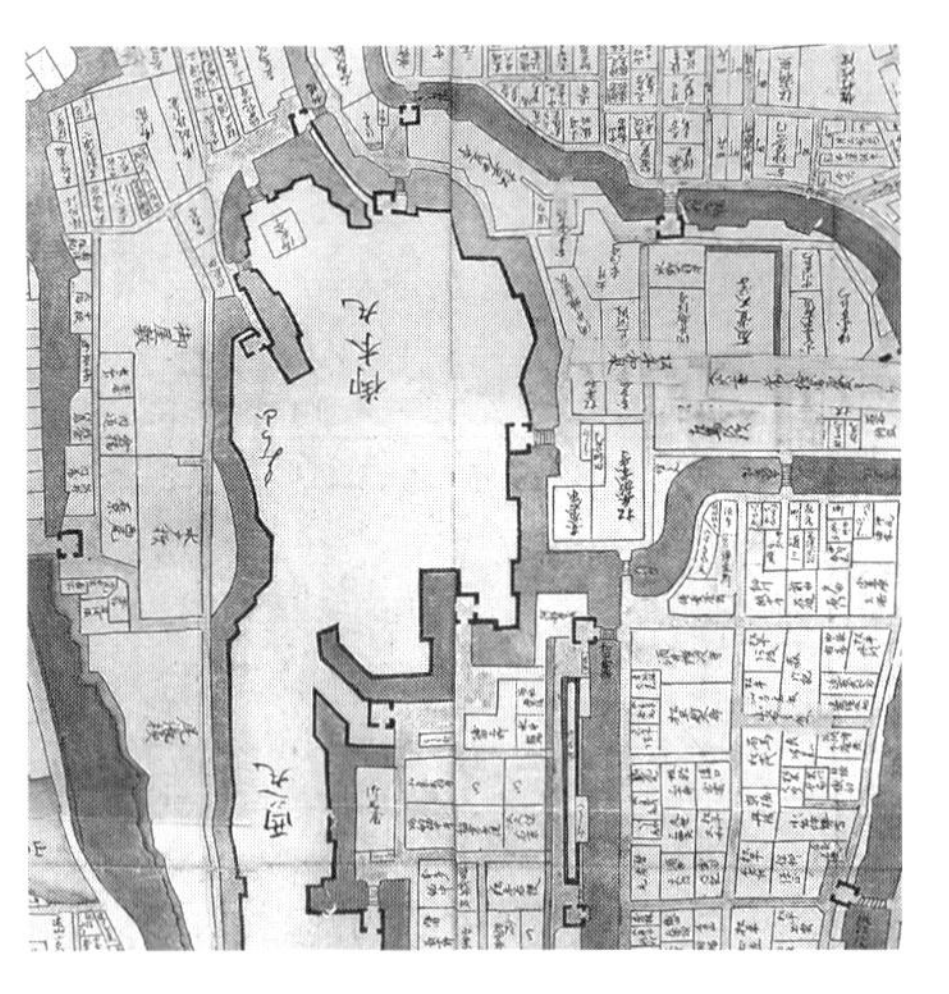
「明暦大火前江戸大絵図」（部分，三井文庫所蔵）

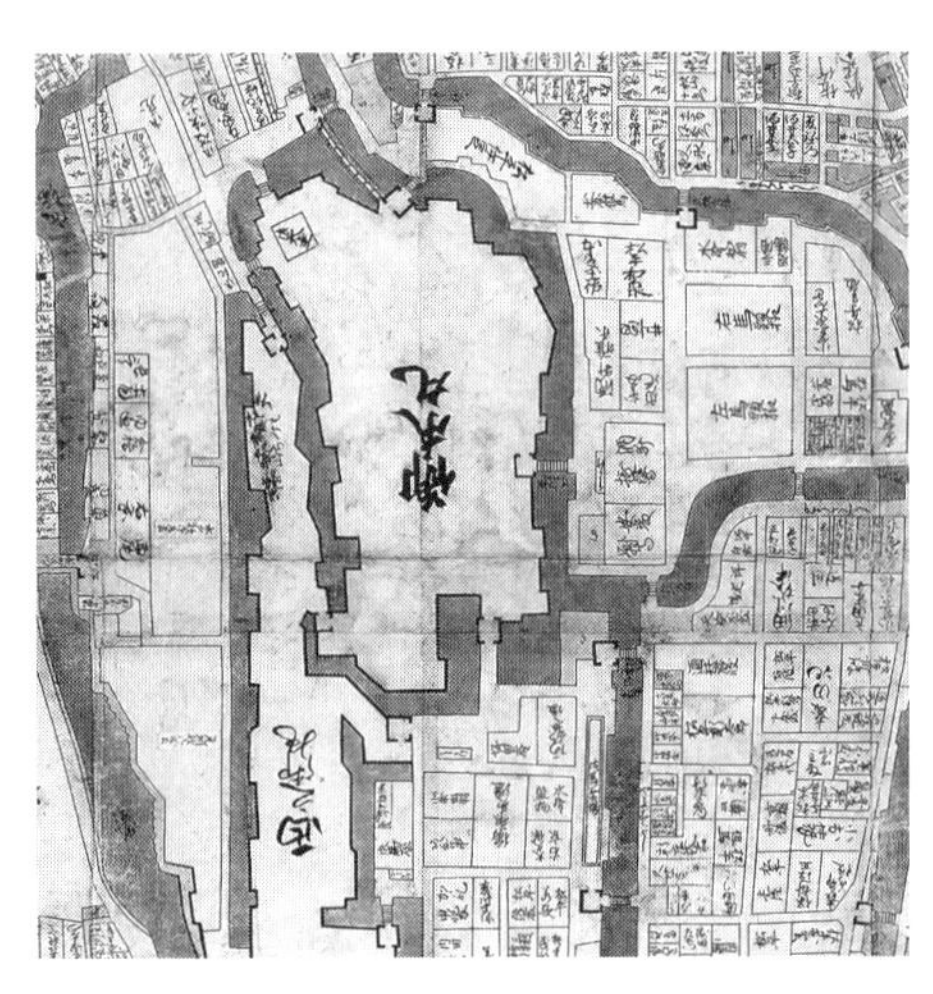
「明暦江戸大絵図」（部分，三井文庫所蔵）

推定されている（金行信輔「寛永江戸全図」）。これは明暦の大火の一四、五年前にあたるが、同図は大火前の江戸を復元するうえで多くの重要な手がかりを提供してくれる。

このほか、後年の写しではあるが、明暦三年（一六五七）正月の刊記を有する「**新添江戸之図**」（国立国会図書館所蔵）も大火直前の江戸図として知られる（部分図は一八・六一頁参照）。これは残念ながら江戸の全体図ではないが、とくに中心部の情報については「明

暦大火前江戸大絵図」よりも矛盾が少ない。寸法は南北一二二四ミリ×東西六二一〇ミリである。

本書では以上の諸絵図を照合し、文献史料の記録も確認しながら大火前の江戸の空間復元を行った。ただしいずれの図も実測にもとづくものではなく、描写の歪みは大きい。とくに周辺部については補正はおろか、場所の比定そのものが難しい場合もあり、「測量図」のような精度での復元図を作成することは困難である。そこで、本書で大火前の江戸を図示する場合は「明暦大火前江戸大絵図」（場所によっては「新添江戸之図」を利用）の写真を掲載して、その上に情報を重ね合わせる手法を基本とした。ただし距離や方角が重要な図については、陸地と水域のみを示した簡略版の復元図（縮尺あり）を作成して用いている。

以上の点をふまえつつ、大火直前の江戸についてまずは見ていくことにしたい。

明暦三年、正月

明暦三年の幕府

明暦三年（一六五七）元日、江戸城に君臨していたのは四代将軍の徳川家綱であった。家綱は寛永十八年（一六四一）生まれの十七歳、慶安四年（一六五一）四月二十日に父の家光が亡くなったことで、同年八月十八日に十一歳で将軍職を継いでいた。

幼君の幕府は波瀾含みのスタートであった。将軍宣下を間近に控えていた七月、代替わりの権力空白期を衝いたかのような二つの事件が立て続けに起きている。

一つは九日の松平定政遁世事件である。定政は三河刈谷二万石の大名であったが、この日の夜に突如息子の定知とともに寛永寺に入って出家し、井伊直孝（近江彦根三〇万石）と阿部忠秋（武蔵忍六万石）に宛てて幕政に対する意見書を提出した。この行動は狂

気によるものと見なされ、定政は改易処分となって兄の松平定行（伊予松山一五万石）のもとに預けられた。

もう一つは二十三日に露顕した、軍学者由井正雪を首謀者とした幕府転覆計画である。正雪らは牢人らをかたらい、江戸・大坂・京での挙兵を計画していたが、密告によって二十三日に共謀者の丸橋忠弥が捕縛され、正雪も二十五日に駿府で自害した。

これら二つの「反乱」事件は結果的には失敗に終わったが、それまでの幕府政治に対する不満があちこちで噴出しかけていることは否めなかった。このような政情不安を乗り越えるべく、幕府重臣たちは一丸となって幼い将軍を補佐することになる。

明暦三年正月はそれから約五年半後にあたる。この段階での家綱政権は、老中として三十四歳の酒井忠清（上野厩橋一〇万石）を筆頭に、松平信綱（武蔵川越七万五〇〇〇石、六十二歳）と阿部忠秋（五十六歳）の三名が中心にあった。忠清が老中、しかも首座についたのは四年前のわずか三十歳のときで、長老の信綱や忠秋を跳び越えた人事といえる。これは、幼少の将軍を支えるために、三河以来の譜代名門である酒井雅楽頭家という由緒と家格が重視された結果と考えられている（福田千鶴『酒井忠清』）。彼はその後寛文六年（一六六六）に大老に就任し、延宝八年（一六八〇）の家綱の死去まで一貫して幕政を主導した。

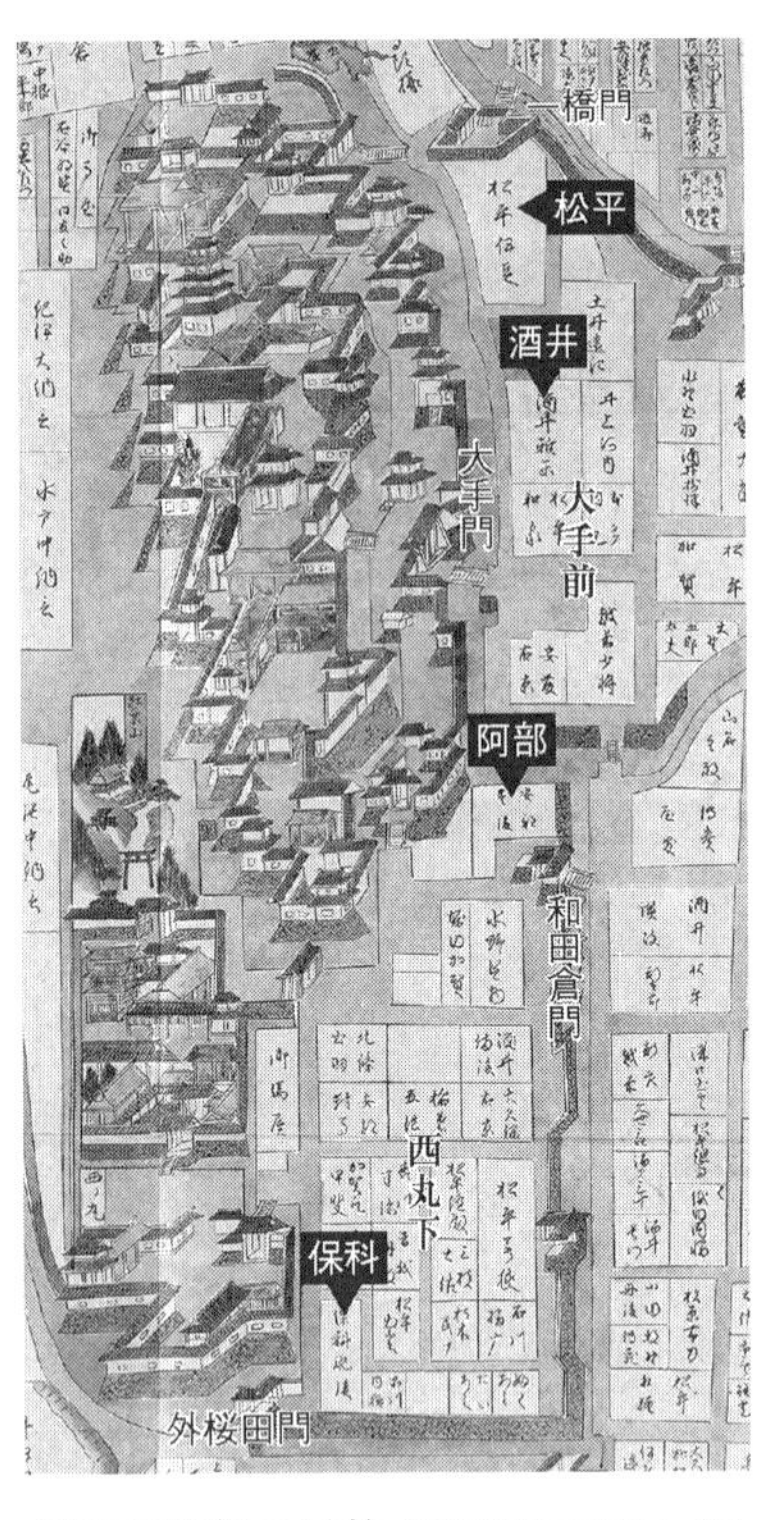

家綱補佐役の屋敷（「新添江戸之図」〈国立国会図書館デジタルコレクション〉に加筆）

この三人の老中のほか、家綱を支えた重要人物として、叔父にあたる保科正之（陸奥会津若松二三万石、四十七歳）がいた。正之は将軍家の法要などの諸行事のさいに将軍の名代をつとめるなど、幼い家綱を後見する役割を果たした（小池進『保科正之』）。

以上四人の江戸での拠点について確認しておこう。まず老中筆頭の酒井忠清であるが、酒井雅楽頭家の上屋敷（居屋敷とも。大名の本邸のこと）は大手門の北東に見える（現千代田区大手町一丁目）。その北側、一橋門の外側に松平信綱の大河内松平家上屋敷があった（同）。また阿部忠秋の阿部豊後守家上屋敷は和田倉門内（現千代田区皇居外苑）に、家綱

後見人正之の保科家上屋敷は西丸下（同）にそれぞれあった。いずれも（狭義の）江戸城とは堀一つ隔てただけの至近距離に立地していたことが分かり、まさに武家屋敷の配置は政権のありようを映し出す鏡といえるのである（岩本馨『江戸の政権交代と武家屋敷』）。

明暦三年の大名

次に、当時の大名の陣容を見てみよう。将軍から一万石以上の所領の統治を認められた領主を大名という。明暦三年（一六五七）元日段階の大名家は二三五家が確認される（巻末の表を参照、なお支藩および加賀小松前田家〈前田利常隠棲料〉、出羽矢島生駒家〈流罪堪忍料〉、因幡鹿野池田家〈同〉を含む）。

むろん、江戸幕府が成立してからの半世紀で、大名家は大きく入れ替わっている。慶長八年（一六〇三）の徳川家康の将軍就任後に限ってみても、のべ一〇五家におよぶ大名家が改易されている。十七世紀前半での改易事例としては、当主の将軍・幕府への反抗を疑われた越後高田六〇万石松平家（忠輝）・安芸広島四九万八〇〇〇石福島家（正則）・肥後熊本五一万石加藤家（忠広）・越前北庄六七万石越前松平家（忠直）・駿河府中五〇万石駿河徳川家（忠長）ら、御家騒動の責任を問われた越後福島三〇万石堀家・出羽山形五七万石最上家・陸奥会津若松四〇万石加藤家らが有名ではあるが、実際の改易理由で最も多かったのは跡継ぎの不在による改易、いわゆる無嗣断絶で、一〇五家のうち半分弱の五一家がこれに該当する。

大名が改易となれば家臣団は解体され、牢人が大量に発生する。新たな仕官先を見出せない牢人たちは幕府にとっては潜在的な危険分子であり、実際に由井正雪の乱はその懸念が現実化した事件といえた。乱後、幕府は末期養子（当主危篤のさいに緊急に養子相続を願い出ること）の禁を緩和し、大名改易を抑制する方向に舵を切ることになる。

一方、明暦三年元日の大名二三五家のうち一一三家は、徳川家康が征夷大将軍となった慶長八年以後に新たに大名として封じられた家であった。つまり五四年間で半数以上の大名家が入れ替わった計算になり、それだけの流動性があったことに留意する必要がある。なお、十七世紀後半以降は改易も新規大名も減少し、全体としては漸増して、明治四年（一八七一）には二六一家で廃藩置県を迎えることとなる。

さて、明暦三年元日時点の大名二三五家の陣容を見ると、最も石高の大きいのは加賀金沢前田家（当主綱利）の八〇万五〇〇〇石で、以下薩摩鹿児島島津家（当主光久）の七二万八七〇〇石、陸奥仙台伊達家（当主忠宗）の六二万石とつづく。全大名の平均石高は七万九〇〇〇石弱だが、中央値をとると三万五〇〇〇石に過ぎず、こうした大藩が平均値を大きく押し上げていることが分かる。

戦場を知る世代

次に大名当主の年齢層を見ると、最年長は肥前佐賀三五万七〇〇〇石の鍋島勝茂の七十八歳、最年少は駿河田中二万石の西尾右京の五歳、

平均年齢は四十一歳であった。関ヶ原の戦いは五七年前、大坂夏の陣は四二年前、最後の内戦ともいうべき島原の乱終結は一九年前のこと。最年長の勝茂はこれらいずれにも出陣しているのみならず、豊臣秀吉時代の慶長二年（一五九七）から三年にかけては朝鮮に渡海しており、戦乱の時代の生き証人ともいえる人物であった（この年三月二十四日死去。さらにこの勝茂よりも年長者として、前年に隠居していた信濃松代の真田信之九十二歳がいた）。

この勝茂をはじめ、戦への出陣経験のある大名は、「寛政譜」（寛政重修諸家譜、幕府が編纂した系譜集、文化九年〈一八一二〉完成）に記述が見えるだけでも二三五名のうち四〇名を数える。最も若いのは寛永十五年（一六三八）に十三歳で祖父・父とともに島原に出陣した水野勝貞（備後福山一〇万一〇〇〇石）三十三歳であるが、全体の年齢層としては五十代後半以上が多い。

明暦三年とは、高年の大名を中心に、戦場の現実を知る世代がいまだ健在でありつつも、しだいに表舞台からの退場を始めつつあったときだったのである。

武家政権の「首都」

この大名二三五家のうち、記録や絵図などで江戸屋敷を確認できるのは二二八家を数える。残りの七家のうち二家は流罪の身であり、五家は本家の屋敷に同居していたと推定される。このように原則全ての大名が江戸に屋敷を有していたのは、参勤交代の制度にもとづくものであった。参勤交代とは、大名と一部

の旗本（交代寄合）に一定の周期で（通常は隔年）江戸への伺候を命じるもので、寛永十二年（一六三五）の武家諸法度で正式に制度化されていた。徳川家にとっての潜在的な敵である外様大名までも含めた全国の大名を集住させること、これこそが江戸を武家政権の「首都」たらしめていた（横田冬彦「近世武家政権と首都」）。

大名に江戸生活が義務づけられれば当然江戸屋敷（上屋敷・中屋敷・下屋敷など）が必要になる。そして参勤のさいには大名のみならず多くの家臣団も国元から同行して江戸屋敷に詰めることになる。のみならず江戸には常住の旗本や御家人も多く存在していたので、江戸の武家人口は巨大なものとなっていった。

そして武家たちの消費需要の拡大は、江戸に多くの商工業者を引き寄せることになる。寛永年間（一六二四〜四四）あたりまでに成立した町を古町といい、日本橋の南北および京橋南北の地域を中心に三〇〇ほどを数えていたが、やがて町場は江戸城から放射状に延びる街道に沿うかたちで郊外にも展開し、本来は農村であった代官支配地にも町家が建ち並ぶ景観が出現していくことになる。

明暦三年の人口

このように十七世紀に急速に拡大していった江戸であるが、明暦三年（一六五七）頃の人口はどのくらいあったのだろうか。残念ながらこの時代、正確な人口調査の統計は取られていないので、大まかな概算によるほかはない。

まず古い時代の情報として、慶長十四年（一六〇九）に日本を訪れたスペイン人ロドリゴ・デ・ビベロ・イ・ベラスコが当時の江戸の人口を一五万人と記している（『ドン・ロドリゴ日本見聞録』）。この数字が何にもとづいているのかは不明であるが、見聞録の別の箇所で記している京都三〇〜四〇万人、大坂二〇万人、堺八万人という数字と比較するならば、比較的妥当であると考えられる。

一方、「享保通鑑」には享保八年（一七二三）五月の人口として、出家二万六〇九七人・山伏六〇七五人・禰宜一九一〇人・新吉原八一六一人・町方五三万一四〇〇人という数字を挙げている。合計すると五七万三六四三人、武家人口を概ね町方と同数とすると、合計一一〇万人程度と推定される。仮に慶長十四年から享保八年まで直線的に人口が増加したとすれば、明暦三年の人口は五五万人程度と計算される。ただし現実の人口には増減があり（とくに後述するように明暦の大火では多くの死者が出ている）、推定人口にも実際とのズレがあると考えられるので、この数字は大きな幅をもたせて理解する必要があろう。それでも、近世の京都・大坂の人口が三〇万人から四〇万人程度で推移していたことを考えると、この時期の江戸はすでに人口面で日本最大の都市に成長していた可能性は高い。

すでに巨大都市化していた江戸を大火が襲ったのは正月十八日から二十日のことであった。正月と聞くと真冬を想像しがちであるが、これは旧暦の日付であって、グレゴリオ暦に変換すると一六五七年三月二日から四日にあたる。現在の東京での二月下旬から三月初頭という時期は、毎日のように晴天が続き、空気が乾燥する日が多い。現在よりも寒冷であったとされる十七世紀後半の江戸でも天気の傾向は同様であった（山梨大学名誉教授吉村稔氏作成の「歴史天候データベース」には一六六九年以降の江戸の天候データが収録されている）。

大火前の天気と災害

では当の明暦三年（一六五七）正月の天気は実際にはどうであったか。幸いなことに、幕府の公式記録である「江戸幕府日記」（国立公文書館内閣文庫所蔵、以下「日記」）には、明暦三年正月六日（一六五七年二月十八日）から大火前日までの天気の記録が残されている。これによると、六日から十五日までは一〇日連続で晴れ、十六日にははじめ雪まじりの風があったというがその後晴れたという。そして十七日はまた晴れ。これだけ晴天がうち続けば空気は大いに乾燥したはずで、十六日に雪が多少舞った程度では焼け石に水であったろう。

乾燥した天気とこの季節特有の強風は火災の危険信号である。実際、「日記」を見ても正月前半だけでも多くの火災の記録が確認できる。まず元日の夜、四谷竹町（たけちょう）（麹町（こうじまち）十一

丁目、現新宿区四谷一丁目）付近で火災が発生した。翌二日朝巳の刻（午前十時前）、麴町にあった越後高田松平家（二六万石）上屋敷（現千代田区隼町）から火が出た。当主光長の母勝姫（徳川秀忠娘）の御殿以外は焼失したというが、大屋敷であったのが幸いしたか、外部への延焼は免れたようである。

一日おいた四日の夜、赤坂で火災があった。翌五日の夜、今度は小石川の吉祥寺付近の中間町（現文京区本郷二丁目）から出火し、明け方に鎮火した。このときの火事で罹災した人物に、兵学者の山鹿高祐（号素行）がいた。素行は慶安元年（一六四八）からこの中間町に居を構えており、承応元年（一六五二）から播磨赤穂五万三五〇〇石浅野家の家臣となっていた。焼け出された素行は旧知の幕臣町野幸長（寄合五〇〇〇石）の別宅に避難したが（「家譜年譜」）、その十数日後に再び焼け出される運命が待っていることを彼はまだ知らない。

正月六日から八日までは平穏に過ぎたが、九日の夜には麴町で火災が発生している。「日記」にはこの日以降八日間、火災に関する記録が見られない。月初めとは対照的な沈黙、しかしとうとう運命の日はやってくる。

三つの大火

正月十八日。「日記」にはこの日の天気は記されず、ただ「北西風甚吹」とある。この風が恐るべき大火を招くことになる。

第一の火災

十八日から二十日にかけて連続して発生した火災の経緯についてはさまざまな史料に記されているが、後で取り上げる『むさしあぶみ』などをはじめ、ことさらに大火の恐ろしさをセンセーショナルに書き立てるものが少なくない。そこでまずは文飾が少ない幕府公式記録である「日記」にもとづいて、比較的信頼できる事実関係を押さえたい。

文京区本郷(ほんごう)五丁目。本郷通りから菊坂(きくざか)に入り西に二五〇メートル、北に折れて急な坂を登り詰めたところに、明治四十三年（一九一〇）まで本妙寺(ほんみようじ)という日蓮宗寺院があった（現在は豊島区巣鴨五丁目に所在）。ここで未の刻、午後二時頃に火が起こったと「日記」は記す。

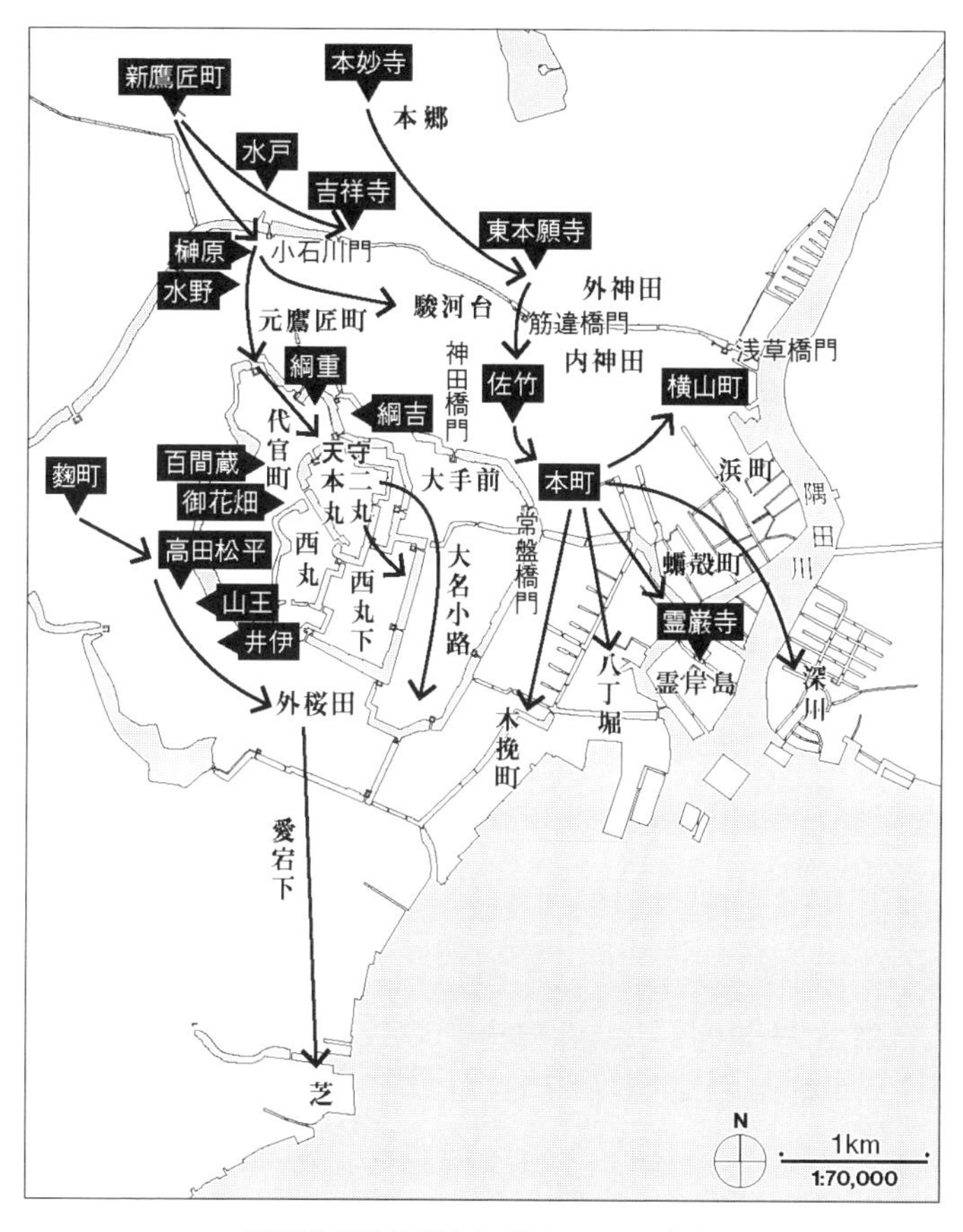

「江戸幕府日記」に見る３つの大火

火は折からの強風に煽られてたちまち南東へと拡がり、「本郷筋・神田東本願寺不残焼」けたという（以下とくに断りのない限り「日記」引用部のルビは筆者付記）。本郷筋というのは現在の本郷通りで、ここを南東に進んだ先にかつて東本願寺があった（現千代田区外神田三丁目）。

火はそこからさらに神田川の対岸へと燃え拡がる。「日記」は「上枚原佐竹修理大夫屋敷より本町、横山丁、向嶋、霊巌寺、八丁堀、木挽町迄不残焼失」と記す。最初の「上枚原」とあるのは「上柳原」の書き誤りであろうか。佐竹修理大夫屋敷とは出羽久保田二〇万五八一〇石佐竹家の上屋敷で、鎌倉河岸の北側にあった（現千代田区内神田二・三丁目）。

ここから風向きは北風から西風へと変わったらしく、火は町人地を襲っていく。本町と横山町は同じ本町通りに沿った両側町である。本町通りは常盤橋門から浅草橋門方面に延びる道で、本町は常盤橋寄りに、横山町は浅草橋寄りにあった。

つづく向嶋とは深川一帯のことであろうか。また霊巌寺は、寛永元年（一六二四）、将軍家の帰依を受けた浄土宗の僧霊巌が海沿いの蘆原を拝領して島（霊岸島）を造成し、開創した寺院である（現中央区新川一丁目）。霊岸島は当初から橋で対岸と接続していたようで、大火前の絵図では南北二ヵ所の橋が確認できる。

八丁堀は霊岸島の南東、京橋川の東に続く運河であるが、ここでは堀を中心としたエリアを指しているのであろう。大火当時は町奉行所の与力・同心の組屋敷が集中していた。木挽町はその南、三十間堀東岸の片側町で、海沿いには大名の蔵屋敷が建ち並ぶエリアであった。第一の大火はこのあたりまで燃え拡がり、江戸の東部市街地は甚大な被害を受けた。「人方々に焼死」したと「日記」は淡々と記している。

翌十九日の四つ時（午前十時前）には市街地は「向町筋」まで焼けたという。火が隅田川の対岸まで達したということであろうか。また「浅草見付・馬喰町辺迄人数五六万焼死」との記述も見える。人数の根拠についてはふれられていないが、猛火と川に挟み撃ちにされて多くの人々が命を落としたことは確かであったろう。

第二の火災

明暦の大火の恐ろしさは、これだけの大火災が第二、第三と連続したところにあった。十九日、前日と同様に「北西風甚吹」くなか、午の上刻（午前十一時過ぎ）に再び火災が発生する。火元は小石川の新鷹匠町で、激しい風に乗って南の松平式部大輔屋敷に燃え移ったという。これは小石川門内の播磨姫路一五万石榊原家の上屋敷のことである（現千代田区飯田橋三丁目）。さらに「水戸殿御屋敷」、すなわち小石川の常陸水戸二八万石徳川家（水戸家）下屋敷（現文京区後楽一丁目）、水野備後守屋敷（上野安中二万石水野家上屋敷、現千代田区飯田橋一丁目）、吉祥寺（現文京区本郷一丁目）、神

田台（現千代田区駿河台付近か）と類焼した。

火災は急速に拡大する。「日記」には「夫より左馬頭殿・右馬頭殿御屋敷へ移り」と記す。左馬頭・右馬頭とは将軍家綱の弟である松平綱重（十四歳、賄料一五万石）・綱吉（十二歳、同）のことで、竹橋門内（現千代田区北の丸公園）と一橋門内（同一ッ橋一丁目）にそれぞれ上屋敷を与えられていたが、これも火に巻かれた。「日記」はこれにつづけて「酒井紀伊守・稲垣信濃守・本多美作守・土屋但馬守・百間蔵・御花畑迄焼失」と記す。酒井は大奥勤仕の七〇〇〇石旗本の酒井忠吉、稲垣は三河刈谷二万石の稲垣重昭、本多は八〇〇〇石の留守居本多忠相、土屋は七〇〇石二〇〇〇俵の小性組番頭土屋数直のことである。酒井家・本多家・土屋家の屋敷と百間蔵・御花畑はいずれも代官町にあったことが確認できるが、稲垣家が当時この近辺に屋敷を拝領していたかどうかについては不詳である。

こうして代官町の屋敷群が炎上し、そしてとうとう火は江戸城を襲う。午の下刻（正午過ぎ）、まず天守が燃え始める。この天守は寛永十五年（一六三八）に再建された三代目のもので、五重五階・地下一階の層塔型（天守台から各階を逓減させながら重ねた形式）で、地上から棟までの高さは京間二九間五尺（五八・六メートル）という、史上最大の天守であった。この威容を誇った天守も押し寄せる火炎の前にはひとたまりもなかった。

さらに火は本丸と二丸にも移る。このままでは将軍家綱の身にも危険が及ぶ恐れがあり、中の上刻（午後三時過ぎ）、将軍一行は本丸から西丸へと避難した。

火は風向きの関係で西丸の方にはまわらず、東の大手前や大名小路方面を襲った。「日記」には「類火の面々」として一六名の人名が列挙されているが、詳細については後で検討したい。

第三の火災

第三の火災は中の刻（午後四時頃）、麴町七丁目（現千代田区麴町四丁目）から発生した。火は六丁目、五丁目から一丁目まで進み、そこから二日にも火事のあった高田松平家上屋敷の小屋に燃え移った。さらに山王権現（現千代田区隼町）、井伊家（近江彦根三〇万石）上屋敷から、外桜田の大名屋敷街へと火災は拡大していった。「日記」にはこの火災のくだりにも屋敷が類焼した大名（一部旗本も含む）の名前が書き上げられているが、絵図と照合する限りでは、これは第一・第二の火災も含めてこの日までの「類火の面々」を記録したものであると考えられる。この内容についても後ほど詳しく検討する。

「日記」からは第三の火災がどこまで拡大したのかについては明確には分からないが、記載されている人名からは、愛宕下から芝あたり（現港区東北部）まで焼亡が及んでいたことは窺える。後で別の記録から見るとおり、この火災は翌二十日の朝まで続いた。

これでようやく連続火災は収まった。三つの火災の火元がすこしずつ西に移動したことで、江戸城を含んだ中心市街地のかなりの部分が焼失してしまう、江戸の歴史上未曽有の大惨事となったのである。

山鹿素行の日記に見る大火

以上が「日記」をもとにした大火のあらましである。しかし「日記」の記述は最小限にとどまり、これだけでは大火の実態を摑むには十分ではない。そこで以下では、大火を直接経験した人物四人による記録と回顧録にもとづいて別の角度から眺めてみたい。

一人目は、先にふれた兵学者山鹿素行（三十六歳）である。素行が五日の小石川の火災で中間町の屋敷を失い、町野幸長の別邸に避難したことはすでに述べた。この町野の別邸の場所について、素行は日記（「家譜年譜」）では「在台所町」と記載しており、おそらく飯田町の台所町（現千代田区飯田橋二丁目・三崎町三丁目）のことと考えられる（黒木喬『明暦の大火』では神田明神下の神田台所町としているが、同地は大火以前は寺社地であったため妥当ではない）。

十八日の第一の火災はこの飯田町には及んでいない。危険であったのは東側で、火事を知った素行はまず兵学の師にあたる北条氏長（大目付、一七〇〇石四〇〇俵、四十九歳）の屋敷に駆け付けて防火作業を手伝っている。

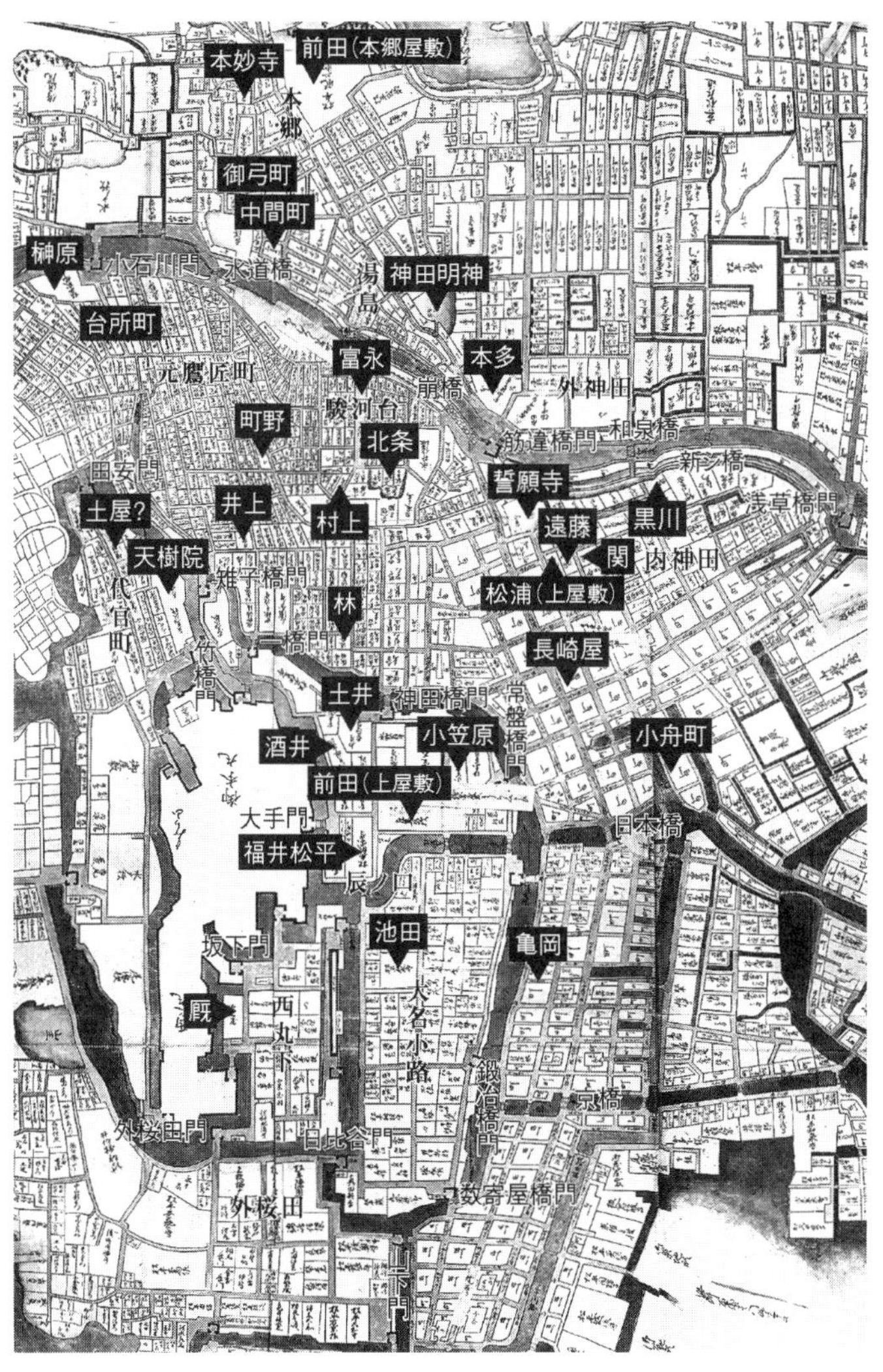

大火の日の４人関係図（「明暦大火前江戸大絵図」〈三井文庫所蔵〉に加筆）

この北条家の屋敷は「明暦大火前江戸大絵図」では外神田に見え、「測量図」以降の絵図では駿河台に確認される（現千代田区神田駿河台三丁目）。いつ移転したかが問題となるが、明暦元年（一六五五）の武鑑（武家の名鑑）である「屋敷付」では北条の屋敷を「めつた丁近」としている（『江戸幕府役職武鑑編年集成』一）。この「めつた丁」は神田多町の古称である「メッタ町」のことであり（高橋悠介氏のご教示による）、ここから考えると北条屋敷はすでに駿河台に移転していたものと見るべきであろう。

素行の日記によれば、北条家にはやがて火がかかり、やむなく素行は門人の村上三正（通称次郎左衛門、一五〇〇石、五十三歳）の屋敷（現千代田区神田駿河台一丁目）に移動し、こちらの防火にあたったという。ここにはすでに自宅（現同四丁目）が火にかかった富永勝由（通称甚四郎、書院番五三〇石、五十歳）も合流していた。しかしやがて村上家にも火がかかったようで、彼はすぐに元鷹匠町の町野の本邸（現同区神田神保町一丁目）へと避難している。風向きとは逆に東から西に延焼が進んでいるかたちになるが、火の勢いがそれだけ強かったということであろうか。素行の日記には「未刻より十九日朝に至る火災」とあるが、これは幕府側の「日記」の記録と一致する。

翌十九日、素行は強風のなか内神田に行き、門人の遠藤常季（美濃郡上二万四〇〇〇石）と知己（門人か）の関氏盛（寄合五〇〇〇石）の罹災を見舞う。さらにそこから東叡山

下まで足を伸ばし、駿河台から避難していた北条氏長を訪ね、帰路につく。風は砂や石を巻き上げて東も西も分からないほどであったという。そこへ、火事だと叫んで走る人を素行は目にするが、激しい風による塵で見通しがきかない。実際、「日記」に記されるように、昼前には第二の火災が起きていたのであった。すでに小石川の水戸家の屋敷は火災にかかり、煙は台所町の素行旅宿（町野別邸）付近に及び、「松平吏部」（榊原忠次）屋敷を炎上させた火は勢いを増していた。「日記」でも見たとおり、火は飯田町から田安門、本丸へと進んだが、素行の旅宿もまたこの火災で焼失した。

つづいて素行の日記は夕方からの第三の火災についても記している。ここでは火元を「糀町初鹿某（伝右衛門）隣」と記録する。初鹿某とは裏二番町に屋敷があった旗本の初鹿野昌次（通称伝右衛門、先鉄炮頭七〇〇石）のことであろうか。この点については、徒頭曽我包助の日記である「曽我日記」（国立公文書館内閣文庫所蔵）にも同様に「昼七過より初鹿伝右衛門隣より出火」と見える。初鹿野家の屋敷は麴町七丁目横丁通にも面しているので、「初鹿某隣」との情報は、「日記」の麴町七丁目を火元とする記述とも矛盾しない。ただ、これが正しいとすれば、火元は町家ではなく武家屋敷であったことになる。

素行の日記では、この火は井伊家、「松平芸州」家（浅野光晟、安芸広島三七万六五〇〇石）、黒田家（光之、筑前福岡四三万三一〇〇石）の上屋敷を焼き、二十日の朝までに久保

町御成橋付近（現新橋駅付近）まで及んだとする。後でも見るように、実際の火災はさらに南まで拡がっていたのであるが、素行はこの第三の火災については直接遭遇していないため、伝聞による限界があったのだろう。

さて、再び焼け出されることになった素行は十九日中に両親とともに下谷の「駒杵氏」（駒木根氏か）宅に避難する。この屋敷の場所については分からない。夜になると素行は主君である赤穂城主浅野長直（四十八歳、忠臣蔵で有名な浅野内匠頭長矩の祖父にあたる）を訪ねて赤坂今井の下屋敷（現港区赤坂六丁目）へと向かっている。赤穂浅野家の上屋敷は外桜田にあったが（現千代田区霞が関一丁目）、ここは第三の火災で焼失したと考えられ、長直らは下屋敷へと避難していたのであろう。下谷から赤坂へと向かう途中、素行は未だ火のくすぶる焼け跡を通る。焼死した人々の死骸が溝に満ちる地獄絵図であった。今井の下屋敷に辿り着いたのは二十日の明け方であったという。

関屋政春の大火回顧

二人目として、加賀前田家の家臣関屋政春（四十三歳）の場合を見てみよう。政春は寛永十年（一六三三）から前田家に仕え、のち山鹿素行に師事して兵学を講じた。彼は自らの見聞を「政春古兵談」という書物にまとめており（延宝七年〈一六七九〉成立）、その中に明暦の大火のときの経験も記している。『加賀藩史料』に収録された同史料をもとに見ていこう。

大火の日、政春は加賀前田家本郷屋敷内、大門東方の長屋に起居していた（現文京区本郷七丁目、東京大学本郷キャンパス）。この日は山鹿素行の弟義昌（勘右衛門、肥前平戸松浦家家臣）が来訪して「兵法雄鑑」を講じる予定であった。ところが義昌がまだ到着しないうち、八つ時分（午後二時頃）に本郷丸山付近で火事が起きたとの知らせを受ける。強風のなか大門に上がって眺めると、火元は本妙寺で、火先が飛ぶように本郷一丁目（現文京区本郷二・三丁目）に出て、湯島方面へと焼け進んでいるのが見えた。これは先に「日記」で見た第一の火災の状況と全く符合する。

そこへ家老の今枝近義（民部、四十四歳）がやって来て次のように指示を出した。

「この火は辰ノ口の上屋敷に延焼する心配はない。こちら本郷屋敷に対しては風はよいが火元には近いので、非番の衆は全員この屋敷にいるように」。

結果的に彼の見立ては当たる。

北西からの強風は息もできないほどで、火先は扇形に拡がり、駿河台・須田町・吉原（移転前、現中央区日本橋人形町二丁目）方面に、海辺まで達する様子であった。近義の言ったとおり、本郷屋敷は風上側にあたってはいたが、火災の勢いが強かったため、本郷一丁目から北側へもじりじりと延焼が進んでいた。本郷屋敷詰めの家臣たちは本郷五丁目の町家に上がって懸命の防火作業にあたり、幸い屋敷は南西角の塀が大門（当時は南側にあ

ったと推定される。宮崎勝美『大名屋敷と江戸遺跡』）側に三〇間（田舎間か、約五五メートル）ほどが焼けただけで済んだ。先に素行の日記で見たような、風上側への延焼がここでも確認できる。

本郷屋敷が守られたことに安心した政春らは、辰ノ口の上屋敷（現千代田区大手町一丁目）の様子を見に行こうと出発する。時に暮れ六つ半時（午後七時過ぎ）、すっかり夜のはずなのに火事のためにあたりは明るかった。中山道（現本郷通り）を南下して神田川までやってきたが、筋違橋（現在の昌平橋と万世橋の間に架かっていた橋、現存せず）はすでに焼け落ちてしまっていた。橋の北側には陸奥白河一二万石本多家の上屋敷があったが、土蔵の内部が燃え、窓から猛烈な炎が上がっているのが見えた。

筋違橋が通行不能であったので、政春たちは西の水道橋から郭内に入るべく迂回路を取る。当時筋違橋のすぐ西には崩橋という橋が架かっていたのだが、ここも焼けていたのであろう。水道橋に向かう途中、一行は御弓町（現文京区本郷一・二丁目）を通るが、すでに火は鎮まっており、あたりは暗闇であった。水道橋には火災は及んでおらず、政春らはおそらく一橋通（現在の白山通り）を南下し、一橋経由で辰ノ口の上屋敷に到着した。この日の火事は神田橋（大炊殿橋）から東に燃え拡がったため、上屋敷は無事であった。一行は台所で料理をふるまわれ、本郷屋敷に戻ったときには五つ半時（午後九時頃）になっ

ていた。

辰ノ口屋敷炎上

翌十九日未明、当番に当たっていた政春は、団七兵衛（だんしちべえ）の馬を借りて辰ノ口上屋敷に向けて出発した。筋違橋は焼け落ちていたので、彼は水道橋経由の迂回路を取って元鷹匠町から神田橋に出ている。神田橋に近付くとあたりは焼け野原となり、斬殺された死体が多く転がる異様な光景であった。神田橋北西にあった儒者林羅山（はやしらざん）（信勝（のぶかつ）、僧号道春（どうしゅん）、九一〇石）の屋敷（現千代田区神田錦町二丁目）も焼けていた。なお羅山はこのとき無事に上野へと逃げのびていたが、屋敷とともに貴重な蔵書を失ったことがよほど応えたのか、火災から五日後の二十三日、失意のうちに世を去っている。享年七十五であった。

神田橋門外は燃えてしまっていたが、第一の火災は途中から西風に変わっていたため、神田橋と枡形（ますがた）（防御のために設けられた城門内の広場）は無事であった。辰ノ口屋敷は昨夜の人の出入りのため式台が汚れており、政春は四つ半時分（午前十一時前）まで掃除をしている。

つづいて加賀前田家からは昨日の火事の被害者にお見舞いの使者を送ることになり、政春は同じ山鹿素行門下の村上三正屋敷への使者となった。三正の弟助右衛門（すけえもん）が加賀前田家に仕えていたことによるものであろう。駿河台は焼け野原で、屋敷跡には人っ子一人おら

ず、三正の行方は知れなかった。友人の土屋対馬(つしま)に助太刀しているのかと代官町まで行ってみるが、そこにも不在であった。この土屋対馬という人物は不詳であるが、先に「日記」で見た土屋但馬守の誤記であろうか。この場合、彼の屋敷はこの時点では無事で、午後の火事で焼失したことになる。

土屋屋敷が空振りであったので政春は引き返すこととし、竹橋を渡った。すると往来の人々が西北の方を見ながら、小石川方面で火事があったらしいなどと噂をしていた。政春も馬を駐めて眺めたが、昨日よりも風が強く、火事による煙なのか風による土埃なのか見分けが付かなかった。政春はいったん辰ノ口屋敷に戻り、村上三正の行方が分からなかったことを報告した。

しばらくすると辰ノ口屋敷にも小石川で火事が起きたとの知らせが舞い込んできた。政春は最初は信じなかったが、足軽が家の上に登って眺めたところ、本当に火事が起きていて、火が二手に分かれて燃え拡がっているのが分かった。邸から早馬を出して視察させたところ、早くも水戸橋（小石川門）に火がかかっていた。

そこへ家老の今枝近義が各番所を廻って次のように言ったという。

「この強風にこの大火はただごとではない。火を防ぎだてすることは無用である。御道具も焼けてもかまわないからそのまま焼かせてしまえ。殿様は言うまでもなく、

下々の者までもが無事に避難できることに専念しろ。台所でみな早く食事を取れ」。人命第一、昨日に続いて近義の判断は冷静かつ的確であった。

政春らは式台玄関の上に登り火事の様子を窺った。代官町にあった天樹院（徳川秀忠長女）の御殿に火がかかったときには、早くも大名小路の備前岡山池田家（三一万五〇〇〇石）屋敷近所（現千代田区丸の内一・二丁目）も燃え始めていた。そして大手門前下馬付近から、江戸城二丸、本丸、天守までが焼けていった。大名小路は数寄屋町あたりまで全焼したが、この時点では辰ノ口屋敷も西南の越前福井松平家（四五万石）上屋敷も無事であった。ところが今度は元鷹匠町からの火が神田橋門内の土井利隆（下総古河一三万五〇〇〇石）屋敷に燃え移り、そこから福井松平家屋敷にも延焼した。もはや辰ノ口屋敷の炎上も時間の問題であった。「殿様」前田綱利（十五歳）は馬に乗り、三〇〇人ほどの御供を従えて裏門から脱出し、東の常盤橋を目指した。常盤橋門内は豊前小倉小笠原家（一五万石）上屋敷から避難してくる人々も多く、非常に混雑していたが、門を抜けた先は昨日の火災により一面の焼け野原となっており、広い場所に出たことで一行はまずは生命の危機を脱した。

神田川に架かる橋は昨日の火事でほとんど焼けてしまっていたが、調査の結果和泉橋と浅草橋の間に架かっていた新シ橋（現在の美倉橋）が無事であることが判明し、一行は本

町・大伝馬町を経由して新シ橋に向かった。道端には焼死者の屍が無数にあり、それらは一見すると「人とは見えず、木のかぶの焼けたる様」であったという。一行はこの凄惨な焼け跡を抜け、新シ橋から下谷、無縁坂を通って本郷屋敷への避難を果たした。

心配された村上三正は無事であった。昨日の火事で焼け出された後、本郷屋敷内の弟助右衛門のところに避難していたのである。

石工亀岡父子の奮闘

三人目は、幕府作事方の石方棟梁の息子、亀岡政房（石見、号宗山、十八歳）である。彼による明暦の大火遭難記は、『解体新書』で有名な杉田翼（玄白）によって、その随筆「後見草」（天明七年〈一七八七〉）の上巻に全文が転載されたことで広く知られるにいたった。この回顧録（以下「亀岡記」）は大火から五八年も経った正徳五年（一七一五）にまとめられたもので、かなりの時間差があるだけに扱いに注意を要するが、その描写は実体験者だからこその生々しさがあり、大筋については信頼してよいと考えられる。

大火初日の十八日、政房は友人二人とともに、本郷御弓町の台所組次郎兵衛宅（詳細位置不明）に料理をふるまわれに出かけていた。この日は朝から風が強く、視界も効かなかったという。難儀しながら次郎兵衛宅に到着し、しばらく雑談していると、急にあたりが騒がしくなった。喧嘩でもしているのかと思っていると、亭主が近所の本妙寺境内から出

火したと知らせてきた。あっという間に煙が入ってきて火の粉も散ってきたので、来客三人は慌てて逃げることとした。ようやく筋違橋まで来て振り返ると、早くも神田明神にも火がかかり、火の手は下谷や駿河台にも延びていた。

三人はここからおそらくは通町を一直線に南下したと考えられ、何とか日本橋まで辿り着く。しかし日本橋は車長持でごった返し、一歩も進める状態ではなかった。そこで三人は欄干につかまりながら橋の外側を一足ずつ歩むこととし、何とか南側に渡ることに成功する。対岸の西側は幸い風向きの関係で煙も薄く、政房は堀端を通って七つ半頃（十七時過ぎ）に南槙町の自宅（現中央区八重洲二丁目）に無事帰り着くことができた。父の正俊（久兵衛）は嫁いでいた娘（政房の妹）を案じて小舟町（現中央区日本橋小舟町）に向かったまま行方が分からなくなっていたが、翌朝無事に戻ってきた。

十九日も風の強い日で、昼頃に再び火災が発生する。この情報を得た父正俊は、二丸口の百人番所前の鍛冶小屋が板屋根になっていて危険だと、政房らを誘ってこれを取り壊すべく城へと向かう。大手門前まで行くと、橋の前は藤堂高次（伊勢津三二万三九〇〇石）配下の兵が固めており、堀端にも譜代の諸大名の兵が隙間なく配備されていた。橋の上では目付の喜多見重勝（一五〇〇石）が世話を焼いており、亀岡父子は彼に事情を話して橋を通してもらった。一行は急ぎ鍛冶小屋を解体したものの、すでに火は大手橋東詰の酒井

雅楽頭家上屋敷に移っており、もはや元の道を引き返すことは危険であった。火は江戸城に貯蔵されていた鉄炮の玉薬に移ったようで、猛烈な爆発音に続いて櫓が焼け落ちる轟音が響いた。江戸城内からも西丸へと避難する足音が聞こえ、政房らも熱さに耐えながら富士見櫓の脇を坂下門へと抜けた。

西丸下の西部は幸い焼け残っており、一行は厩で立ちすくみながら火事が去るのを待った。ようやく夜が明けると、彼らは外桜田門を出て、日比谷堀を進んで日比谷門から大名小路に入るが、火事のため数寄屋橋門は通行不能、鍛冶橋も焼け落ちていたので、いったん引き返して鍋島喰違門（鍋島橋、山下門）から町人地に入った。京橋はすでに焼け落ちており、男女の死人が山のように積み上がっていた。政房らは死体を橋代わりに堀を渡り、ようやく南槙町に帰り着くことができた。亀岡宅は全焼しており、死体が二〇人ほど転がっていた。家族か下人が犠牲になってしまったかと悲歎にくれていると、火傷を負った手代二人の姿を発見する。話を聞くと、幸い他の皆は小舟町に早めに避難したおかげで無事であるという。九死に一生であった。

命拾いした正俊と政房の父子は大火後も石工として活躍した。目黒不動瀧泉寺（現目黒区下目黒三丁目）には、この父子と亀岡家の子孫たちが寄進した石造物が多数今も残されている（都築霧径「目黒不動尊と亀岡久兵衛正俊／同久兵衛政郷」）。

ワーヘナールの大火遭難

　四人目の大火経験者として取り上げるのは、オランダ商館長ザハリアス・ワーヘナール（Zacharias Wagenaer）である。彼は一六一四年にドイツのドレスデンで生まれ、一六四一年にオランダ東インド会社に職を得た。そして一六五六年には長崎オランダ商館長として日本に赴任した。オランダ商館長は貿易許可への「御礼」として毎年春に江戸に参府して将軍に謁見するのが恒例であった。ワーヘナールもこれにしたがい一六五七年二月十六日（明暦三年正月四日、以下日付は和暦にしたがう）、江戸に入った。滞在先は定宿となっていた本石町三丁目の長崎屋であった（現中央区日本橋室町四丁目）。彼は正月十五日に将軍家綱への謁見を果たすが（「日記」の当日条には献上品の一覧が記録されている）、そのわずか三日後に彼は大火に遭遇するのである。

　ワーヘナールはこのときの参府の記録を日記に残しており、大火の日の経験についても詳細に記している。この日記の写しはその後オランダの作家モンターヌスが入手し、彼はこれをもとに『東インド会社遣日使節紀行』としてまとめ、一六六九年に刊行した。同書は日本でも邦訳が出され（和田万吉訳『モンタヌス日本誌』）、その内容は知られていたが、近年オランダのハーグ国立文書館所蔵のワーヘナールの日記が紹介され、大火時のより詳細な経緯が明らかにされた（クレインス『オランダ商館長が見た江戸の災害』）。以下ではこ

れらに依拠して彼の大火時の行動を追ってみたい。

大火の日、正月十八日にワーヘナールは雉子橋（きじばし）門外にあった大目付の井上政重（いのうえまさしげ）（一万三〇〇〇石、七十三歳）の屋敷（現千代田区一ツ橋二丁目、クレインス氏は清水（しみず）門外の九段南一丁目に比定されているが、絵図の読み誤りであろう）に招かれていた。ワーヘナールたちは午後二時に屋敷に到着して部屋に通され、政重としばらく談話していると、外から鐘を鳴らす大きな音が聞こえ、政重にも火事の一報がもたらされた。「日記」などで見たように、本妙寺での火災発生は午後二時頃のことであったから、時間的にも合致する。

火災発生を知った政重は役務のため、ワーヘナールらとの談話を切り上げて屋敷を後にする。政重は家老に、屋敷に残したオランダ人たちに食事を出すように指示したというが、ワーヘナールらはこれを固辞して長崎屋に戻ることにした。政重屋敷は第一の火災ではおそらく無事であった（第二の火災で焼失）と推測されるので、彼らのこの選択は自らを絶体絶命の危機に追いこむことになったのだが、これは結果論というべきかもしれない。

ワーヘナールたちが宿に戻りたがったのには理由があった。長崎屋には東インド会社のさまざまな貴重品を預けており、その安全も確保しなければならなかったからだ。帰着したワーヘナールは、重要書類と現金の入った書簡筒を長崎奉行の黒川正直（くろかわまさなお）（五〇〇石三〇〇俵、五十六歳）の屋敷へと運ばせ、他の荷物は長崎屋の土蔵に入れて目張りをした。そ

うこうするうちに火が迫ってきたのでワーヘナールたちは避難のため長崎屋を後にした。時に午後四時半頃であったという。

通りはすでに避難する人々であふれ、しかもめいめいの家財道具を載せた荷車も加わって大変な混雑となっていた。ワーヘナール一行は長崎奉行所の役人にも助けられつつ必死の思いで火から遁れ、寺院の境内を抜けて堤防に出たという。この堤防とは柳原土手で、寺院は当時内神田にあった浄土宗誓願寺（現千代田区神田須田町一・二丁目）のことであろうか。

一行が避難先として目指したのは、柳原土手沿いの黒川正直の屋敷（現千代田区岩本町三丁目）であった。先述したとおり、ここには東インド会社の重要書類と現金を入れた書簞笥が届けられているはずであったし、また長崎奉行である正直からの庇護も期待できたからである。ところが屋敷に向かう途中、ワーヘナールたちは正直の息子（正敦か、十六歳）と出会い、黒川屋敷はすでに人であふれ、今から入ることは歓迎されないであろうことを告げられる。一行はやむなく黒川屋敷への避難を諦め、近隣で旧知の肥前平戸城主松浦鎮信（六万二〇〇石、三十六歳）を頼ることとした。

大火時点での平戸松浦家は内神田に本邸の上屋敷（現千代田区神田富山町）が、浅草鳥越に別邸の下屋敷（大火後上屋敷となる。現台東区浅草橋二・五丁目）があった。このとき

ワーヘナールたちが向かった屋敷を後者とする見解もあるが（クレインス前掲）、ワーヘナールが屋敷に着いたとき、避難の準備を整えた鎮信一行に出会っているので、上屋敷とみるのが妥当であろう。鎮信はワーヘナールらの窮状に接し、いったんは屋敷内の建物に一行を案内するが、その後考えを変えてほかの場所に移るようにと告げたという。鎮信の急な心変わりには長崎奉行黒川正直や大目付井上政重らへの気兼ねがあったというが（同前書）、ただしこの上屋敷は実際に迫り来る火災の被害を受ける可能性がきわめて高い状況にあり、このときの鎮信の判断には理があったと言える。

頼みにしていた人々から立て続けに断られたワーヘナールは、その後江戸の内外をさすらい、最終的に川のほとりの小屋に泊めてもらうことができた。その後彼は、長崎屋が火事によって灰燼となってしまったことを知らされる。幸い、別に避難させていた例の書簞笥は無事で、翌朝にワーヘナールのもとに届けられたという。

正月二十日、ワーヘナールは許可を得て長崎屋の跡へと向かった。一面の焼け野原と化していた被災地には死体が山のように散乱しており、とりわけ老人と子供が多かった。ワーヘナールはこの行程で三〇〇〇人に近い死体を目にしたと記している。

五日後、使節一行は江戸を発った。市中の橋はみな焼け落ちていたので、江戸城内を通行したが、あたりは廃墟と化していた。何とか東海道へと抜けると、彼らは牛馬に建設資

材を満載した農民たちが大勢江戸へと向かっているのを見た。未曽有の災害であったが、人々はしたたかであった。

大火の被害

大火の経験者が口を揃えて語るように、明暦の大火の被害は甚大であった。市街地の広範囲が焼け野原と化した。では、実際にこの三つの連続火災で具体的にどこまでが焼けてしまったのであろうか。これは簡単なようで難問である。

どこが焼けたのか

実のところ、明暦の大火について触れた書籍や研究で大火焼失範囲を図示したものは少なくない（次頁図参照）。ところが一見して分かるとおり、その範囲は図によって相違する。共通するのは火元から南東へと延焼したということだけで、ある図では焼失したとされている地域が別の図では焼け残ったことになっていたり、第二と第三の火元の位置がそれぞれ違っていたりと、振れ幅が大きいのである。困ったことに、それらの図が何を典拠

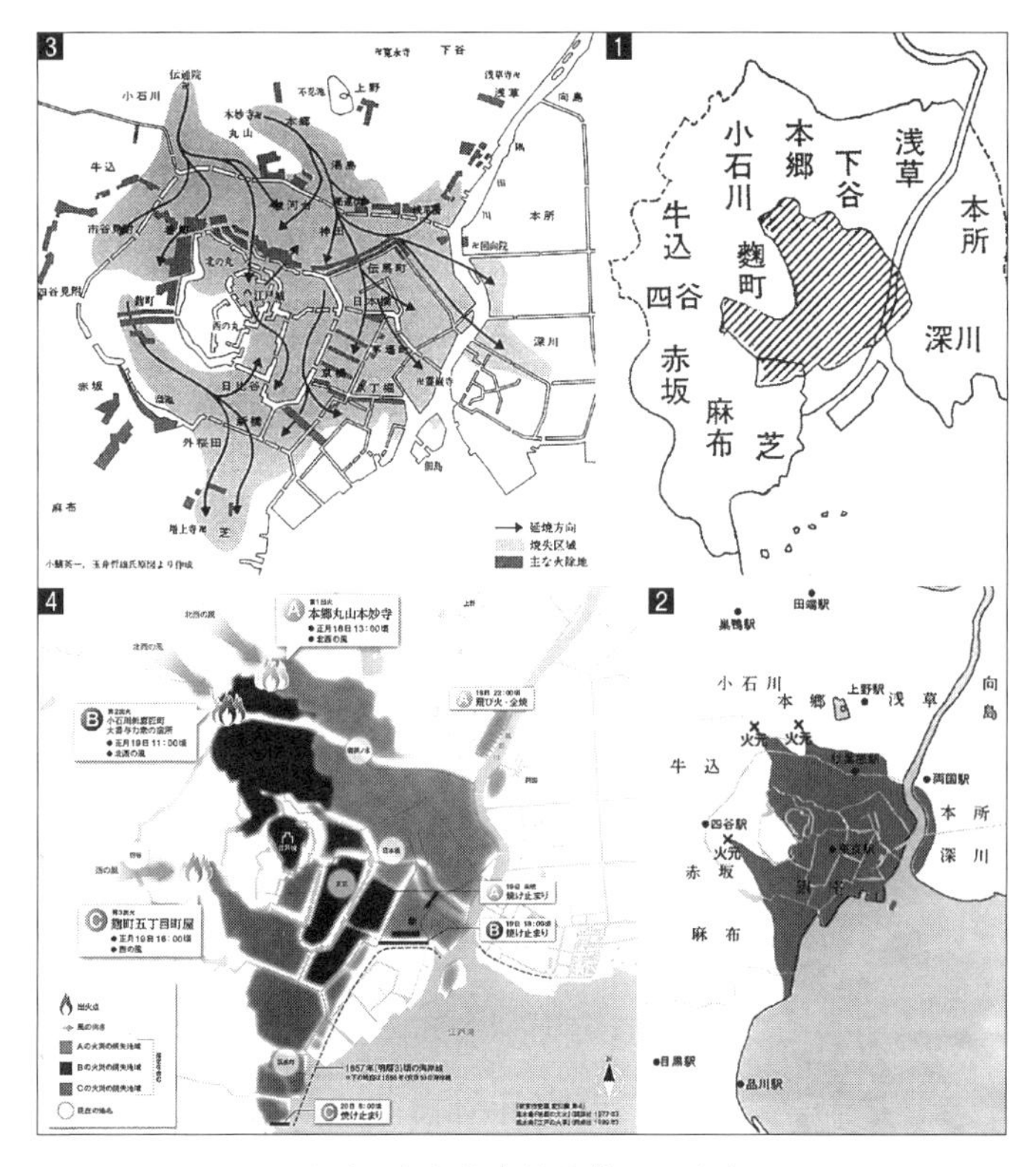

明暦の大火推定焼失範囲既出案

（1：黒木喬『明暦の大火』／2：『江戸の都市計画（週刊朝日百科日本の歴史72)』／3：『江戸東京年表』／4：『江戸東京博物館常設展示図録［図表編］』より）

としてどのような手続きで作成されたのかについても明示されていないため、その妥当性を検証することも難しい。それでいていったん書籍として流通してしまえば、それ自体が典拠となってさらに転載あるいは再作図されていっそう世間に広まっていってしまう。由々しき事態と言わねばならない。

そこで以下では、信頼できる史料をもとに、改めて大火の焼失範囲の図を作成し直すことから始めたい。情報の限界から、ある程度は推測に頼らざるを得ない部分もあるが、できるだけ判断の根拠を明示するようにして、今後のさらなる検証を俟つものとする。

「明暦大火前江戸大絵図」の情報

まず、冒頭でも紹介した「明暦大火前江戸大絵図」を見るところから始めたい。この図は明暦の大火前の江戸の景観を描いた図であるが、細部をよく観察すると、興味深い加筆がなされていることに気づく。例えば次頁の図に示したのは本郷付近を拡大したものであるが、（本郷）六丁目裏の「寺」に点（実際は朱色）が打たれ、「正月十八日」と同じ朱色で記されている。さらにこの点のあたりを見ると、「寺」の境内北側から右下・左下に破線が延びていて、これも同じ朱色で記されていることが分かる。これは明らかに明暦の大火の類焼範囲を表しているものと見てよい（師橋辰夫「三井文庫蔵・〔寛文十年以前〕江戸市街図の一考証」）。

そこで次に第二の火災（十九日）の火元である小石川に目を移すと、伝通院（でんづういん）の南西、神

田上水の南の「近藤勘右衛門同心町」の西寄りに朱点が打たれ（現文京区水道一丁目）、「正月十九日火本」と朱書されていることが分かる。朱線は東は小石川の水戸屋敷方面に延び、西側は同心町から概ね江戸川（神田川）に沿うように南に延び、龍慶橋と船河原橋の中間で途切れている。

一方、十九日夕方に発生した第三の火災については火元の情報が記載されていない（加えて番町一帯のみなぜか武家屋敷に人名が見えない）。当然麹町からの延焼範囲を示す朱線も記されていないが、風下にあたる虎ノ門の南側から朱線が突如出現し、愛宕下から増上寺境内北東部を横切って芝浜まで延びている。

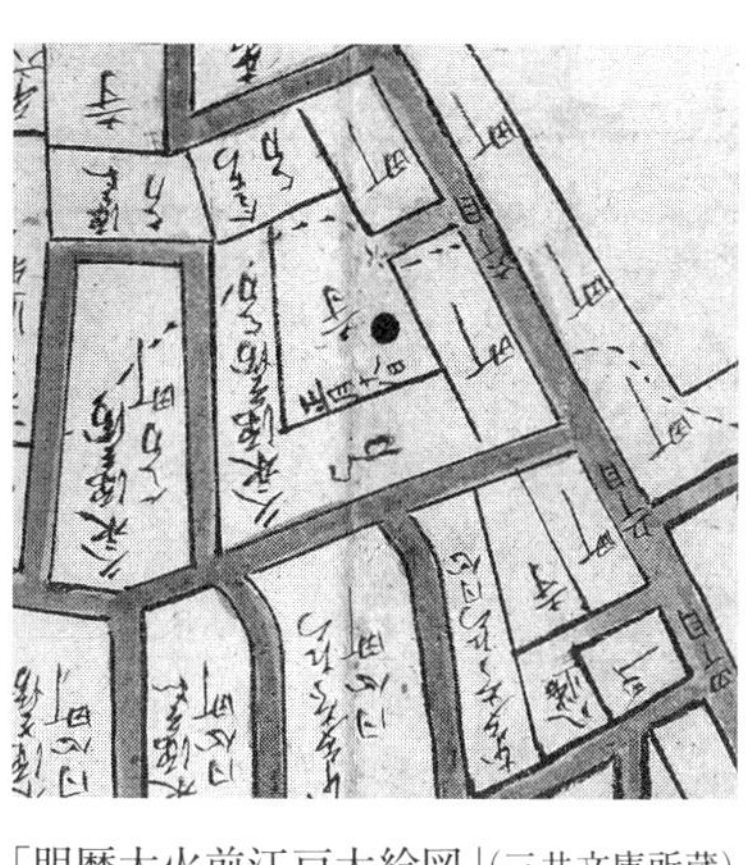

「明暦大火前江戸大絵図」（三井文庫所蔵）に記載される火元と焼失範囲の記載

この北部と南部の朱線（後掲七五頁の図参照）は、途切れている箇所があるとはいえ、明暦の大火の類焼範囲を直接的に示す情報として重要である。しかしこれをただちに事実として受け取ってよいかについてはためらいがある。というのは、先に十八日の火元として朱点が打たれていた「寺」、これは実は本妙寺ではないのである。位置からするとこの

「寺」は天台宗真光寺（現文京区本郷四丁目、昭和二十六年〈一九五一〉世田谷区移転）に相当し、本妙寺はその北西の「寺」（図の左上隅）が正しい。

第一の火災の火元が本妙寺であることは、「日記」での記述のほか、先に見た関屋政春のように実見した人物の証言もあることからまず間違いない。一方で図の火元の「寺」に隣接する「(本郷)六丁目」との記載は、実際には四丁目の誤りと考えられるので、おそらく絵図の作成者が本妙寺のつもりで誤った位置に朱点を打ってしまったというのが実際のところだったのだろう。このように朱点と朱線の情報には記入者の勘違いによる誤りが含まれている可能性が否定できないことから、他の史料から裏付けの検証をしていく必要がある。

山内家史料に見る大火被害

そこで焼失範囲を知るための別の手がかりを探すと、有効と考えられるのは大名家関係の情報である。大名家の文書には大火当時の記録が残っている場合があり、その屋敷のみならず周辺の被害状況についての情報を得ることができる。江戸図には通常武家の人名が記載されるから、これと照合することによって焼失地点を地図上に落とすことが可能となる。

明暦の大火についての情報を豊富に残している大名家文書としては土佐高知二〇万二六〇〇石の山内家のもの（山内家史料）がある。このうち「歴代公紀」（『山内家史料』全二八

冊として刊行）は近代の編纂史料であるが、当時の文書や記録が豊富に引用されている。明暦の大火については、当主山内忠豊（ただとよ）（四十九歳）が家臣に宛てた二月二日付けの書状が収録されている（「集録方文書」）。忠豊は当時江戸にいただけに、この書状には大火当時の詳細な報告がなされている。順に詳しく見よう。

まず十八日の第一の火災については、火元を本郷四丁目としているのは六丁目の誤りと考えられるが、ここから「天神之台不残（のこらず）焼」けたと記す。ついで「南大炊殿橋之向養安院（ようあんいん）之屋鋪迄焼、堀ふちを南へ、壱石橋（いっこくばし）、呉服丁（ごふくちょう）へ焼、中橋（なかばし）、北八丁堀、又松平摂津守（せっつのかみ）殿小屋も焼、同心町、霊巌嶋松平越前守（えちぜんのかみ）殿下屋鋪、鉄砲洲（てっぽうず）、牛嶋（うしじま）不残焼申、我我材木蔵・材木ともに不残焼失」とある。

養安院とは奥医師の曲直瀬玄理（まなせげんり）のことで、屋敷は神田橋（大炊殿橋）のすぐ北東にあった（現千代田区内神田一丁目）。ここから火災が南東へと進んだことはこれまで見てきた史料と共通している。次に松平摂津守とは伊勢桑名（くわな）一一万石の松平定良（さだよし）であり、屋敷は八丁堀にあった（現中央区日本橋兜町、八丁堀一・二丁目）。また松平越前守は越前福井四五万石の松平光通（みつみち）のことで、霊岸島の焼亡については「日記」とも一致する。さらに「牛嶋」とは一般に隅田川対岸の地を指すが、ここでは特に深川付近のことであろう。別の箇所では「牛嶋蔵」が焼失したとの記載があり、これは山内家の深川大島町（おおしまちょう）蔵屋敷（現江東区

永代二丁目）を意味する。最後の「我我材木蔵」とは、山内家の南八丁堀蔵屋敷（町屋敷を購入、現中央区新富一丁目）のことで、ここも焼失したという。

一方その北側の地域では、「筋違橋、誓願寺前より本町、日本橋石町、禰宜町、吉原町、柳堤、浅草之惣門迄不残焼申、将又雅楽頭殿かきがら町之下やしき不残焼申」と、内神田から日本橋北にかけての一帯がことごとく焼けたとする。禰宜町は長谷川町（現中央区日本橋堀留町二丁目）の古称で、その南に当時の吉原遊廓があった。蠣殻町（現同日本橋蠣殻町一・二丁目）については上野厩橋一〇万石酒井家（忠清）の下屋敷のほか、若狭小浜一二万三五〇〇石酒井家・上野高崎六万六〇〇〇石安藤家・常陸土浦三万石朽木家の下屋敷焼失も記録されている。なお酒井忠清の生母光寿院は大火のとき下屋敷にいたが、上屋敷への逃げ道を失ったため「大船四艘に同屋敷之女中不残乗せ」て逃げ、何とか助かったという。このことは、自前の船を持たない町人たちの悲惨な運命を逆に想像させる。

次に十九日の第二の火災については、火元を「伝通院辺」とし、その後の延焼の経過についての説明は「日記」と概ね一致する。注目したいのは西丸下についての情報である。辰ノ口の上野高崎安藤家上屋敷を焼いた火は、堀を越えて和田倉門内の武蔵忍阿部家（老中阿部忠秋）上屋敷に燃え移り、そこから南西の下総佐倉一一万石堀田家上屋敷を焼いたが、「自是南は焼不申」とある。西丸が延焼を免れたことはすでに述べたが、ここからは

その東側の西丸下一帯も焼け残った屋敷が存在したことが分かる。

一方で書状は「雉子橋之御門・壱ツ橋・大炊殿橋・常盤橋・鍛冶橋・数寄屋橋・日比屋（谷）御門、此内には家数一軒も不残、すきと焼払、屋敷々に植木少少残り申まで一面罷成候よし 夥敷事前代未聞成事候」と記しており、雉子橋から大名小路にかけての大名屋敷街は全焼したことが分かる。その中には当然山内家の上屋敷・中屋敷・土手屋敷も含まれていた（いずれも現千代田区丸の内三丁目）。

第三の火災については書状では「麴町八丁目に付火之由」として、放火説を伝える。延焼の経過としては、山王社から彦根井伊家・広島浅野家・福岡黒田家・出羽米沢三〇万石上杉家・長門萩三六万九四一〇石毛利家・仙台伊達家・佐賀鍋島家・薩摩島津家へと焼け拡がったことが記され、「其外大形不残焼申よし」とする。「大形」とあることから、ごく一部焼け残った屋敷もあった可能性もある。

火は外桜田から堀を越えて町人地（現在の銀座周辺）に移ったようで、書状には「町屋はなべて焼、松平美作守殿不残焼申候、兼康栄庵蔵計残申由苦苦敷事」とある。松平美作守とは伊予今治三万石の松平定房のことで、上屋敷は木挽町にあった（現中央区銀座五丁目）。兼康栄庵は医師と思われるが、蔵が焼け残ったという屋敷の位置は不詳である。

第三の火災は芝口から愛宕下へも拡がった。芝口の御成橋外には、山内忠豊の弟で土佐

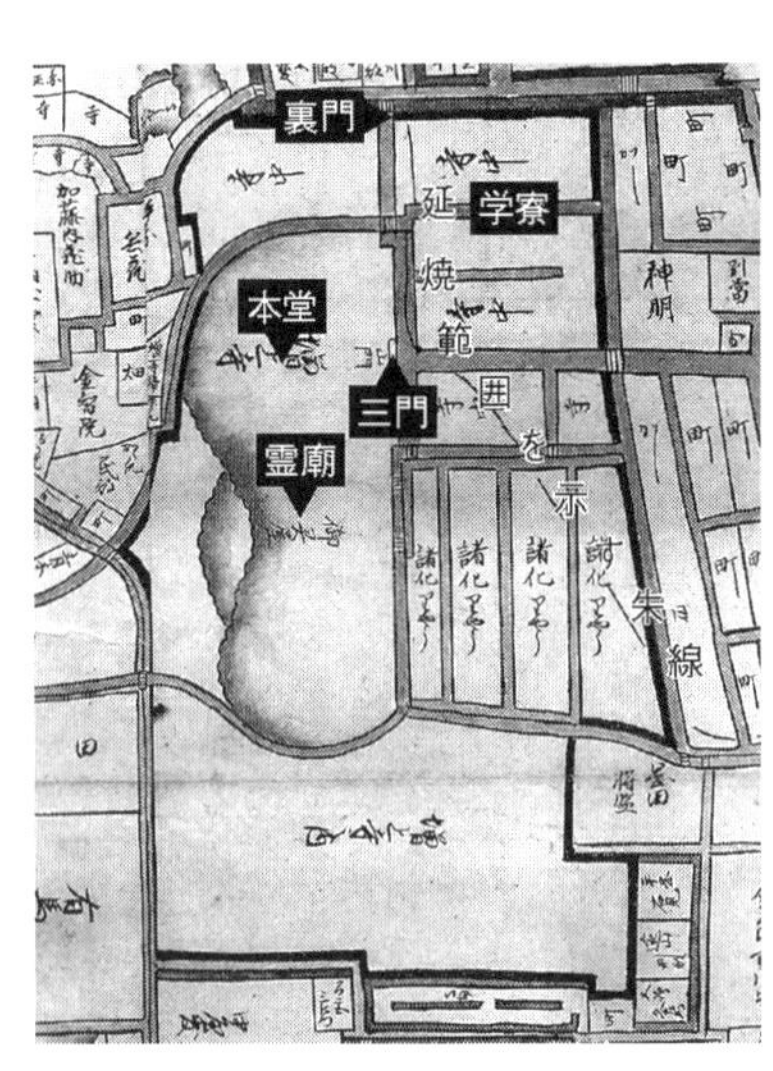

増上寺境内（「明暦大火前江戸大絵図」〈三井文庫所蔵〉に加筆）

中村三万石を分知された山内忠直の屋敷と、叔父で三〇〇〇石の旗本の山内一唯の屋敷があったが（ともに現港区新橋二丁目）、いずれも焼失した。さらに火は「増上寺裏之御門へ入、学領（寮）数多焼申、本堂・御玉屋・表御門はくるしからず、同門前町それより海手へ焼通り、本札辻之通り迄焼申候」という。増上寺は北東部の学寮が焼けたものの、本堂・霊廟・三門が無事だったことは、「明暦大火前江戸大絵図」の朱線と整合する（図参照）。この朱線は芝橋を渡った先の本芝一丁目（現港区芝四丁目）付近まで延びている。この本芝一丁目を貫く本芝大通（東海道）と西久保通との交差点に札ノ辻があったので、書状の「本札辻之通り」とは本芝大通のことを指すのであろう。この点も書状と絵図は整合する。

　山内家の下屋敷は芝にあったが（現港区芝三丁目）、こちらは難を逃れた。もっとも風向きが変わればいつ延焼してもおかしくない位置であったから、近隣の薩摩島津家・阿波徳

島二五万七〇〇〇石蜂須賀家・丹後宮津七万八二〇〇石京極家・伊予松山一五万石松平家・筑後久留米二一万石有馬家ともども、家中に消防に出動するよう触れ回ったという。山内家にとっては（実は他の大名家もそうであったのだが）、この屋敷が燃えてしまえば江戸屋敷全滅ということになるので、まさに死活問題であった。忠豊の「芝之屋敷残、せめて此上ながら仕合」との言はまさに正直な述懐であったろう。

「祝融記」と大火被害

次に取り上げたいのは国文学研究資料館に所蔵されている阿波国徳島蜂須賀家文書（同館収蔵歴史アーカイブズデータベースで公開）である。これは外様大名蜂須賀家に伝来した文書で、このなかに「祝融記」という史料がある。「祝融」とは火災のことで、明暦の大火から天保五年（一八三四）二月十日の江戸火災まで、蜂須賀家の江戸屋敷の類焼の記録をまとめたものである。このように本史料は十九世紀の編纂記録ではあるが、明暦の大火の項目については、当時の江戸留守居役による言上の記録を「不筆削其儘記置」たとあり、これを信じるならば大火当時江戸にいた人物による貴重な証言となる。

この記録によれば、まず明暦の大火では「上御屋敷・中御屋敷・土手御屋敷御類焼」となったとある。この三屋敷はいずれも大名小路に位置し、上屋敷は呉服橋門内（現千代田区丸の内一丁目）、中屋敷はその南東近所（同）、土手屋敷は中屋敷の東向かい土手沿い

（同）にあった。現在の東京駅付近と思っていただくとよい。すでに見た「日記」や山内家史料の記載から判断すれば、三屋敷が焼けたのは十九日の第二の火災のときであろう。このとき当主の光隆（二十八歳）は国元の徳島にあり、江戸屋敷（おそらく上屋敷）には正室の金姫（年齢不詳）と嫡男の千松丸（二歳）が残されていた。記録によれば、金姫は千松丸とともに実父である小笠原長次（豊前中津八万石、四十三歳）の本郷の下屋敷（現文京区弥生二丁目）へと避難したという。幸い第三の火災も芝の下屋敷（現港区芝三・五丁目）には及ぶことなく、金姫らは二十一日申の刻（午後四時頃）に本郷から芝下屋敷へと移ったとある。

つづいて留守居役は周辺の状況についても証言する。まず天守・本丸・二丸が全焼し、将軍が西丸に避難したことは「日記」の記録と合致する。次に蜂須賀家と関係の深い井伊家（近江彦根三〇万石、当主直孝の正妻が蜂須賀家政娘）については、「掃部頭様上御屋敷焼失、中御屋敷ニ御座被成候、靫負様千田ヶ谷之御屋敷え御座被成候」と述べる。掃部頭とは直孝のことで、外桜田の上屋敷（現千代田区永田町一丁目）は焼失したものの、赤坂門内の中屋敷（現同紀尾井町）は無事で、ここまでは第三の火災は及ばなかったことが分かる。靫負というのは直孝嫡男の直滋（翌年廃嫡）のことで、彼は千駄ヶ谷の下屋敷（現渋谷区代々木神園町）に避難したという。

さらに重要な証言がある。先に山内忠豊の書状を読む中で、西丸下の屋敷地に焼け残りがあったことが明らかになったが、この留守居役の言上からはより詳細な情報が分かる。すなわち、「二ノ御丸下阿部豊後守殿へ火移、東え焼、西ノ方ハ大久保宮内殿屋敷中焼失仕候、表之長屋ニ而焼とまり申候、松平若狭守殿上屋敷、其筋より南之方は無事ニ御座候、其外は悉致焼失候」とあるように、和田倉門内の武蔵忍阿部家上屋敷を焼いた火は東西二手に分かれ、東は大名小路方面に燃え移り、西側は大久保宮内（大久保右京〈教勝、六〇〇〇石〉の誤りか）屋敷を焼いたが、表長屋（「明暦江戸大絵図」からは南側にあ

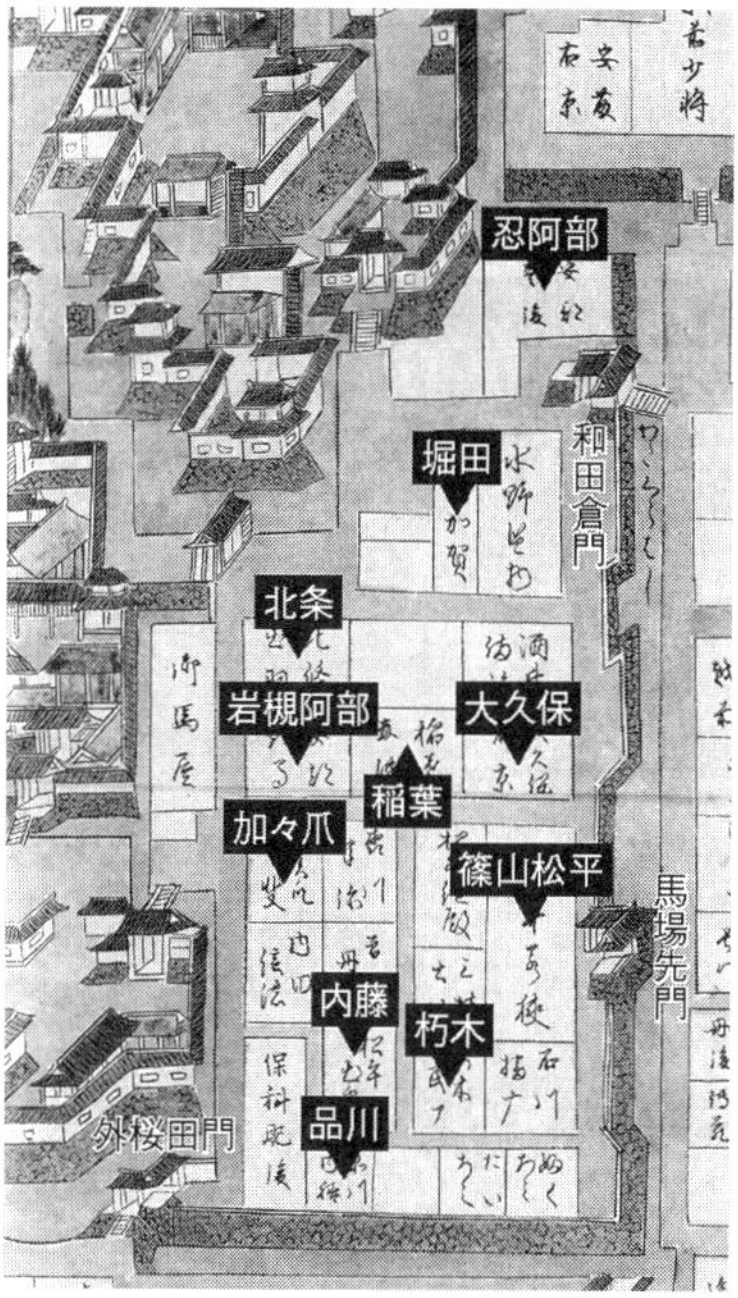

西丸下周辺（「新添江戸之図」〈国立国会図書館デジタルコレクション〉に加筆）

ったと想定される）までで止まり、丹波篠山五万石松平家上屋敷の筋より南側は無事であったという。ここからは西丸下の南半分が焼け残ったことになる。

　また十九日の第三の火災についても、この言上は新たな情報をもたらしてくれる。まず「松平越後守殿当二日火事焼残り之長屋並小屋懸共ニ火移」とあるように、正月二日にすでに火災に遭っていた越後高田松平家については、焼け残っていた長屋や小屋掛けが燃えてしまったという。さらに「山王を始御大御屋敷不残焼失」したとするが、それに続けて「井上虎之助殿御屋敷高ミ之分は焼失、ひきみノ分は残り」とある。井上虎之助とは旗本の井上庸貞（家禄高不明）のことで、屋敷は永田馬場にあった（現千代田区永田町二丁目）。この場所を地形図と重ね合わせると、東側が高く西側が低い地形となっている。「ひきみ」すなわち「低み」が焼け残ったということから、焼失範囲の境界線はこの井上屋敷を南北に横切るように引けることが分かる。なお、この井上の名前は後で見る「日記」の「類火の面々」に含まれており、また井上屋敷「高ミ之分」に接する大名安部家（武蔵国内一万九二〇〇石余）上屋敷の発掘調査からは、明暦の大火によるものと考えられる焼土層が検出されているので（『千代田区和泉伯太藩・武蔵岡部藩上屋敷跡遺跡』）、この情報は裏付けが取れる。

　続く部分には、「夫より長（永）田馬場悉焼、丹羽左京殿中屋敷ニ而とまり、左京殿屋敷ハ無

事ニ御座候、坪内殿御兄弟、虎之御門前松平周防守殿・同伊賀守殿此辺何れも焼失、内藤帯刀殿長屋半分ニ而留り申候」とある。北からの火は途中で焼け止まったようで、陸奥二本松一〇万七〇〇〇石丹羽家中屋敷は無事だったとある。「坪内殿御兄弟」というのは旗本の坪内定仍（六五三〇石余）・定次（八〇〇石三〇〇俵）兄弟のことで、屋敷は裏霞ケ関に確認できる（現千代田区永田町一丁目）。なお、同じく蜂須賀家文書の「御旧記書抜」によれば、定次は「番町表町之四丁目」（表四番町）の田中勝以（一郎右衛門）宅（現千代田区九段北三丁目）に避難したことが知れる（したがって表四番町は大火の類焼を免れたことが分かる）。

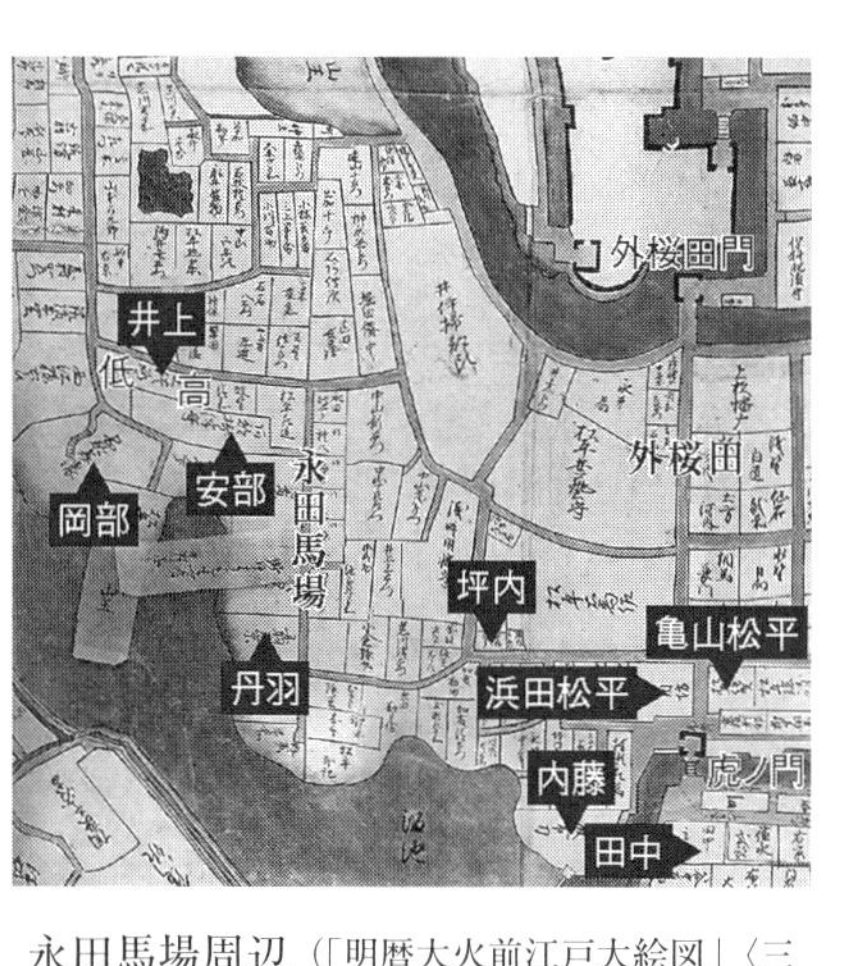

永田馬場周辺（「明暦大火前江戸大絵図」〈三井文庫所蔵〉に加筆）

さて、丹羽家中屋敷が無事だった一方で坪内家は焼けたことからも分かるとおり、延焼方向は南から東へと変わったようで、火は虎ノ門へと移っていく。松平周防守・伊賀守屋敷とはそれぞれ石見浜田五万四〇〇〇石松平家上屋敷、丹波亀山三万八〇〇〇石松平家上屋敷のことで、虎ノ門北側に東西に並んでいた

（現千代田区霞が関三丁目・一丁目）。また内藤帯刀殿とは陸奥磐城平七万石内藤家上屋敷のことで、虎ノ門の南西にあった（現同三丁目）。絵図からはこの屋敷の表門は東側にあったと考えられるので、「長屋半分ニ而留り」というのは、火災が屋敷の北東隅を少々焼いたことを意味するのであろう。ここまでの情報は、第三の火災前半の類焼範囲の復元にとって重要である。

以後の記述は第三の火災後半（愛宕下～芝）に関わるもので、絵図の朱線とも矛盾はない。保科家や伊達家の下屋敷が焼失したとの記述があることから、芝口は海手まで焼けたことが確認できる。

焼け残りの情報

この「祝融記」にもあったように、焼失地域の復元にとっては、どこが焼けたのかという情報以上に、どこが焼けなかったのかという情報が重要になる。その点での重要史料として「小槻忠利記（忠利宿禰記）」（宮内庁書陵部所蔵、新日本古典籍総合データベースにてデジタル画像公開）がある。これは京都の公卿壬生（小槻氏）忠利（五十八歳）の日記であるが、この中の明暦三年（一六五七）二月四日の条に「今度江戸火事之様子状之写」として、江戸から忠利のもとに届いた明暦の大火の状況を知らせる書状の写しが掲載されている。火事の経過の報告についてはこれまで見てきた史料と大きくは変わらないが、注目すべきは後半に「炎残の所」と題して、大火の被害を免れた

場所が列挙されている箇所である。この部分を引用しておこう（番号・ルビ・括弧は引用者追記）。

炎残の所

①一、西丸の下御馬屋、②一、あへ（阿部）の備中守、③一、いなは（稲葉）美濃守、④一、北条出羽守、⑤一、加賀爪甲斐守、⑥一、内藤帯刀、⑦一、品川内膳正、⑧一、あさふ（麻布）の台、⑨一、朽木民部、⑩一、あたこ（愛宕）の下、⑪一、赤坂の筋、⑫一、紀伊国御屋敷、⑬一、市買、⑭一、こはん町、⑮一、山の手、⑯一、新鷹匠町の片かい、⑰一、うしこめ（牛込）の分、⑱一、下屋（谷）の天神本社・拝殿、⑲一、尾張殿御屋敷、⑳一、美濃守、㉑一、水戸殿上屋敷、是は常は留主居斗也、㉒一、増上寺、㉓一、紅葉山、㉔一、上野、㉕一、下屋の筋半分残、㉖一、小松中納言殿、是はこまこめ（駒込）と申所、㉗一、内藤出雲守、㉘一、田中主殿、右之分残也、

まず①の厩のほか、②阿部家（武蔵岩槻九万九〇〇〇石余）・③稲葉家（相模小田原八万五〇〇〇石）・④北条家（遠江掛川三万石）・⑤加々爪家（遠江掛塚一万石）・⑦品川家（一〇〇〇石）・⑨朽木家（常陸土浦三万石）・㉗内藤家（二〇〇〇俵）（いずれも上屋敷）の八ヵ所はいずれも西丸下にあり、山内家史料や「祝融記」で大まかに記されていた焼け残りの屋敷を具体的に知ることができる（六一頁西丸下の図参照）。次に⑫・⑲・㉑は紀伊家・尾張

家・水戸家のいわゆる「御三家」のことで、その上屋敷は西丸の西隣、吹上の地（現在の皇居吹上御苑）にあった。大火後、将軍の弟である綱重・綱吉兄弟が紀伊家上屋敷に寓居したとの記録が残っていることから（「日記」正月晦日条）、吹上の屋敷が焼け残ったことは確実である。吹上から道灌堀を挟んだ東側の㉓紅葉山も無事とある。

その他固有名が挙がっている武家屋敷を順に見ていくと、まず⑥の内藤は「祝融記」で長屋が半分焼けたとある虎ノ門内の磐城平内藤家上屋敷のことで、屋敷主要部は焼け残ったということであろう。⑳の美濃守は苗字が記されないが、大火当時美濃守を名乗っていた大名は稲葉美濃守と岡部美濃守の二人だけで、前者はすでに③で登場しているところからすれば、赤坂門内の和泉岸和田六万石岡部家上屋敷（六三頁永田馬場の図参照、現千代田区永田町二丁目）のことと判断される。㉖の小松中納言とは加賀前田家隠居で小松城主であった前田利常のことで、駒込の屋敷とは前田家本郷屋敷を指すと考えられる。最後の㉘は虎ノ門南の旗本田中家（五〇〇〇石）屋敷（同右図参照、現港区虎ノ門一丁目）であるが、「明暦大火前江戸大絵図」の朱線は見事にこの田中家屋敷を避けるように引かれていることが分かる。

寺社については⑱と㉒の二ヵ所が挙げられている。⑱の下谷天神はやや悩ましい。下谷の天神とは一般に五条天神社（現台東区上野四丁目）のことを指すが、同社が下谷に移転

したのは元禄十年（一六九七）のことで、明暦の大火当時は上野山内の天神山（摺鉢山、現台東区上野公園）にあったことから（「寺社書上」）、同社は該当しないと考えられる。とすれば考えられるのは下谷地域と隣接する湯島天神であろうか。「明暦大火前江戸大絵図」を見ると、焼失範囲の朱線は門前の茶屋との境界に引かれており、本社と拝殿が焼け残ったということとよく整合する。一方㉒の増上寺については、本堂をはじめ主要部分が無事だったことはすでに山内家史料などでも確認したとおりである。

　これ以外の情報は大まかな地域名になる。まず⑧の麻布台はおそらく現在の港区六本木周辺の台地のエリアであろう。一方⑩の愛宕下は不審である。一般に愛宕下とは愛宕山東部の低地一帯を指す地名であるが（『角川日本地名大辞典』）、山内家史料などの記載から判断すると、実際にはこのエリアは大半が焼失したと考えられる。ただし、十九世紀の史料ではあるが、「寺社書上」の愛宕下の部には愛宕山上部に立地した真福寺・円福寺（愛宕権現）・青松寺の三寺が書き上げられている。これらの記録には明暦の大火による被害の情報が一切見えないことから判断すると、ここでの「愛宕下」とは愛宕山が焼け残ったことを意味している可能性が高い。

　このほか⑪赤坂の筋は文字どおり赤坂一帯、⑬の「市買」は市谷と考えられる。⑭の「こはん町」は半蔵門外の五番町（現千代田区一番町）、⑮の「山の手」は番町をはじめと

する台地上の武家地のことであろうか。つづく⑯の新鷹匠町は江戸川（現在の神田川）の両岸に展開していたので、焼け残った「片かい」（片側）とは江戸川右岸（現新宿区新小川町）を指すものと考えられる。⑰の牛込はそのさらに西側に当たる。㉔の上野は寛永寺周辺、㉕の「下谷の筋半分」とは、下谷地域の東部に相当しよう。

以上のような焼け残りの情報は、類焼範囲の推定にさいして大きな手がかりを与えてくれる。

「類火の面々」

ここからさらに焼失範囲を絞り込むための情報として、先に少しふれた「日記」の「類火の面々」の書上について検討してみよう。まず「日記」の正月十九日の条で、第二の火災での江戸城炎上までを記した後、「類火の面々」として松平和泉守を筆頭に一六名の人名が列挙されている。絵図と照合すると、これらの人名はいずれも大手前・大名小路西側・西丸下北部に見出すことができることから、類焼屋敷を特定しうる。

ただし一つだけ注意すべきは、ここに稲葉美濃守の名前があることで、これは先に見た「小槻忠利記」で「炎残の所」にも挙げられていることと矛盾する。考えられるとすれば、稲葉家上屋敷の一部分が類焼したという可能性である。この場合、焼けたのは北東側となろうか。

次に、「日記」では第三の火災の発生について述べられ、麴町一丁目から「夫より松平越後守小屋移」としたうえで、松平出羽守を筆頭に一三〇名（ほか山王天神一社）の人名が列挙されている。これは一見すると第三の火災での類焼者の書上のようであるが、人名を見る限りでは、明らかに当てはまらないものがあるうえ、記載順も必ずしも延焼の順番と関連していない。したがって、この人名の情報だけではただちに屋敷の位置を確定することはできないのである。

そこで、まずはこの一三〇名の書上について以下のように想定する。

① この一三〇名は第三の火災に限らず、三つの火災のいずれかで、少なくとも一ヵ所の屋敷が焼けてしまった面々であると判断する。

② 屋敷が本当は無事なのに「類火の面々」に名前が挙がることは考えにくいが、調査漏れなどの理由により本当は類焼しているのに名前が挙げられないことは考えうる。

これを前提として、以下ではやや迂遠な方法を取らねばならない。まず「明暦大火前江戸大絵図」をはじめとして、大火前後の江戸図に記載されている人名を悉皆的に拾う。これによってこの一三〇名が大火当時江戸に有していた（ほぼ）全ての屋敷の位置が分かる。江戸屋敷が一ヵ所しかない場合にはその屋敷が類焼したと言えるし、二ヵ所以上ある場合でも、一ヵ所以外の屋敷がいずれもおよそ類焼の可能性のない遠隔地にあれば、類焼屋敷

を絞り込むことができる。この手間のかかる方法によって、「類火の面々」の屋敷の位置をある程度復元することが可能となる。

家世実紀の罠

ここまでの検討で、武家地における被害状況については多くの情報が集まってきた。その精度をさらに上げるためには、大名家などに残されている文書を博捜し、大火当時の記録をしらみつぶしに当たっていくほかない。ただ、注意すべきは、やみくもに数を増やしても、その情報の信憑性をきちんと吟味したうえで扱わないとかえって誤った復元につながりかねないということである。

一例を挙げよう。保科正之を祖とする会津松平家の正史に「会津家世実紀」がある。これは全二七八巻におよぶ編年史料で、会津研究の基本史料とされている。このうち巻十七が明暦三年（一六五七）に相当しており、大火当日の様子が記される。ところがこのうち十九日の第二の火災に関して奇妙な情報が見られるのである。

すなわち、「昼九時過牛込之入より出火、方々へ火口分れ、一口者市谷ゟ番丁江移焼通り、一口者小石川伝通院表門前焼通り、田安御門に入、竹橋内紀州様・水戸様御屋敷一度ニ焼上り」とある。第二の火災が二手に分かれ、市谷から番町方面に延焼したという情報が見られる。ところが、すでに「御旧記書抜」（蜂須賀家文書）や「小槻忠利記」などから確認したとおり、市谷や番町は明暦の大火では焼け残っていた可能性が高く、この情報の

信憑性は疑問である。ましてやそれに続く紀伊家・水戸家の上屋敷炎上の記述にいたっては論外であろう。「会津家世実紀」は四年間の編纂作業を経て文化十二年（一八一五）に完成したもので、明暦の大火からは一世紀半が過ぎている。おそらく編纂のさいに不確かな情報に依拠した結果ではなかったか（先述の「亀岡記」にもやはり市谷から番町への延焼という記述が見られるが、政房自身が実見したものではなく、当時このような誤情報が出回っていたのかもしれない）。

このように、藩政史の基本史料として広く利用されているものであっても、同時代的な記録に依拠していない情報の扱いには十分な注意を要する。先に挙げた、既存の明暦の大火焼失範囲の図のうち❸は市谷や番町を焼失範囲に含めており、明示はされていないが「会津家世実紀」あるいは「亀岡記」の情報をもとにしたのではないかと推察される（ただし吹上の「御三家」屋敷は範囲から外してある）。同図はその後いくつかの書籍にも転載あるいはリライトされており、いったん図化されたものが一人歩きすることの危うさを感じさせる。

焼失寺社の情報

ここまでは主として武家屋敷を手がかりにした検討であったが、ほかに焼失地（および残存地）の場所をピンポイントで知り得る情報としては寺社の動向がある。

まず第一の火災で本郷の本妙寺（日蓮宗、火元）、外神田の東本願寺（真宗東派）、霊岸島の霊巌寺（浄土宗）が、第二の火災で小石川の吉祥寺（曹洞宗）が、第三の火災で山王社（天台宗）が焼亡したことはすでに「日記」から確認できた。

それ以外の寺社については、後世の史料ではあるが、幕府が文政八年（一八二五）から十二年にかけて各寺社に歴史と現状について報告させた「寺社書上」（国立国会図書館所蔵）が手がかりとなる。書上の中には明暦の大火による被災を報告するものが少なくなく（ただし類焼記述の不在は無事であったことを必ずしも意味しないことに注意）、大火前後の絵図と照合することでその事実に一定の裏付けを取ることができる。大火前後の立地を特定できた類焼寺院を一覧に示すと表のようになるが、馬喰町および御茶ノ水・湯島地域での被害が目立つ。またこれら被災寺院は大火後に寺地を移転することになるが、最初の火元となった本妙寺だけが唯一大火後も元の場所にとどまったことは皮肉である。

このほか大火の焼失域の推定にあたって注意すべき寺社についていくつか指摘しておきたい。まず西本願寺は大火前には浅草橋門内（浜町）にあって浅草御堂と呼ばれていたが、十八日の第一の火災で焼失した（長瀬由美「築地御坊の創建について」）。また増上寺は裏門から学寮にかけての一帯が類焼したことを先に山内家史料で確認したが、寺誌『三縁山志』は学寮九四宇・坊中一五院・恭敬院が焼失したと記している（伊坂道子『芝増上寺

境内地の歴史的景観』)。近世の増上寺境内図を見ると、北東に学寮、その南に坊中、表門の北西に恭敬院が確認できるので、この記述は他の史料とも矛盾しない。焼失を免れた建築のうち、元和八年(一六二二)築の三解脱門(三門)は当初の位置のまま、戦災をもくぐり抜けて今も健在である(このほか寛永九年〈一六三二〉築の旧台徳院霊廟惣門もやや東に

「寺社書上」に見る明暦の大火類焼寺院

寺社名	宗　派	大火時所在地	大火後移転先
誓願寺	浄土宗	内神田	浅草
雲光院	浄土宗	馬喰町	馬喰町
願行寺	浄土宗	馬喰町	馬喰町
善徳寺	浄土宗	馬喰町	浅草
大松寺	曹洞宗	馬喰町	浅草
本誓寺	浄土宗	馬喰町	馬喰町
弥勒寺	真言宗	馬喰町	馬喰町
唯念寺	真宗高田	馬喰町	浅草
朗惺寺	日蓮宗	八丁堀	二本榎
霊巌寺	浄土宗	霊岸島	深川
国昌寺	曹洞宗	西久保	下高輪
喜運寺	曹洞宗	御茶ノ水	小石川
高林寺	曹洞宗	御茶ノ水	駒込
円通寺	臨済宗	御茶ノ水	駒込
吉祥寺	曹洞宗	小石川	駒込
源空寺	浄土宗	湯島	浅草
海禅寺	臨済宗	湯島	浅草
本妙寺	日蓮宗	本郷	(残留)
経覚寺	真宗西	芝	三田

移設されて現存）。

さらに正保元年（一六四四）から明暦三年（一六五七）までの幕府に関する記事をまとめた「正慶承明記」（国立公文書館内閣文庫所蔵）には、十八日の第一の火災が西風に乗って八丁堀を越え、「向嶋ノ八幡ノ宝殿ニ火遷テ悉ク回禄」したとの記述が見られる（「回禄」とは火災に遭うこと）。この「向嶋ノ八幡」とは深川の富岡八幡宮（現江東区富岡一丁目）のことと考えられる。「寺社書上」にはとくに該当する記述は見られないが、同じく深川地域の高知山内家の蔵屋敷が焼失していることからすると、西風に煽られて八幡宮まで延焼した蓋然性は高いと考えられる。山内忠豊の書状の「牛嶋不残焼失」との文言ともこれは合致する。

推定焼失範囲図の作成

以上、検討してきた情報を地図上にマッピングしてみたい。まず史料上類焼地点が特定可能な武家屋敷・寺院・町・建造物などは確実に焼けたものとして★印を付ける。次に、「日記」の「類火の面々」に名前が挙がっている武家の屋敷について、①屋敷が一ヵ所しかない場合、②二ヵ所以上ある場合でも焼失した可能性がある屋敷が一ヵ所に絞れる場合は、類焼の可能性が高いものとして☆印を付ける。さらに、史料上焼け残ったことが明らかな場所については○印を付ける。したがって、★印と☆印を含み、○印を含まないような領域を作図すれば、それが求める焼失範囲

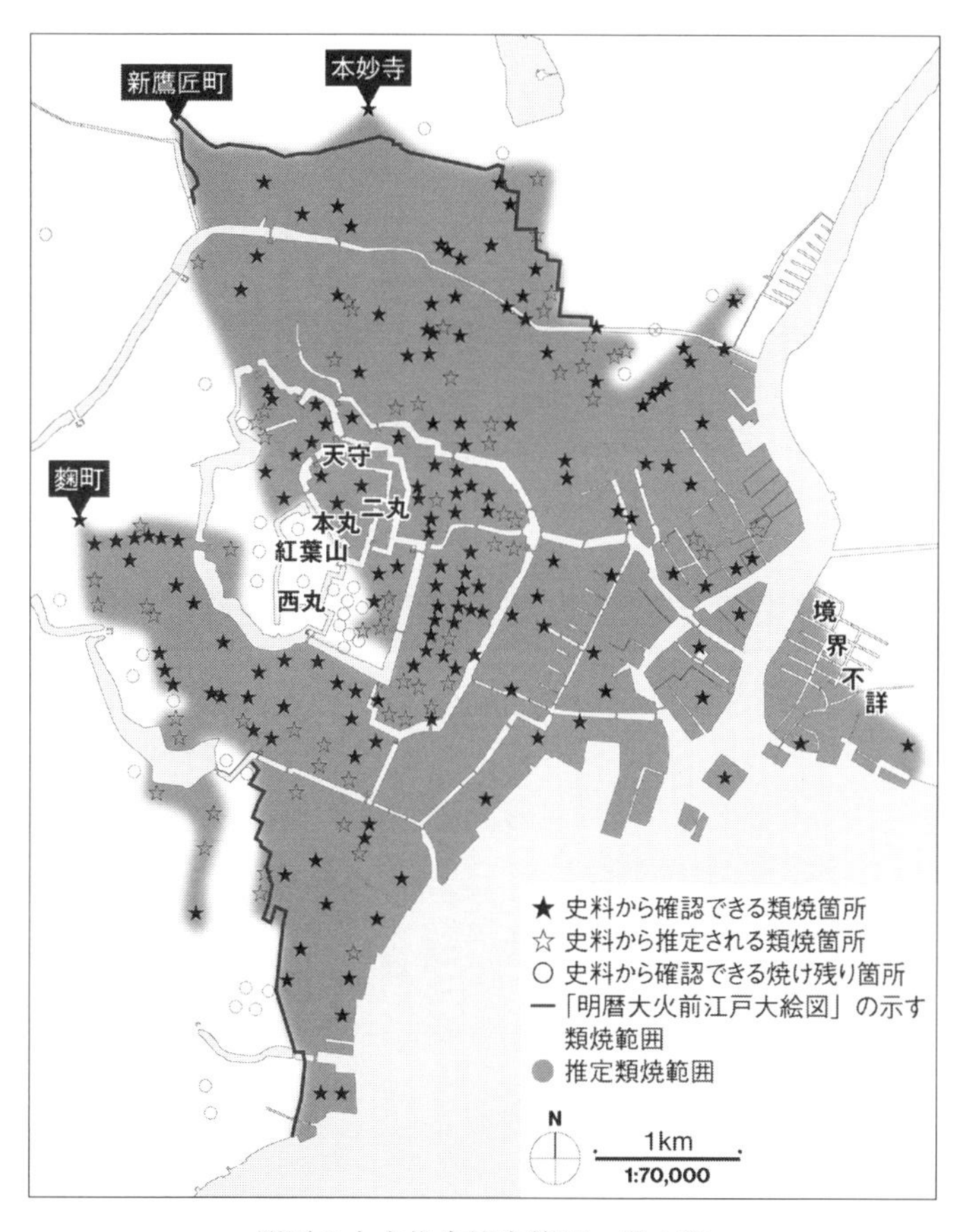

明暦の大火推定焼失範囲・岩本案

ということになる（図参照）。

この復元案を、冒頭で述べた「明暦大火前江戸大絵図」に描き込まれた朱線と比較してみたい。北部と南部の二ヵ所の朱線は概ね推定範囲と一致しており、この情報が一定の根拠にもとづいて引かれたことが窺える。ただしいくつかの箇所で齟齬も見られる。

すでに指摘した、第一の火災の火元である本妙寺の位置が異なる点は明らかな誤りであるが、もう一点は下谷の伊勢亀山五万石石川家上屋敷（現台東区上野一丁目）についてである。湯島天神の東に位置するこの屋敷は、絵図では朱線の範囲外とされているが、一方で当主の石川主殿頭（昌勝）は「日記」の「類火の面々」に名前が見える。石川家の上屋敷がこの下谷屋敷であったことは大火前後の武鑑からも明らかだが（『江戸幕府大名武鑑編年集成』二）、絵図などを悉皆的に見てもここ以外の屋敷を一切確認することができない。つまり「類火の面々」に名前がある以上、この下谷屋敷が類焼したと考えざるを得ないのである。

同様のことは南部の朱線についても言える。愛宕山の東麓では朱線はかなり入り組んだ引かれ方をしていて、焼失屋敷と焼け残り屋敷が混在していたことが示されるが、このうち朱線の範囲外とされている伊予西条二万五〇〇〇石一柳家上屋敷は「類火の面々」からすると類焼屋敷として判断される。このように、朱線は全体的には実態を反映したも

のと考えられるものの、細部については情報の混乱があったと言える。
また朱線は記されていないものの、マッピングによって明らかになる類焼可能性の高い一帯として、浅草橋門外と西久保がある。まず浅草橋門外では、文政元年（一八一八）序の編纂史料ではあるが、岡山池田家の屋敷の沿革をまとめた「備藩邸考」（岡山大学附属図書館所蔵）に、浅草鳥越の下屋敷（現台東区浅草橋二丁目）が「明暦三年正月十八日ノ大火ニ類焼」したことが見える。この北隣の播磨山崎三万石池田家（松平備後守）上屋敷も「類火の面々」の情報から類焼の可能性が高いと判断されるため、第一の火災は浅草橋門の北側まで延焼したと考えられる。

なおその北東には浅草の米蔵があったが、ここまで燃えたかどうかの判断は難しい。保科正之の言行録である「土津霊神言行録」（高知城歴史博物館山内文庫本は新日本古典籍総合データベースにて閲覧可能）には、明暦の大火で「浅草の倉廩も又こと〳〵く焼」けたとある。この話は、町人たちに浅草の米蔵の火事を消せば焼け米を持ち帰ってよいことを触れさせ、鎮火と町人救済の一石二鳥を達成した、という保科正之の智恵を礼讃するという内容になっている。ただし後で触れるように、大火後の幕府による飢民救済の施粥に用いる米は浅草の米蔵から提供されており、ここが「こと〳〵く焼」けたとはとても考えられない。また先述の「亀岡記」でも、実際に浅草に避難した亀岡政房が、「町は浅草橋の外

町観音堂まで左右の町此度相残」っていたと記しており、位置関係から考えて米蔵は焼けたとしてもごく一部にとどまった可能性が高い。やはりこうした礼讃目的の逸話については眉に唾を付けて読むべきであろう。

一方、愛宕山の西麓の西久保一帯も大火で類焼した可能性がある。まず「類火の面々」の情報から、類焼した可能性の高い屋敷が複数挙げられるほか、神谷町にあった国昌寺（現港区芝公園三丁目）が類焼し、大火後寺地を召し上げられて下高輪に移転したという記録も見える（「寺社書上」、七三頁の表参照）。従来の大火の焼失範囲推定図にはこの一帯を含めたものは見られないが、溜池側から火が回った可能性は小さくなく、今後さらなる事実の発掘が望まれる。

推定図の検証

さて、以上で焼失範囲の一応の推定ができた。ではこれはどの程度の精度があるのか、検証を試みたい。手がかりになるのはすでに一度利用した「正慶承明記」の記述である。このうち明暦三年（一六五七）正月二十一日の記事に続いて、「今度類焼之覚」として、「壱万石以上百六十軒（但万石以上焼、残ハ五十四軒）」（括弧内は割註）との記述が見える。この覚は「綱勝公御年譜」（出羽米沢上杉家の年譜）や「忠亂朝臣御年譜」（陸奥中村相馬家の年譜）などの史料にも引用されており、諸大名家にも共有された情報と思われるが、この「百六十軒」とは何を指すのであろうか。

筆者はかつて、これを大火で焼失した全ての大名屋敷の数を示すものと解釈していた（岩本馨「大火と武家地」）。しかしこれまでの検討をふまえる限り、中屋敷や下屋敷まで含めた大名屋敷の罹災数とするには、一六〇という数は少なすぎる。とするとこれは上屋敷（居屋敷）の被災軒数を示している可能性が浮上する。

しかしこれにも疑問がある。「今度類焼之覚」によれば焼けたのは一六〇軒、焼け残りが五四軒とあるので、合計すると二一四軒となる。ところがすでに述べたとおり、明暦の大火時点での大名家は二三五家が確認され、二一四軒とは二一の差が生じている。これには二つの理由が考えられる。一つは、巻末の表にあるように、この段階でも江戸に屋敷が確認できない大名が存在すること。もう一つは、内分分知（ないぶんぶんち）（本家の表高を変えずに分家を興すこと）や新田分知（本家の新規開発地を与えて分家を興すこと）のような、本家への従属性の強い分家の屋敷は本家の屋敷扱いとしている可能性がある。もしこれを除いたとすれば、大火時点での上屋敷の総数は二一八軒で、「今度類焼之覚」の合計二一四軒とかなり近い数となる。

では一六〇軒という数の妥当性はどうか。改めて巻末の表を確認したい。先に、史料から類焼が確認できる屋敷に★印、「類火の面々」の情報から類焼の確度が高いと推定できる屋敷に☆印を付けていた。この両者に該当する上屋敷を数え上げると（内分分知・新田

分知による分家は本家とまとめる、以下同様）九三軒となる。しかし焼けた可能性のある上屋敷はまだ多い。そこで次に、「類火の面々」に名前があり、位置から判断して類焼の可能性がある大名屋敷に▲印を付ける。ここまで加えると一二六軒となる。さらに、「類火の面々」には名前が見えないものの、位置から判断すると類焼の可能性がある大名屋敷も存在する。これに△印を付けると、最大限に含めた場合の類焼上屋敷は一七三軒まで増える。▲印と△印の上屋敷は合計八〇軒で、このうち六分の一弱の一三軒が実際には焼け残ったとすれば、ちょうど一六〇軒となる計算である。

なお、「明暦大火前江戸大絵図」には大火後に加えられたと考えられる貼紙が多く見られ、中には焼け残り箇所についての情報も確認できるが、他の史料と比較して正確性に疑問がある情報がいくつか見られるため、今回の推定図では採用しなかった。ただし周囲が焼けた場合でも、風向きの関係で奇跡的に焼け残った一帯が存在した可能性はある。

ここまでの検討で、「今度類焼之覚」にある大名屋敷（上屋敷）の類焼数はおそらく幕府による被害調査にもとづいた根拠ある数字であり、またこれまで検討してきた焼失範囲も概ね妥当な推定であると考えてよかろう。

大火の犠牲者

これだけの規模の大火で、どれくらいの犠牲者が出てしまったのか、その数は史料によってかなりの開きがある。最大の死者数を挙げているも

のは仮名草子の異本「武蔵あふみ」（岡山大学池田家文庫所蔵）で、一〇万七〇三六人（うち六〇〇人は正月二十六日の雪での凍死者）との数字を挙げる。また万治四年（一六六一）版『むさしあぶみ』も死者は「をよそ十万二千百余人」とする。ただしこの『むさしあぶみ』はとくに大火の悲惨さを強調して語るものとなっており、当時の人口規模からしても過大な数字ではないかとの指摘が古くからある（「明暦大火の死人は実数にあらず」ほか）。では実際の被害規模はどの程度であったのか。

実は先に検討した「正慶承明記」の「今度類焼之覚」の続きには死者についての記述があり、「焼死者三万七千余、此外数不知」と見える。大名屋敷の検討で見たとおり、この覚の数字は幕府による調査を反映している可能性があり、焼死者三万七〇〇〇人余りというのは判明した数字として不自然ではない。もっとも、ここには水死者や行方不明者が含まれていないので、これを加えると犠牲者数はさらに膨れ上がるはずである。死者の数を概数で云々することはためらわれるので、この検討はここまでにしておく。

身分社会と大火

ただ、一つの違和感は残る。それは武家側の史料における「死」の稀薄さである。これまで検討してきた史料では、どれも自分たちや関係者の屋敷が焼失したことは書かれていても、誰かが火災の犠牲になったという記述は見られないのだ。

例えば大名家の当主には、大火で屋敷を焼かれて避難した者も多くいたはずだが、全員が無事であった。当主は避難のさいには家中で最優先されるだろうから、ここはそれほど不自然ではない。では旗本クラスはどうか。大火では元鷹匠町や駿河台、愛宕下などの武家地も大きな被害を受けている。ここに居住していた旗本たちに犠牲者は出なかったのか。

旗本（もちろん大名も）の履歴については「寛政譜」によって詳細を知ることができる。そして、その情報には各人物の歿年月日も含まれている。もし明暦の大火で犠牲になった旗本がいれば、当然その日付は明暦三年（一六五七）正月十八日から二十日となっているはずである。

やはり手間のかかる作業であるが、この検証には「寛政譜」をしらみつぶしに当たるほかない。文字認識ソフトの助けを借りつつ（その精度ゆえの見落としもあるかもしれないが）調べた結果、この三日間のうちに亡くなった旗本はただ一人だけ見つかった。名前は神尾吉勝（かんおよしかつ）（年齢・家禄高不明）といい、納戸番（なんどばん）をつとめていた。彼の屋敷は元鷹匠町の一橋通沿いに確認できるが（現千代田区神田神保町一丁目）、ここは十九日の第二の火災で焼けたと考えられる一帯で、そして彼はちょうどこの日に亡くなっているのである。系譜には明暦の大火の犠牲者とは記されてはいないが、少なくともその可能性がある旗本は（現在判明している限りでは）彼だけである（なお吉勝の子長春（ながはる）は無事で、彼はすでに大番（おおばん）として

幕府に仕官し禄を得ていたためか、大火後も神尾家の系譜は続いている。長春の二代後の春央（はるひで）は養子であるが、勘定奉行として享保の改革で「活躍」した）。

旗本は単身で暮らしているわけではなく、家族もいれば家臣も奉公人も同居している。避難時には主人の安全が最優先されるだろうから、主人を無事に逃がした後で同居人が犠牲になった可能性はあり、その場合彼ら彼女らの死は記録に残されることはない。しかしそれを加味したとしても、武家地と町人地とでは犠牲者の数に大きな開きがあったものと考えられる。

その理由には次のような理由が挙げられよう。一つは武家地と町人地の人口密度の差である。江戸の武士と町人の人口は概ね同程度であったと推定されているが、面積比では六九対一六と、四・三倍ほどの開きがあった（内藤昌『江戸と江戸城』）。当然高密であった町人地では火の勢いも増し、避難にも支障を来したことが推測される。

実際、先述のワーヘナールの日記によると、町人地では町人たちが家財道具を車長持（荷車）に載せて逃げようとしており、これがさらに通りを渋滞させることになり、また各町の境に設けられていた木戸がしばしば逃げ道を遮断していたという（クレインス『オランダ商館長が見た江戸の災害』）。近世の町（ちょう）という地縁共同体は、通りを挟んだ両側で構成されており、両端に設けられた木戸で区切られていた。この木戸は町の治安維持には役

立ったが、火災のときには遮蔽物として人々に牙をむいたのである。

もう一つは町人地の立地と火災の方向である。大きな被害をもたらした第一の火災は、北西から町人地を襲った。しかしこの地域は東に隅田川、北に神田川という障壁があり、前者には大火前には千住大橋よりも下流に橋は架かっていなかった。町人たちが助かるためには、とにかく風下の南に逃げ切るか、あるいは焼け残っている橋で神田川を渡って対岸に逃げるほかなかった。その判断を誤れば、川と炎の挟み撃ちにされ、溺死あるいは焼死が待っていた。第一の火災で町人地に莫大な犠牲者が出たと考えられるのはそのためである。

もっとも、隅田川沿いの浜町や蠣殻町には大名屋敷もあり、ここも第一の火災に襲われた一帯ではある。しかし酒井忠清の母光寿院の避難の例で見たように、大名屋敷には船という飛び道具が備えられていた。彼らは火が迫る前に船で海上に避難し、危機を脱している。川や海は町人たちにとっては絶望の障壁であったが、大名たちにとってはむしろ安全な逃げ道であった。

関屋政春の記録で見たように、翌十九日の火災で大名小路から焼け出された大名家一行は、すでに焼け野原と化していた町人地を広大な避難路として脱出を果たしている。大火は武家地をも町人地をも襲ったが、その惨禍には露骨なまでの差があった。

「復興」の実態

明暦大火横死者等供養塔（回向院）

焼け跡から

大火直後の動き

正月二十日、曇。江戸から幕府直轄地であった京・大坂・堺・奈良・長崎・日光・駿府・山田・豊後府内へと飛脚が派遣された。また書院番森川之俊・小性組川村重正の二人も大坂までの城下・宿場への報知の任務を与えられて江戸を発った。これは、十八・十九日の火事で江戸城本丸・二丸が炎上したものの、将軍は西丸に避難して無事であることを知らせ、流言飛語による人心の動揺を防ぐためのものであった（「日記」、以下本節でとくに註記のないものは同史料による）。

各大名家でもそれぞれ国元へと飛脚を送ったものとみられる。例えば江戸から約七〇〇キロ西の備前岡山城にいた池田光政（四十九歳）が大火の一報を受け取ったのは二十六日のことであった（「池田光政日記」）。ここから類推するならば、おそらく遅くとも二月初めま

では全国に大火の情報が伝わったものと考えられる。

江戸では焼け出された人々の救済が急務であった。二十日に幕府は内藤忠興（大坂城代、陸奥磐城平七万石）・石川昌勝（伊勢亀山五万石）・六郷政勝（出羽本荘二万石）・松浦鎮信（肥前平戸六万三二〇〇石）の四人の大名に対し、大火被災者への粥施行を命じている。施行は江戸市中六ヵ所で行われ、当初は二十九日までの予定であったが、飢人が多かったため二月二日まで延長され、さらにその後も隔日で十二日まで実施された。粥に使う米は浅草の米蔵から下げ渡されたという。

これだけ米の需要が増えれば当然米価は騰貴する。二十一日、幕府は金一両で米七斗（七〇〇合、約一〇五キログラム）以上の高値で米を売買させないよう町奉行に触れさせている。さらに幕府は二十四日に飢民救済のため、紀伊家から献上された米一〇〇〇俵を八丁堀にて金一両＝米八斗のレートで払い下げたとされる。ただしこの件は「日記」には見えず、「厳有院殿御実紀」（『徳川実紀』）の編纂用稿本である「柳営日次記」（以下「日次記」）に「紀伊記」を典拠として追記されたものであるため、これを文字どおり受け取ってよいかについては留保が必要である。

こうした飢民救済策と並行してインフラの復旧も開始されていた。二十一日、幕府は大火で橋が焼け落ちてしまった堀に、応急処置として船橋を架けることを小普請奉行に命じ

た。ついで二十四日には城門や堀に架かる橋の仮復旧担当者も任命されている。

正月二十五日の法度

二十五日、幕府は大火を受けて以下のような七ヵ条の法度を発令した。

覚

一、今回焼失した武家屋敷や町人地については割替が行われる可能性があるため、当分小屋掛けはできるだけ軽微なものとするように。

一、建築工事については、たとえ国持大名であっても三間梁より大きく造ってはならない。もちろん軽微に建てるよう留意すること。

附、二階門（櫓門）は禁止する。駒寄も造ってはならない。

一、衣服については今後定めがあるだろうが、身分に応じてできるだけ簡素なものを用いること。ただし現在所持しているものについては当分はかまわない。

附、今度の火事で諸道具を造るさいは、金銀の薄片、梨子地の蒔絵のたぐいは控えること。

一、よしみのある牢人、ゆかりのある輩がやって来たら抱え置くこと。ただし大人数を集めることはしてはならない。

一、禄高の低い面々は心まかせに妻子らを関所より内側の村落に預け置いてもさしつ

かえない。

一、領内に山林がある面々は、通常は伐採しない木であっても今回は売買を申しつけること。ただし幕府から留め置かれている山林については決して勝手に指図してはならない。

一、一季奉公の者について、例年は交代時期で暇を出す頃ではあるが、今回の火事のため先々難儀するであろうから、給料や食物がはなはだ不十分でも我慢できるという者については抱え置くこと。もちろん辞めたいという者については出してよい。

以上

明暦三年酉正月廿五日

全体として見れば、大火後の倹約と治安維持が主眼となっていることが分かるが、このうち都市の復興という点から注目されるのは第一条・第二条・第六条である。まず第一条では焼失地における割替の可能性について言及している。つまり大火を契機に武家地・町人地の区画を整理するという「都市改造」がこの時点では構想されていたことが窺える。つづく第二条は大名屋敷への建築規制に関するものである。大名屋敷への三間梁規制はこれが初出であるが、この意味については後で検討したい。さらに第六条は木材供給に関するものである。大火からの復興にさいして材木需要が大きく高まることは明らかであった

から、各知行地で材木を可能な限り生産させてこれを江戸に廻し、価格高騰を抑えようとしたものであろう。以上の方針は翌二十六日に老中松平信綱・阿部忠秋から諸大名へと伝達されている。

罹災武家への救済

大火では多くの大名・幕臣（旗本・御家人）も罹災しており、幕府は彼らの救済にも着手する。まず正月二十六日、幕府は類火に遭った大名家二一家に対し、四月に予定されていた江戸参勤を六月に延期することを認めた。さらに二月九日にはこの二一家のうち一七家を対象に、年内の参勤をも免除している。岡山池田家は大火で大名小路の上屋敷と中屋敷を失っており、この免除対象に含まれていたが、結局光政は九月に江戸参勤を果たしている（「池田光政日記」）。

この九日には幕府による罹災大名・幕臣への大規模な資金援助も発表された。大名（一〇万石未満が対象）へは一〇年返済での貸与、幕臣へは給付の形式であった。表に示したように、援助額は家禄高に応じて高くはなっているが、収入比としては弱者ほど手厚くなっている。例えば最高ランクの九万九〇〇〇石の大名の場合、貸与額の銀三〇〇貫目は、当時の実勢相場をおよそ金一両＝銀六〇匁とみて換算すると金五〇〇〇両となる。ここで石高一石＝年収一両とすると、この額は年間収入の約五％相当と計算できる。一方最小ランクの一万石ちょうどの大名について同様に計算すると、貸与額銀一〇〇貫目は約六分

大名・幕臣への資金援助

大名への資金貸与		幕臣への資金給付	
家禄高	貸与額	家禄高	下賜額
10,000～15,000石	銀100貫目	10俵	金３両
16,000～25,000石	銀130貫目	⋮	⋮
26,000～35,000石	銀150貫目	（以下５俵ごと２分増）	
36,000～45,000石	銀170貫目	⋮	⋮
46,000～55,000石	銀200貫目	95俵	金11両２分
56,000～65,000石	銀230貫目	100～140石	金15両
66,000～75,000石	銀250貫目	⋮	⋮
76,000～85,000石	銀270貫目	（以下50石ごと５両増）	
86,000～99,000石	銀300貫目	⋮	⋮
		850～890石	金90両
		900～990石	金95両
		1,000～1,400石	金100両
		⋮	⋮
		（以下500石ごと50両増）	
		⋮	⋮
		6,500～6,900石	金600両
		7,000～7,400石	金625両
		7,500～7,900石	金650両
		8,000～8,400石	金675両
		8,500～8,900石	金700両
		9,000～9,900石	金725両

「日次記」（国立公文書館内閣文庫本）より作成.

の一相当となり、収入比としては三倍以上となる。

幕臣についても同様で、そもそも大名とは異なり返済不要の給付金であるうえ、最高ランクの九九〇〇石の旗本に与えられる金七二五両は約七％相当であるのに対し、最小ランクの家禄高一〇俵（一〇石に相当）の御家人の場合は三割相当まで上昇する。このように資金援助は大名と幕臣の経済力を考慮してきめ細かく行われたのである。

備前岡山三一万五〇〇〇石を領した池田光政は当然この援助の対象外となったため、江戸屋敷再建などの諸費用は自力で調達しなければならなかった。そのため岡山では二月二十三日に家老が収入の一部の献上を、二十四・二十五日には領内の村方・町方から銀・人足・船・材木などの献上をそれぞれ申し出ている。しかし光政は感謝を述べたうえでこれを固辞した（「池田光政日記」）。一見すると美談であるが、実際には見えない火花が散っていた。忠実な家臣・領民に対して、治者たるものは仁政を施さなければならない。おそらくお互いにそのことを承知したうえで、迫真の演技がそこでは披露されたのであろう（倉地克直『池田光政』）。

大名に対しては資金貸与のほかに、参勤交代のさいの進物を三年間軽減する旨が二月十日に通達された。こちらは一〇万石以上の大名も対象に含まれている。また三月十日には松平綱重（つなしげ）・綱吉（つなよし）兄弟（徳川家綱（いえつな）弟）に作事料（建築工事費）としてそれぞれ二万両ずつ、翌

十一日には勝姫（徳川秀忠三女、松平光長母）に五〇〇〇両が下賜されているが、これは将軍近親に対する特例措置と考えられる。

資金援助は町人に対しても行われ、総計で銀一万貫（金換算約一六万両）が下賜されている（「御触書集成」）。

櫻の樹の下には

救済が必要であったのは生存者だけではない。大火後にワーヘナールが目撃したような、市中にあふれていた無数の焼死体、その魂も成仏させなければならない。幕府は死体の埋葬と供養のための場として、隅田川対岸の牛嶋の地を選ぶ。「正慶承明記」二月八日条には、増上寺にその任務が与えられて金三〇〇〇両が下賜されたとの記事がある。これが無縁寺回向院（浄土宗）の起こりである（現墨田区両国二丁目）。大火死者の慰霊については、正月二十四日（徳川秀忠命日）に増上寺（現港区芝公園四丁目）に代参に出た保科正之が、街道で無数の死体を目にしたことを悲しんで提起したのだという逸話があるが（「会津家世実紀」ほか）、第三者による史料からは正之がこの日に増上寺に行ったという事実以上の裏付けは取れない。おそらくは正之讃美のための創作であろう。

回向院が当初牛嶋で拝領した土地は二五〇〇坪であったが、その後増地がされて五一一一坪余まで拡大した（「寺社書上」）。両国橋（寛文元年〈一六六一〉竣工）界隈は盛り場と

して発展し、回向院もとくに十八世紀後半以降開帳（かいちょう）や勧進相撲（かんじんずもう）の名所（初代両国国技館は回向院境内にあった）として賑わいを見せる。斎藤月岑（さいとうげっしん）と長谷川雪旦（はせがわせったん）は天保七年（一八三六）の『江戸名所図会』巻七で、大江戸の繁栄を象徴するかのような回向院の境内の様子を描くが、一方で華やぐ「櫻の樹の下には」何があったかを記すことも忘れてはいない。度重なる大火と関東大震災、東京大空襲で伽藍（がらん）をたびたび失った回向院であるが、石造の明暦大火横死者等供養塔は、延宝三年（一六七五）に建てられたときとおそらく同じ位置のまま、今も大火の記憶を静かに語っている。

大火後の被災地

江戸城の再建

本書のプロローグでは、明暦の大火後に江戸の大規模な「都市改造」がなされたとの通説についてふれた。大火直後の応急処置も一段落して三月に入ると、被災地での再建工事もいよいよ本格化していくことになるが、実際にそれによって被災地はどのように変わったのか、あるいは実は変わらなかったのか。以下では信頼できる史料をもとに「復興」の実態を検証していきたい（本節でもとくに註記のないものは「日記」に拠る）。

まずは江戸城から見ていこう。明暦の大火の第二の火災で焼失した、江戸城の天守・本丸御殿・二丸御殿の再建は、幕府にとって重要な課題であった。大火直後は市街地の応急復旧がまず優先されたので、二丸御殿については二月七日に越谷（こしがや）御殿（現越谷市御殿町）

を移築することで再建に替える方針が示された（「日次記」、典拠「奥日記」）。この工事は早くも八月上旬には完了し、十二日に大番士が西丸から移っている。

本丸については二丸に少し遅れて着手され、五月九日が普請始めとなった。幕府政治の中心拠点であるだけに、工事は諸大名が動員される大規模なものとなった。本丸御殿が竣工し、将軍家綱が西丸から移ったのは万治二年（一六五九）九月五日のことである。

一方、天守の再建については、明暦三年（一六五七）九月五日に前田綱利（加賀金沢八〇万五〇〇〇石）に天守台の工事担当が命じられ、翌万治元年八月十八日に竣工するまでは順調に進んでいた。ところが結局のところ、天守は建設されることはなかった。よく言われるのは、将軍後見人保科正之の建言によるものとの説で、天主再建がもはや無駄であることを主張して沙汰止みになったとされる。これは例によって会津家側の史料にのみ見える逸話であって、裏が取れない。真偽については怪しいと言わざるを得ないが、その後も天守再建が実行されなかったことを考えると、天守がすでに時代遅れの存在となっていたことは確かなようである。

「御三家」上屋敷の移動

次に武家地である。大火後の武家屋敷の移動としてほぼ必ず指摘されるのは、「御三家」屋敷の郭外への移転である。「御三家」は徳川家康九男の義直（尾張名古屋六一万九五〇〇石）・十男の頼宣（紀伊和歌山五五万五〇〇〇

明暦の大火当時の徳川・松平家略系図（丸数字は年齢、灰字は故人を示す）

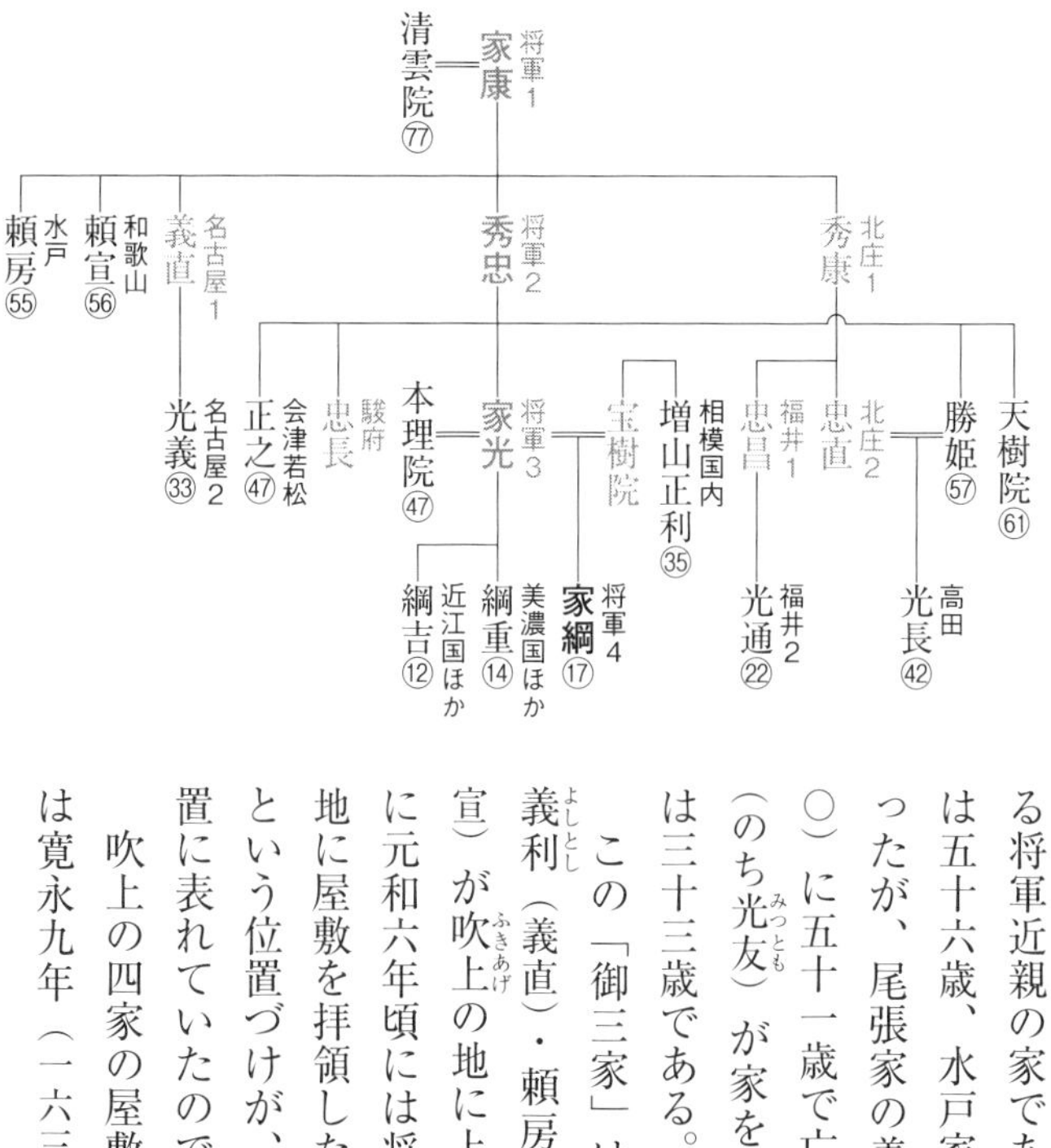

石）・十一男の頼房（常陸水戸二八万石）を祖とする将軍近親の家である。大火当時、紀伊家の頼宣は五十六歳、水戸家の頼房は五十五歳で健在であったが、尾張家の義直はすでに慶安三年（一六五〇）に五十一歳で亡くなっており、二代目の光義（のち光友）が家を継いでいた。大火当時、光義は三十三歳である。

この「御三家」は元和二年（一六一六）九月に義利（義直）・頼房が、元和四年二月に頼将（頼宣）が吹上の地に上屋敷を与えられていた。さらに元和六年頃には将軍秀忠の二男である忠長も同地に屋敷を拝領した。つまり将軍を支える近親者という位置づけが、江戸城の背後に連なる屋敷配置に表れていたのである。

吹上の四家の屋敷のうち、忠長の屋敷については寛永九年（一六三二）の彼の改易によって没収

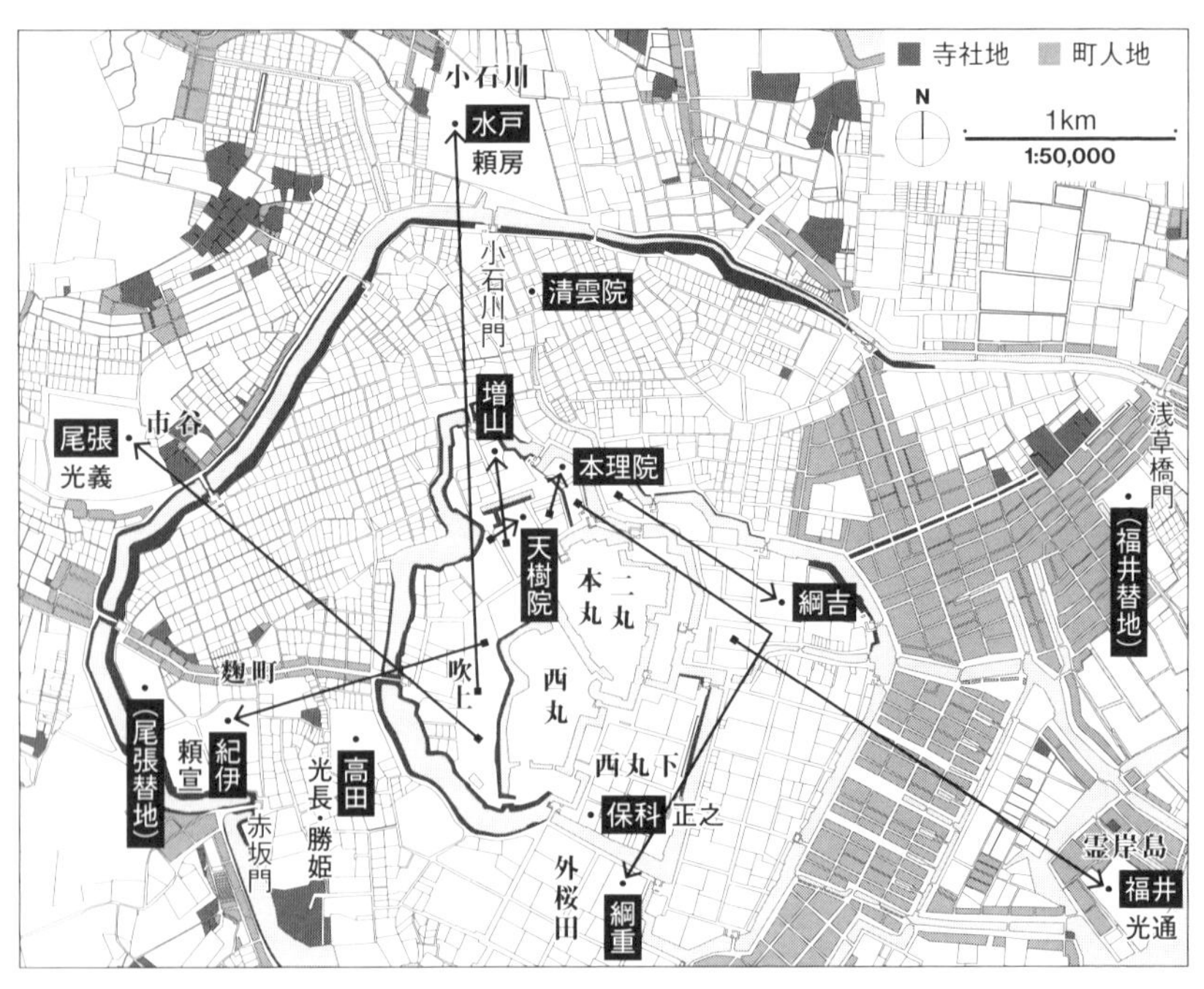

将軍近親者の屋敷

され、跡地は幕府の倉となった。残る「御三家」屋敷はその後も維持され、十九日の火災でも西丸とともに奇蹟的に焼失を免れた。しかし、それはあくまで奇蹟であった。もしもあの時、代官町を焼き尽くしていた火が「御三家」屋敷にも移っていたら――その風下に位置していた西丸も猛火を逃れられず、江戸城は全滅していてもおかしくなかったであろう。

幕閣は肝を冷やしたに違いない。大火直後の正月二十三日、登城した「御三家」三当

主は、幕府から吹上の上屋敷を引き払うよう命じられる。ついで五月十四日、この替地として尾張家には麹町十丁目（現千代田区麹町六丁目・紀尾井町）、紀伊家には赤坂門内（現千代田区紀尾井町）、水戸家には小石川下屋敷隣接地（現文京区春日一丁目）がそれぞれ与えられた。紀伊家はこの替地を上屋敷としたが、尾張家は前年に拝領した市谷下屋敷を、水戸家は拡張した小石川下屋敷をそれぞれ上屋敷に改めている。

将軍近親大名の上屋敷

この「御三家」上屋敷の周辺部移転は、大火後の「都市改造」の象徴としてしばしば取り上げられる。しかし将軍の近親大名とはこの三家に限られるわけではないことにも注意が必要であろう。九七頁の系図を見ると、この時点での将軍の最近親は「御三家」ではなく、家綱弟の綱重・綱吉兄弟である。二人は大火当時十四歳に十二歳とまだ年少で、賄料一五万石ずつを与えられている段階であったが、本丸北側の竹橋門内と一橋門内に独立した上屋敷を拝領していた。すでに見たように、この両屋敷は十九日の第二の火災で焼失した。兄弟はいったん吹上の紀伊家上屋敷に寓居したが、三月三日に揃って大手前に新たな上屋敷を与えられている。綱重の上屋敷はもと加賀前田家の上屋敷（関屋政春の段で登場したあの辰ノ口屋敷である）で、綱吉の上屋敷はもと三大名の上屋敷であった。これは後述する一連の大名屋敷の入れ替えの一環として行われたものである。

ただ、この両屋敷は規模が不十分であったようで、万治四年（一六六一）正月二十日の大火での類焼を契機として、綱重は二月四日により広い屋敷を求めて外桜田に移り（現千代田区日比谷公園）、綱吉も兄の屋敷跡の一部を併合して上屋敷を拡張している。

次に家綱と血縁の近いのは叔父にあたる保科正之（大火当時四十七歳）である。すでにふれたように、保科家の上屋敷は西丸下にあった。これは寛永十年（一六三三）に拝領したもので、大火でも焼け残った。正之が家綱政権の重鎮であったためか、この西丸下の上屋敷は大火後も没収されることなく、子の正経（病弱であった）の代、延宝九年（一六八一）まで維持された。

徳川家門としてはほかに家康二男松平秀康の血を引く越前家の系統がある。越前家は秀康長男忠直の系統（越後高田）と二男忠昌の系統（越前福井）に分かれており（どちらを宗家とするかについては諸説ある）、大火当時前者では忠直の子光長（四十二歳）、後者は忠昌の子光通（二十二歳）が当主となっていた。すでにふれたように、高田松平家の上屋敷は麹町、福井松平家の上屋敷は辰ノ口と、ともに江戸城近辺に与えられていたが、前者は正月二日の火災で、後者は十九日の第二の火災で焼失してしまった。ただし大火後の扱いは異なっており、高田松平家は元の屋敷地を維持したのに対し、福井松平家は辰ノ口屋敷を三月三日に収公され、五月十四日に浅草橋門内に替地を与えられている（ただし福井松平

家では従来の霊岸島中屋敷を上屋敷とし、この替地を中屋敷としている）。

以上のように、当時の将軍近親大名の屋敷動向を見ると、大火後も上屋敷を維持（保科・高田松平）または江戸城近辺に改めて新たな上屋敷を拝領（綱重・綱吉）した場合と、大火後に周辺部に上屋敷を移転（「御三家」・福井松平）した場合の両方が存在したことが分かる。その違いの理由は改めて系図から当主と将軍との血縁の近さ、すなわち親等を計算すると分かりやすい。

当時の存命の近親者のうち、将軍家綱と最も近い親族である綱重・綱吉は二親等（弟）である。ついで近い正之は叔父すなわち三親等である。一方、吹上の上屋敷を拝領したときは将軍秀忠の二親等の親族（弟）であった頼宣と頼房は、家綱の代には四親等（大叔父）まで離れており、義直の子である光義は五親等（従叔父）である。越前家はもっと遠く、光通は六親等（再従兄）にあたる。なお光長については父系だけを見れば光通同様に六親等で遠いが、母勝姫が秀忠の娘である関係で家綱の従兄にあたるので、母方から見ると四親等である。また母系で見たときの近親としてはほかに家綱の生母宝樹院の弟（三親等）増山正利（奏者番、相模国内一万石）がいた。彼は大火前には代官町にて屋敷を拝領していたが、第二の火災で焼失後、三月三日に母（家綱祖母）とともに近隣地に替地を得て、屋敷の拡張を果たしている。

女性たちの空間

将軍の親族としては女性たちの存在も忘れてはならない。彼女たちのなかには江戸の武家地に独立した屋敷を拝領していた人物も複数いた。

まずその一人として、初代将軍家康の妻妾のうち大火時点で唯一健在だった清雲院（大火当時七十七歳）が挙げられる。彼女は家康の死後出家し、江戸城三丸脇に邸地を与えられていたが、その後小石川門内に屋敷（現千代田区三崎町三丁目）を拝領して移住したという（「幕府祚胤伝」）。拝領時期は不明であるが、彼女の養子（兄の曽孫に当たる）である長谷川藤該が明暦元年（一六五五）に幕臣に取り立てられているので、この時であろうか。実際、彼女が万治三年（一六六〇）に死去した後、この屋敷は藤該へと継承されている（「測量図」）。これに加えて、大火後の三月三日には小石川築地にも屋敷を拝領している（現文京区小石川一丁目）。この敷地は寛永末年（一六四四頃）の「寛永江戸全図」の段階では「天寿院衆」とあり、大火を機に天樹院（後述）から譲られたものかもしれない。

次に三代将軍家光正室の本理院（大火当時五十六歳）がいる。京都の鷹司家から輿入れした彼女は家光との折り合いがよくなかったようで、早々に本丸から代官町に与えられた屋敷へと移されたようである。彼女はそれ以後「中之丸様」と呼ばれた。正月十九日の第二の火災でこの屋敷も焼けたが、このとき彼女は家光側室の永光院（三十四歳）とともに小石川の無量院へと避難したという（「幕府祚胤伝」）。永光院ももとは京都の公家である

六条家の出身であった。似た境遇の身として、二人には通じ合えるところがあったのだろうか。

　また秀忠の娘である天樹院（長女、大火当時六十一歳）と勝姫（三女、同五十七歳）も独立した屋敷を拝領していた。天樹院はもと千姫といい、はじめ豊臣秀頼に、ついで本多忠刻に嫁し、寛永三年（一六二六）の忠刻死後江戸に戻って出家し、代官町に屋敷を与えられていた。先述のとおり、この屋敷は正月十九日の第二の火災で焼失し、天樹院は二月三日から叔父頼宣の上屋敷に寓居している（「日次記」、典拠「水戸記」）。

　勝姫は従兄の松平忠直に嫁ぎ、越前北庄城にて嫡男仙千代（光長）を産んだが、元和九年（一六二三）に忠直が豊後国への謫居を命じられると、これには同行せず江戸に移住した。勝姫が牛込に拝領した屋敷は高田屋敷と称されたというが（現新宿区喜久井町）、麹町の光長上屋敷内にも彼女の御殿が存在したことはすでにふれたとおりである。

　大火前後での彼女らの屋敷を比較すると、代官町付近で移動が見られる。まず本理院は竹橋門内の旧松平綱重上屋敷の北半分を拝領してこちらに移転している。本理院屋敷の跡地とその周辺の屋敷跡は天樹院が拝領し、彼女および附属の幕臣の屋敷地となった。この天樹院屋敷の拡充は、大奥における彼女の存在感の強まりを反映したものであろうか。

　以上の点をふまえて、改めて大火後の家門大名家および親族の屋敷分布を見れば、屋敷

地の移動の結果、まさに全体として家綱から見ての親疎に応じた配置が実現していることが分かる。つまり大火後に「近親者を城下近くに配するという城下町構成の鉄則はまずくずれ」（内藤昌『江戸と江戸城』）たのではなく、むしろこの鉄則の根強さが明らかになったといえるのではないか。

ただしこの一連の移動については、幕府のみならず近親家それぞれの意図とも関わっていたと考えられるので、この点は後で検討したい。

大名屋敷割替の風聞

一般の大名屋敷についてはどうか。「日記」に大名屋敷の割替に関する記述が初めて現れるのは二月十日条である。ここでは「屋敷替割所々」として、「龍之口（引用者註…辰ノ口のこと）之内・竹橋之内・常盤橋之内・代官町・雉子橋之内」の地名が挙げられている。すなわち江戸城内郭の北部一帯がその対象となっていることが分かる。この方針については翌十一日に大名衆・留守居衆へと伝達されたようであるが、これを諸大名家はどう受け止めたのであろうか。以下では再び蜂須賀家文書をもとに見ておきたい（金行信輔『江戸の都市政策と建築に関する研究』第一章）。

蜂須賀家の記録「御旧記書抜」によれば、二月十一日に江戸城にて老中松平信綱から告げられたのは次のようなことであった。すなわち、江戸城の本丸御殿の工事は今年は延引するため、大身から小身まで各自の屋敷の復旧工事に勝手次第に取りかかってよいこと、

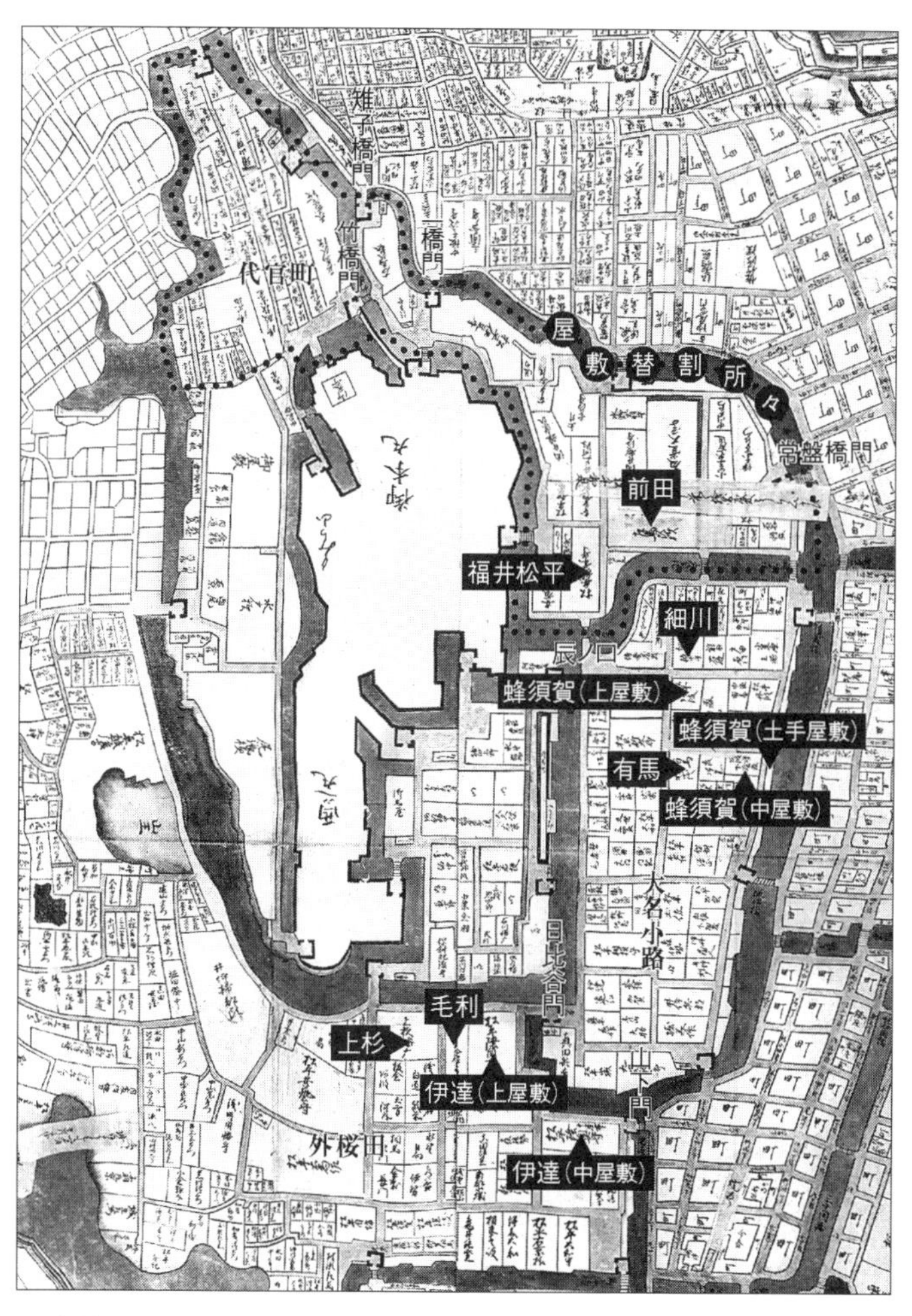

大火後の「屋敷替割所々」(「明暦大火前江戸大絵図」〈三井文庫所蔵〉に加筆)

ただし「常盤橋限龍之口迄御城内・御城前屋敷」は屋敷の割替がされる可能性があるので工事は延引すること、それ以外の大名・旗本屋敷は変更しないので自由であること、だったという。

ここで注目されるのは、幕府は割替対象地域を内郭の一部に限定し、それ以外は対象外なので現地復旧を容認しているという点である。つまり、幕府はすでに二月十日の時点で、江戸全体にわたる武家地の再編（「都市改造」）など全く考えていなかったことが分かる。しかし、この通達を受けた大名たちは必ずしも文字どおりには受け取っていなかった。

蜂須賀家の場合、伝わっていたのは次のような噂であった（「御旧記書抜」二月条）。

一つは、江戸城近辺の大名衆のなかに、上屋敷を自主的に返上することを考えているところがあるらしいという情報であった。そこでは松平加賀守（前田綱利、加賀金沢八〇万五〇〇〇石）・松平越前守（光通、越前福井四五万石）・松平陸奥守（伊達忠宗、陸奥仙台六二万石余）・松平大膳大夫（毛利綱広、長門萩三六万九四一〇石）・上杉播磨守（綱勝、出羽米沢三〇万石）・鍋島信濃守（勝茂、肥前佐賀三五万七〇〇〇石）の六名の名前が挙げられている。このうち伊達・毛利・上杉・鍋島各家の上屋敷は外桜田にあり、幕府による大名屋敷割替の範囲の外側にあたっている。つまり彼らは幕府により屋敷の没収はないと言われているにもかかわらず、自分からこれを返上しようと言っている（らしい）のである。

一方、前田家・福井松平家の上屋敷はすでに見たように辰ノ口にあったので、そもそもここは割替対象地である。なぜここで自主返上の話が出てくるのかは不明であるが、幕府から没収される前に先手を打って返上を申し出て、少しでも有利な条件での替地を得ようとしたものであろうか。

もう一つの噂は中屋敷の収公に関するものである。大火前、江戸城周辺には諸大名の上屋敷が建ち並んでいたが、一部の大名は上屋敷の機能を補完すべく、その近隣地に中屋敷（下屋敷とする場合もある）を拝領していた。この江戸城近辺の中屋敷について、今回幕府により収公が行われるのではないかという風聞があったのである。

蜂須賀家の忖度

これら二つの風聞は蜂須賀家にとっても無視できないものがあった。すでにふれたように、大火前の蜂須賀家の江戸屋敷のうち、芝の下屋敷は無事であったものの、大名小路にあった上屋敷・中屋敷・土手屋敷は焼失した。焼けた三屋敷の位置は、十一日の幕府からの通達にしたがえば割替の範囲外にあたり、したがって再建に着手することは問題ないはずであった。しかし一方での懸念は中屋敷の収公という噂である。「慶長江戸之図」（東京都公文書館所蔵）を見ると、蜂須賀家の上屋敷は六〇間四方（田舎間、約一〇九メートル四方）という小規模なものであった。同家が近隣に中屋敷を獲得したのはその敷地不足を補うためとみてよい。この状況で噂どおりに江戸城近辺の

中屋敷没収が実行されたならば、上屋敷の機能不全は深刻化するであろう。

　蜂須賀家は将軍近習の久世広之(くぜひろゆき)が割替検討の担当者であることを知り、その兄広当(ひろまさ)を通じて情報収集をはかっている（「御旧記書抜」二月条）。広当から勧められたのは、蜂須賀家でも上屋敷を自主的に返上して芝の下屋敷を上屋敷に改め、芝近辺にて広い替地を拝領してはどうかという方策であった。蜂須賀家はこれを選択肢に入れつつ、井伊直孝(いいなおたか)（正室が蜂須賀氏）などからも情報収集を続けたようである。

　三月二日、登城した蜂須賀家の留守居は、老中松平信綱から、上屋敷と中屋敷の収公はないとの確約を得る。一方で、諸大名のなかには内々に屋敷を返上することが幕府への「御奉公」と考える者もいることもまた知らされる（同三月二日条）。

　実際に、この頃にはすでに屋敷の自主返上を実行した大名も存在した。先の噂にも上がっていた仙台伊達家である。外桜田の日比谷門外と山下門内にあった伊達家の上屋敷（現千代田区日比谷公園）と中屋敷（現同区内幸町一丁目）は、正月十九日の第三の火災でともに焼失していたが、大火後伊達家はまず山下門内の中屋敷を返上したのだった（その後五月十四日に伊達家は目論見どおり高輪台に替地を拝領している）。

　この動きに目を付けたのは、肥後熊本の五四万石細川(ほそかわ)家（当主綱利(つなとし)）である。細川家の上屋敷は蜂須賀家上屋敷から通りを挟んだ北側にあった。ここは拝領当初はやはり六〇間

四方と狭く、その後買収により北側の敷地を併合している。それでも伊達家が今回返上した中屋敷の面積は細川家の上屋敷よりも「二千坪余広」く、細川家は現状の上屋敷を返上してこちらを替地とすることを検討したらしい。この情報を得た蜂須賀家は、これで細川家の上屋敷があくならば、そちらに替地を願い出るのはどうかと考えた。六〇間四方に過ぎない蜂須賀家の上屋敷に対して、細川家の上屋敷は添地をした分多少大きかったからである。

このように、いくつかの腹案をもとに屋敷返上の可能性を考えていた蜂須賀家であったが、最終的には現状の屋敷の復旧という道を選ぶ。決め手になったのは、幕閣の重鎮で蜂須賀家ともつながりの深い井伊直孝の見解であった。蜂須賀家には、屋敷を返上することが幕府への奉公につながるという考えがあったが、直孝からすれば、幕府が求めてもいない屋敷を自主的に返上して替地を要求することは「却って御老中も御苦労に」なり、「何の御奉公にもまかりならず」というのである（「御旧記書抜」三月条）。幕府としては二月十一日の通達以上のことはとくに何も言っていないのだが、大名側が勝手に（自家に有利になるようなかたちで）幕府の「真意」を忖度して右往左往した挙げ句、結局は現状維持に落ち着いたということであろうか。幕府側に全面的な「都市改造」への意志が稀薄であったことがここからも窺える。

蜂須賀家は結局六〇間四方の上屋敷を使い続け、元禄十一年（一六九八）九月六日のいわゆる勅額火事で大名小路が焦土と化した後、同月十八日にようやく鍛治橋門内に五〇九四坪の替屋敷を拝領している（「屋敷書抜」、現千代田区丸の内三丁目）。明暦の大火から四一年後、蜂須賀家にとっての悲願を達成する契機となったのも、また大火であった。

三月三日の屋敷替

さて、大名側はさまざまな風聞に躍らされて右往左往していたが、幕府は三月三日に大規模な屋敷替を発令した。「日記」には「屋敷替之を仰せ付けらる」と題して三二条の書き上げがあり、三一件の屋敷替が記される（表参照、残る一条は屋敷の工事にともなう資金援助に関するもの）。

これを見ると目に付くのは、二月十日に「屋敷替割所々」として挙げられた、「龍之口之内・竹橋之内・常盤橋之内・代官町・雉子橋之内」（表中◆印）での屋敷替の多さである。加えてここでの屋敷替のために押し出された人々（同◇印）のための替地付与も含めると、両者（同網掛け）で事例の大半を占めることが分かる。

なお、網掛け以外の事例を見ると、先述した家康側室清雲院の小石川築地での屋敷拝領、および和田倉門内・西丸下の一部（主として焼失部分）での屋敷替、辰ノ口への評定所新設にともなう屋敷替が確認できる。

以上の点をふまえると、この三月三日の屋敷替は、辰ノ口や西丸下の一部まで若干対象

明暦３年（1657）３月３日の屋敷替

条	摘要	場所	拝領者	前拝領者
1	移転	◆辰ノ口	松平綱重（賄料150,000石）	前田綱利（加賀金沢805,000石）
2	移転	◆大手前	◇松平綱吉（賄料150,000石）	藤堂高次（伊勢津323,900石） 酒井忠当（出羽鶴岡140,000石） 水野忠職（信濃松本70,000石）
3	移転	◆辰ノ口	◇酒井忠当（出羽鶴岡140,000石） 安藤重長（上野高崎66,600石）	松平光通（越前福井450,000石）
4	移転	元誓願寺前	◇土井利隆（下総古河135,000石）	誓願寺（浄土宗）
5	添地	◆大手前	酒井忠清（老中，上野厩橋100,000石）	松平乗久（上野館林55,000石余）
6	移転 添地	◆大手前	◇松平乗久（上野館林55,000石余） 井上正利（常陸笠間50,000石）	土井利隆（下総古河135,000石）
7	添地	◆一橋門内	松平信綱（老中，武蔵川越75,000石）	井上正利（常陸笠間50,000石） 中根正盛（5,000石）屋敷跡
8	移転	◆大手前	本多忠隆（小性組番頭2,000俵）	知楽院（天台宗）
9	移転	◆一橋門内	酒井忠吉（奏者番，上野・武蔵22,500石余）	松平綱吉（賄料150,000石）

10	移転	◆代官町	増山正利母（将軍家綱外祖母）	松下之綱（大番500石） 中山直範（小性組500石）
11	移転	◆代官町	増山正利（相模10,000石）	宮城和治（徒頭4,000石）
12	移転	◆代官町	◇秋元富朝（甲斐谷村18,000石）	長田重政（天樹院附属1,000石） 円照院（臨済宗） 神尾元清（徒頭800俵） 藤枝方孝（綱重家老，家禄高不明）
13	移転	◆代官町	松平勝義（大番頭8,000石）	嶋田直次（書院番700石）
14	移転	◆代官町	鳥居忠以（小性組1,000石） ◇宮城和治（徒頭4,000石）	慶光院（臨済宗） 斎藤利意（5,000石） 秋元富朝（甲斐谷村18,000石）
15	移転	小石川築地ヵ	◇嶋田直次（書院番700石）	中川忠雄（小性組）
16	移転	小石川築地ヵ	◇神尾元清（徒頭800俵）	中川忠雄（小性組）
17	新規	小石川築地	清雲院（家康側室）	不詳（天樹院衆ヵ）
18	移転	小石川築地	◇円照院（臨済宗）	不詳
19	移転	◆代官町	太皷坊主衆	安藤重元（書院番頭3,000石）
20	移転	大名小路	◇安藤重元（書院番頭3,000石）	日根野吉明（下野壬生10,900石，断絶）
21	移転	湯島ヵ	◇藤枝方孝（綱重家老，家禄高不明）	海禅寺ヵ（臨済宗）

22	新規	和田倉門内	御蔵	阿部忠秋（老中，武蔵忍60,000石）
23	移転	和田倉門内	阿部忠秋（老中，武蔵忍60,000石）	松平忠実（大番頭6,000石） 水野忠善（三河岡崎50,000石）
24	割替	和田倉門内	堀田正信（下総佐倉110,000石）	
25	移転	西丸下	水野忠善（三河岡崎50,000石）	酒井忠朝（蟄居）
26	添地	西丸下	稲葉正則（相模小田原85,000石）	本多忠義（陸奥白河120,000石）
27	移転	◆道三河岸	◇知楽院（天台宗）	奈須恒昌（号玄竹，医師200俵10人扶持） 清水瑞室（号亀庵，医師700石ヵ） 片山某（号宗琢，医師500石）
29	新規	辰ノ口	評定所	山名矩豊（但馬村岡6,700石）
30	移転	辰ノ口	坂井政朝（号伯元，評定所目安読200俵）	山名矩豊（但馬村岡6,700石）
31	移転	◆神田橋門内	土屋数直（書院番700石2,000俵）	土井利隆（下総古河135,000石）
32	移転	馬喰町	◇伊奈忠勝（関東代官頭3,960石余）	唯念寺（真宗高田派） 法禅寺（浄土宗）

◆は明暦３年２月10日「屋敷替割所々」に相当する屋敷地，◇は「屋敷替割所々」に付随した屋敷替，網掛けのセルは◆◇に関係する屋敷移動を示す．

を広げながらも、二月十日に示された場所を基本としてなされたことが分かる。一日の屋敷替件数としては多いが、範囲としては限定的であったといえる。

もっとも、この三月三日の屋敷替は大火後の屋敷移動のあくまで序章に過ぎない。そこで大火からの五年間で江戸中心部（曲輪内（くるわうち）＋外桜田）の大名屋敷がどのように変わったかを検証してみたい。

大名屋敷の動き

図に示すのは、「測量図」をもとに、大火の五年後にあたる寛文二年（一六六二）正月頃の江戸中心部を復元したものである。図中網掛けした土地は大名屋敷に該当するもので、このうち濃い網掛けはこの五年の間に新たな大名が拝領した屋敷、薄い網掛けは大火前から引き続き同じ大名家が拝領している屋敷（太線で囲った屋敷は添地や割替などにより規模が変化したもの）をそれぞれ示している。

これを見ると、まず先述の「屋敷替割所々」の範囲では、濃い網掛けの屋敷の比率が比較的大きい。薄い網掛けの屋敷についても添地による屋敷拡張や屋敷の割替などが行われている場合が多い。これにともない街区形状も大火前とは少なからず変化していることが分かる。つまりこの範囲については街区再編レベルでの「都市改造」が行われたといってもよい。

次に西丸下はどうか。こちらも濃い網掛けの屋敷が比較的目に付くエリアである。先に

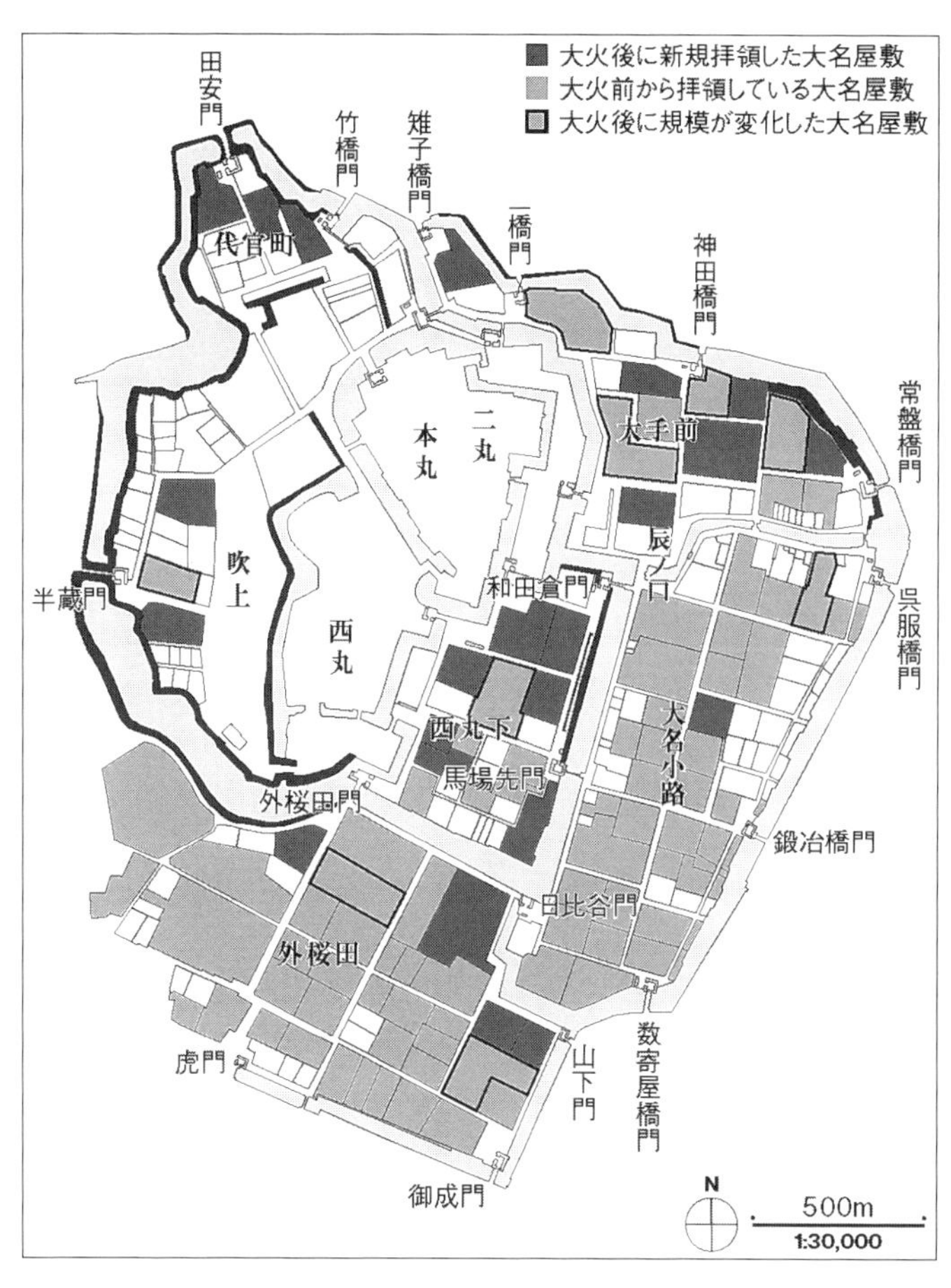

寛文２年（1662）頃の江戸中心部大名屋敷

見たように、北部の焼失エリアでは大火後早くから屋敷替が行われている。ただしこの西丸下は将軍側近や幕閣の要人が屋敷を拝領するエリアであって、そもそも屋敷地の流動性が高いことに留意が必要である。例えば阿部正春（武蔵岩槻一万五〇〇〇石）は万治二年（一六五九）七月二十五日と三年十一月十八日の二度にわたって西丸下での屋敷替を行っているが、これはどちらも改易となった大名屋敷の跡地を拝領したものであった。このほか将軍家綱の近臣であった堀田正俊（下総守谷一万三〇〇〇石）と永井尚庸（河内国内二万石）が明暦四年（一六五八）五月二十七日に西丸下に屋敷を得ているのも、やはり大火後の都市計画というよりは将軍との関係性によるものと理解すべきであろう。

一方、西丸裏手の吹上では、すでにふれたとおり大火後に「御三家」屋敷が解体されている。しかしこの段階で更地となったのは屋敷跡の東半分にとどまっており、西半分については新たに大名・幕臣屋敷が割り付けられている。例えば図で濃い網掛けで示した二つの大名屋敷のうち、北側の酒井忠恒（出羽松山二万石）屋敷は紀伊家上屋敷跡、南側の土井利房（下野国内一万石）屋敷は尾張家上屋敷跡にそれぞれ相当する。この吹上エリアから武家屋敷が完全に撤退するのは元禄十一年（一六九八）を待たねばならない。

大名小路と外桜田

以上は大名屋敷に多少の移動が見られるエリアであるが、大火前後での変化がほとんど見られないのが大名小路と外桜田である。十七

世紀初めから外様の大藩を中心に多くの大名屋敷が建ち並んでいたこの両エリアは大火で潰滅したが、復興にあたって、ほとんどの大名家が現地での再建を選んでいる。先に見た蜂須賀家でも、さまざまな可能性を探った挙げ句、元の六〇間四方の上屋敷を再建しているし、上屋敷自主返上の噂のあった毛利・上杉・鍋島・細川などの大大名たちも結局元のところを動いていない。中屋敷収公の噂もデマであった。

この両エリアで大火後五年以内に移転した大名は、伊達忠宗（陸奥仙台六二万石余）・有馬松千代（筑後久留米二一万石）・永井直清（摂津高槻三万六〇〇〇石）の三名のみであった。このうち永井家は隣接地に移動しただけなので、ここでは伊達・有馬両家の移転について検討したい。

先に見たように、大火後の大名家の間では、中心部の屋敷を自主返上することで見返りとして郊外に広い屋敷を得られるとの風聞が駆け巡ったようであるが、この伊達家と有馬家はそれを本当に実行に移した数少ない例といえる。伊達家は明暦三年（一六五七）に山下門内の中屋敷を返上して高輪台に替地を（翌年さらに品川に引替）、万治四年（一六六一）には日比谷門外の上屋敷を返上して麻布に替地（現港区南麻布一丁目）をそれぞれ得て、郊外への屋敷展開を果たした。中屋敷の跡に入ったのは、先の噂にあった細川綱利ではなく、本多利長（遠江横須賀五万石）と土岐頼行（出羽上山二万五〇〇〇石）の二人で

あった。両者はもと赤坂門内に屋敷を拝領していたが、ここが紀伊家の徳川頼宣の屋敷地となったので、代わりに伊達家の中屋敷跡が二分されて与えられたのである。一方上屋敷の跡に入ったのが先に述べた松平綱重である。再び火事に遭い、また広い上屋敷を欲していた綱重にとって、伊達家による上屋敷返上は渡りに船だったのであろう。

一方、有馬松千代は寛文元年（一六六一）三月五日に大名小路の上屋敷（現千代田区丸の内一・二丁目）にかえて麻布に替地（不詳、翌年相対替で下高輪屋敷と交換）を拝領している。「日次記」無註記追記（幕府右筆所の日記の情報を補足したものと推測される。小宮木代良『江戸幕府の日記と儀礼史料』参照）には召し上げられたとあるが、坪数は三六〇〇坪（六〇間四方）から一万坪へと大幅に増えているので、実際には伊達家と同様、内々に返上を願い出たものであろう。なお、大名小路の上屋敷の跡地には安藤重貞（しげさだ）（上野高崎六万石）が辰ノ口から移っている。

以上、江戸中心部の大名屋敷の移動について検討してきた。これをまとめると、

① 大火後に多少なりとも改造の手が加わったのは、西丸下、大手前から代官町、吹上にかけてのごく限られた範囲に過ぎないこと。

② 大名屋敷の集中エリアである大名小路と外桜田は、大火で潰滅したにもかかわらず、大半の大名が大火前の屋敷での復旧を選び、「都市改造」の形跡は皆無に等しいこと。

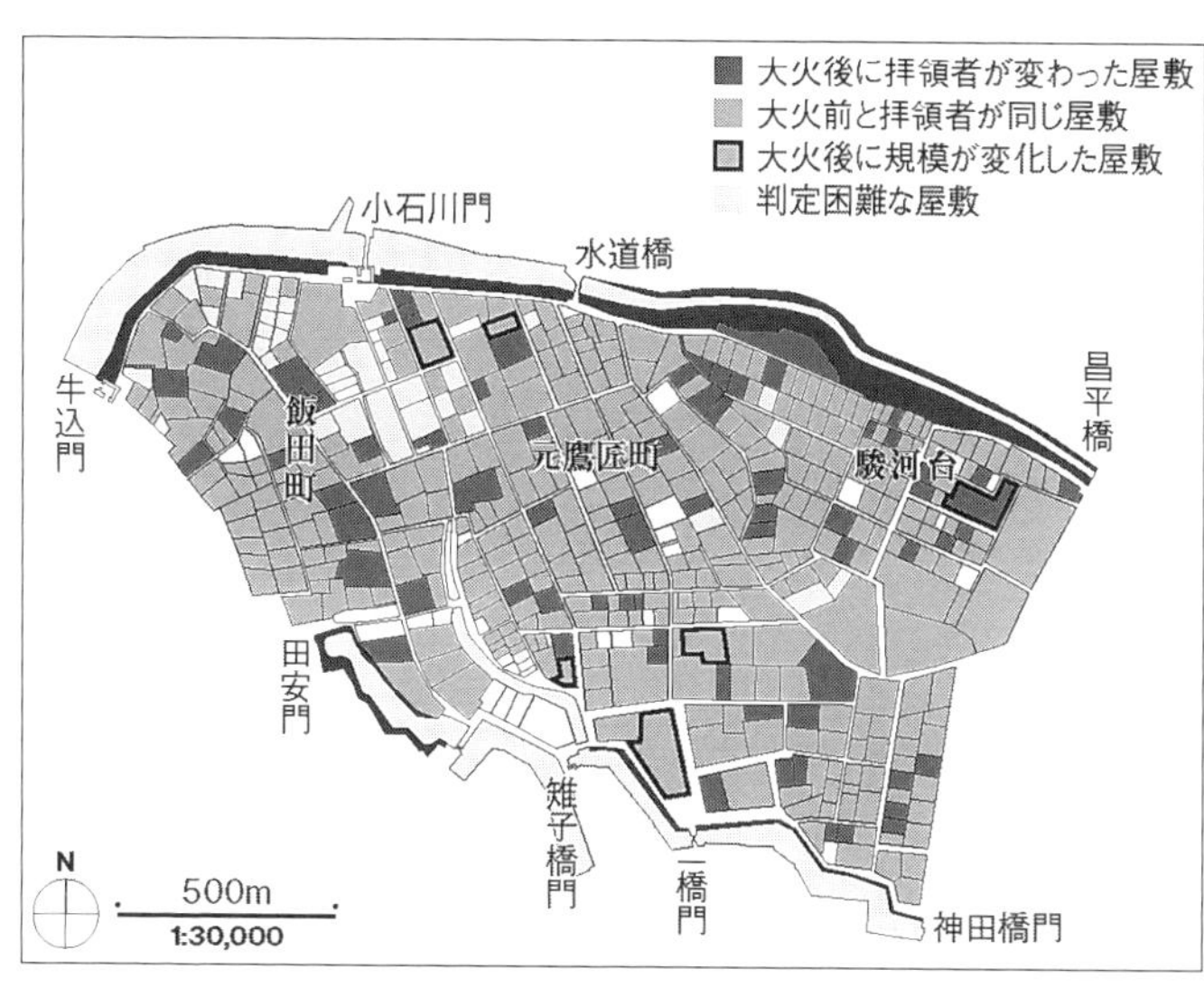

寛文２年（1662）頃の飯田町・元鷹匠町・駿河台

という二点が明らかになったといえる。先に見たように、幕府は大火直後の明暦三年（一六五七）正月二十五日の段階では武家地のみならず町人地まで含めた焼失地の再編も視野に入れていたが、ほどなくこれを撤回し、二月十日の「屋敷替割所々」の限定へと転じている。以後幕府の方針は基本的に一貫していたと言えるだろう。

大火後の幕臣屋敷

では幕臣屋敷についてはどうであろうか。大火でほぼ全域が焼失した飯田町・元鷹匠町・駿河台一帯（現在の千代田区北部）について同様に大火後五年間での動きを検証してみたい。図に示すのは、寛文二年（一六六二）

頃の当該地域（ちょうど「御府内往還其外沿革図書」巻二の範囲に相当）を復元したものである。一部大名屋敷も含まれるが、大半が幕臣屋敷で構成されたエリアである。

ここでも同様に、この五年の間に拝領者が変わった屋敷を濃い網掛けで、大火前から拝領者が変わらない屋敷を薄い網掛けで図示する。濃い網掛けの屋敷は七六筆で、大火前後の拝領者が比較可能な四二二筆のうちおよそ一八％にあたる。これは一年換算でおよそ四％弱の変動率にとどまり、分布も散在している。また街区形状や屋敷地の規模は大火前とほとんど変化が見られず、屋敷の合筆・割替（図中太線で囲った屋敷）もごく一部にとどまっている。ここから幕府による大火後の「都市改造」を読み取ることは困難である。

浜町の勘定所役人街

一方で、焼失地で大火後に新たに武家地として開発された地区も例外的ながら存在した。浜町である（現中央区東日本橋一丁目・日本橋浜町一丁目・日本橋久松町）。隅田川と浜町堀に挟まれたこの地は物流の要地で、寛永九年（一六三二）頃の『武州豊嶋郡江戸庄図』の段階から「材木御くらやしき」の存在を確認できる。この材木蔵はその後も江戸の建設業の基地としての役割を果たしてきたが、明暦の大火で大きな被害を受けたと考えられる。大火後、幕府は隅田川対岸の本庄に新たに材木蔵を設け、浜町の材木蔵の規模を大きく縮小する。そして削減した蔵の土地を武家屋敷地として再開発したのである。

材木蔵の跡地は三七筆の区画に分割され、「測量図」では三二筆に人名が見える。「寛政譜」で照合可能なのは三〇名であるが、このうち七七％の二三名が勘定所関係の幕臣となっている。この地区のすぐ北には幕府の米蔵である矢ノ倉があり、さらに神田川を渡った先にも浅草米蔵もあるため、これらに勤務する勘定所役人たちの集住地として設定されたのであろう。

浜町勘定所役人街

なおこの新開地に屋敷を拝領した勘定所役人の一人に、荻原種重（おぎわらたねしげ）という一五〇俵取りの小旗本がいた。この地区の開発が完了するかしないかの万治元年（一六五八）に生まれた彼の二男重秀（しげひで）が、その実務能力で頭角を現し、やがて徳川綱吉政権下の経済政策を主導することになるのはまだ先の話である。

このように、役職に応じた集住地を整備するという点で、この浜町の再開発については幕府の計画性を認めるこ

とができる。ただしこれは大火からの復興というよりは、幕府による官僚機構の整備という文脈で評価されるべきであろう。

定火消役屋敷の設置

とはいえ、幕府も都市の防災力強化について無関心だったわけではない。大火後の幕府による防火体制の改革は、定火消という新たな役職を生み、その拠点（役屋敷）も都市内に整備された。以下ではこの経緯と都市空間における位置づけについて検証してみたい。

大火前、江戸市中の防火を担っていたのは大名火消であった。これは寛永二十年（一六四三）に制度化されたもので、六万石以下の大名のうち一六家を選び、これを四隊に編成して消防に当たらせるものであった（翌年より三隊となる）。担当の大名家は一万石につき三〇人の人足を提供し、一〇日ごとに各隊が交代した（「天寛日記」九月二十七日条）。

明暦の大火翌年の万治元年（一六五八）九月八日、幕府は消防力強化のため、これまでの大名火消に加えて定火消（火消役）を新設する（「日記」）。このとき任命されたのは、近藤用将（五四五〇石余）・内藤正吉（五〇〇〇石）・秋山正俊（四〇〇〇石）・町野幸長（五〇〇〇石、山鹿素行の旧知として既出）の上級旗本四名であった。各定火消には与力（八〇石）六騎・同心（三〇俵二人扶持）三〇人が預けられ、さらに三〇〇人扶持が付与された。彼らの任務は火災時の出動と消防であったが、これを効果的に果たすために専用の屋敷

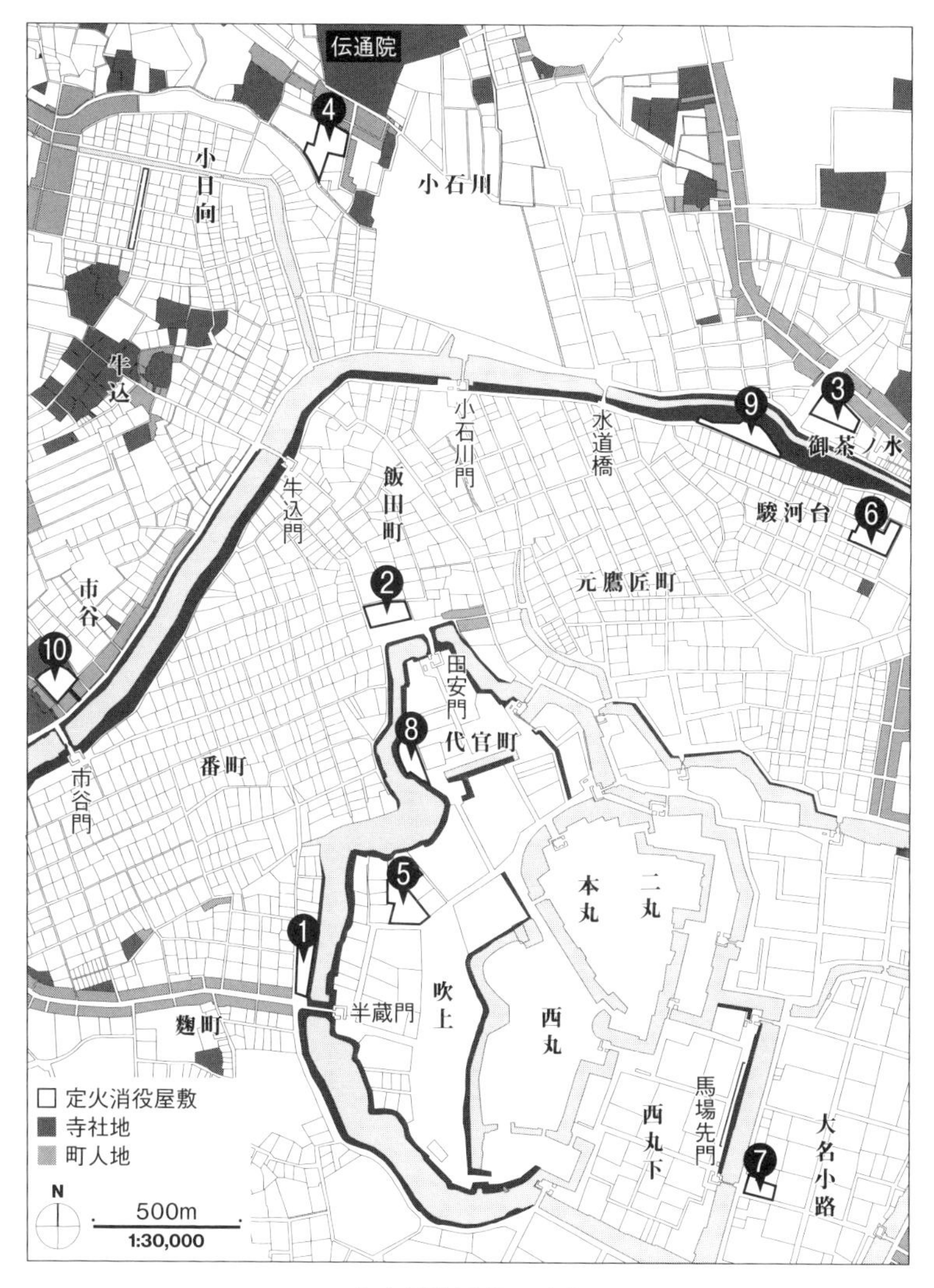
伝通院
小日向
小石川
牛込
市谷
小石川門
水道橋
御茶ノ水
飯田町
牛込門
駿河台
元鷹匠町
田安門
代官町
番町
市谷門
本丸
二丸
吹上
西丸
半蔵門
麹町
馬場先門
西丸下
大名小路
定火消役屋敷
寺社地
町人地
N
500m
1:30,000
1
2
3
4
5
6
7
8
9
10

定火消役屋敷の分布

（役屋敷）が与えられ、ここに与力・同心・中間（臥煙という）とともに常時詰めることが求められた。防災拠点としては立地も重要であると考えられるが、これらの役屋敷はどのように整備されたのであろうか。以下、その経緯を具体的に見ていこう。

❶半蔵門外屋敷　近藤用将の役屋敷である（現千代田区麴町一丁目・一番町）。この屋敷地にはそれまで四人の旗本の屋敷があったが、ここに役屋敷を新設するにあたって、彼らには幕府から引料（移転料）が支給されている。吹上・番町・麴町などの各地域に近い要地であるがゆえであろう。

❷飯田町屋敷　内藤正吉の役屋敷である（現千代田区九段北二丁目）。ここは田安門を出たすぐ西側に位置し、代官町・飯田町・元鷹匠町・番町に近い要地であるため、幕府はそれまでいた二人の旗本に引料を支給して立ち退かせている。

❸御茶ノ水屋敷　秋山正俊の役屋敷である（現文京区湯島一丁目）。ここにはもと高林寺という曹洞宗寺院があったが、大火で焼亡し、明暦三年（一六五七）五月十四日に上地されて藤堂家（伊勢津三二万三九〇〇石）の新たな上屋敷の一部となり、高林寺は駒込に移転した。ところがこの新屋敷は翌年正月十日にまたもや火災に見舞われてしまう。やむなく藤堂家は二月二十八日に新屋敷を返上し、下谷の下屋敷を上屋敷に改めて使うこととした。正俊の定火消役屋敷はこうして発生した明地を利用して設けられたのである。

❹伝通院前屋敷　町野幸長の役屋敷である（現文京区春日二丁目）。ここは第二の火災の火元に近く、大火前には大泉寺（だいせんじ）という浄土宗寺院と鷹匠の組屋敷があったが、いずれも焼亡したとみられる。大泉寺は万治元年（一六五八）に目白関口村（めじろせきぐちむら）に移転した。また「日記」（九月十四日条）には「元組屋敷」とあるので、鷹匠組屋敷についてはあるいはそれ以前から移転していたのかもしれない。

なおこれらは役屋敷であるため、定火消が交代した場合は後任者に引き継がれた。

増員される定火消とその屋敷　定火消はその後さらに増強されていく。翌万治二年（一六五九）には永井直孟（なおたか）（四三〇〇石）・水野守政（もりまさ）（一五〇〇石）の二名、万治三年には山口重直（やまぐちしげなお）（五〇〇〇石）・内藤重頼（しげより）（同）の二名、寛文二年（一六六二）には蒔田定行（まいたさだゆき）（七〇〇〇石余）・堀田一輝（かずてる）（五〇〇〇石）の二名が加わり計一〇組となった（その後元禄八年〈一六九五〉には一五組まで拡大）。これにともない当然新たな定火消役屋敷が新設されることになる。これについても見ておこう。

❺鼠穴（ねずみあな）屋敷　永井直孟の役屋敷である（現千代田区千代田）。ここは紀伊徳川家頼宣の旧上屋敷の北側に位置し、本丸・西丸・代官町・吹上に近い要地と言える。幕府はそれまでの拝領者である三人の旗本を移転させ、ここを合わせて役屋敷の敷地としている。

❻駿河台屋敷　水野守政の役屋敷である（現千代田区神田駿河台四丁目）。ここはもともと

と旗本屋敷が七筆存在したが、大火で全て焼亡したと考えられ、その後は二筆を除いて明地となっていた。敷地は昌平橋や筋違橋に近いが、橋詰ではないやや中途半端な立地であることから、明地が多数存在していたことがこの場所が敷地として選ばれる理由となった可能性もあろう。

❼八代洲河岸屋敷　山口重直の役屋敷である（現千代田区丸の内二丁目）。馬場先門を出たすぐ東に位置し、西丸下と大名小路を睨む要地である。それまでこの地にいた二人の旗本は幕府により移転させられている。なお重直に役屋敷が付与されたのは十一月十八日であったが、翌月十二月四日に北隣の屋敷地を加えられている。こちらは配下の組屋敷として利用された。

❽代官町屋敷　内藤重頼の役屋敷である（現千代田区北の丸公園）。千鳥ケ淵に面した屋敷地で、もとは久世広之（下総国ほか一万五〇〇〇石）の屋敷であった。広之は将軍家綱の側衆であり、先述のとおり屋敷割替を担当していたことから、役屋敷用地として自らの屋敷を提供したのかもしれない。なお重頼への役屋敷付与は山口重直と同日であるが、彼もまた十二月四日に通りを挟んだ向かい側に組屋敷用地を加えられている。

❾駿河台鈴木町屋敷　蒔田定行の役屋敷である（現千代田区神田駿河台二丁目）。水道橋から皀角坂を登り詰めた高台の土手に位置している。寛文二年（一六六二）までは旗本屋

敷が三筆あったが、幕府はこれを移転させて敷地を統合し、役屋敷としている。

⑩市谷左内坂屋敷　堀田一輝の役屋敷である（現新宿区市谷左内町）。市谷門を出たすぐ北に位置し、番町と市谷・牛込の武家地に近い要地である。寛文二年までこの地には曹洞宗の万昌院と町人地の市谷左内坂町があったが、幕府は前者を牛込に、後者を新開地である本庄（後述）に移転させ（新坂町、現江東区亀戸一丁目か）、役屋敷用地を得ている。

以上、寛文二年（一六六二）までに新設された一〇ヵ所の定火消役屋敷について概観した。立地が重要であるので、それまでの屋敷拝領者を強制的に移転させて用地を確保している例は少なくない。この点で定火消役屋敷については幕府の主導性が認められる。一方で❸・❻のように明地となっていた場所を利用した例もあり、既存の都市空間への影響をできるだけ少なくしようとする配慮も窺える。また役屋敷の分布を見る限り、幕府の主眼が江戸城と武家地の安全にあったことは明瞭である。この偏りは、後の町火消の登場へとつながっていくことになる。

防火帯としての火除地

幕府による被災地への「手術」としてはほかに火除地（火除明地）の設定を挙げることができる。火災というのは隣の建物に燃え移るからこそ拡大する。したがって市街地の中に空閑地を設け、火の移る先をなくしてしまえば、それ以上の延焼を防ぐことができる。近世で一般的であった破壊消防（火元より風

下の建物を強制的に破壊して延焼を防ぐ方法）はこの考え方にもとづくものであるが、これを平常時に恒常化したのが火除地だったと言える。

火除地は大火後五年ほどの間に一四ヵ所ほど形成されている。どのような場所が選ばれ、もとはどのような土地であったのか、それぞれについて具体的に見ていきたい。

❶長崎町広小路　京橋北の町人地に形成された火除地である（現中央区八重洲二丁目・京橋二丁目）。その名のとおり長崎町という奥行きの狭い両側町を移転させたもので（ほかに東海道沿いの南伝馬町二丁目の一部も移転）、幅員は約四〇メートル（京間二〇間）であった。

❷中橋広小路　京橋と日本橋の中間に形成された火除地である（現中央区八重洲二丁目・京橋一丁目）。この場所はもとは入堀で、これを横切る東海道に中橋という橋が架かっていたが、寛永末年（一六四三頃）までには中橋以西の堀が埋め立てられて市街化した。ここが火除地化することで、幅員七〇メートル（京間三五間）ほどの空隙地ができた。かつては入堀であったことを考えると、空隙地に戻ったと言うべきだろうか。

この両広小路建設のための市街地移転については、十九世紀初頭までの町の沿革情報（「町方書上」）に齟齬があるため不審な点が残るが、霊岸島の霊巌寺（深川に移転）跡地に形成された霊岸島長崎町一・二丁目（現中央区新川一・二丁目）、新開地である本庄（後述）に形成された長崎町（現墨田区亀沢四丁目）・入江町（現同緑四丁目）が代地（代替地）

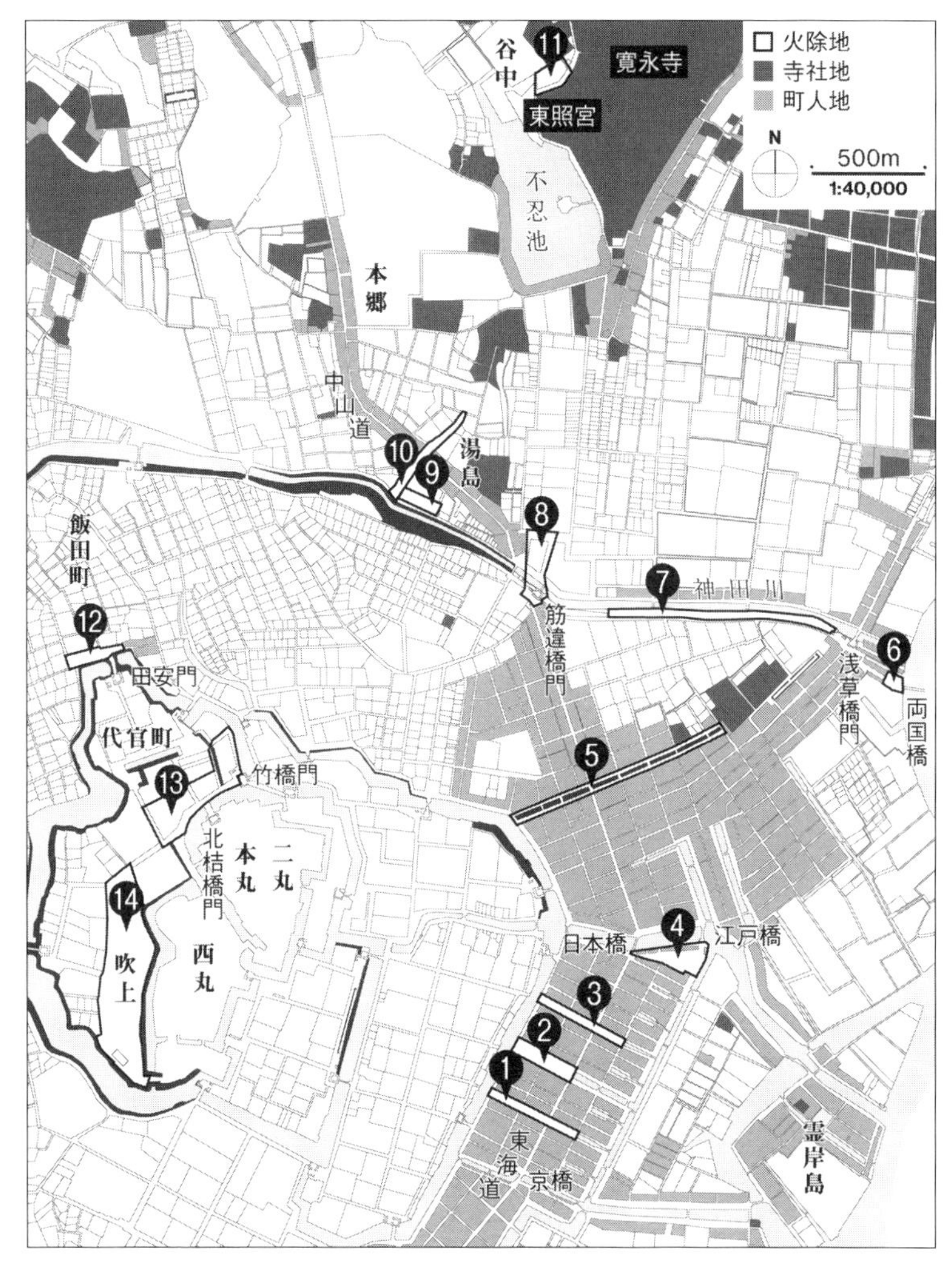
火除地
寺社地
町人地
N
500m
1:40,000
谷中
寛永寺
東照宮
不忍池
本郷
中山道
湯島
飯田町
神田川
筋違橋門
浅草橋門
両国橋
田安門
代官町
竹橋門
北桔橋門
本丸
二丸
西丸
吹上
日本橋
江戸橋
東海道
京橋
霊岸島

火除地の分布

にあたるとみられる。

❸大工町広小路　中橋広小路と日本橋の中間に形成された火除地である（現中央区八重洲一丁目・日本橋二丁目）。大火前の絵図を見ると、この場所は東海道沿いの日本橋三丁目の一部を除いては街区裏手の会所地と呼ばれる明地に相当している。「驢庵」（医師の半井驢庵成忠）という文字も見えるので（「新添江戸之図」ほか）、実際には屋敷も存在したようではあるが、火除地への転用は比較的容易であったと考えられる。幅員は約四〇メートル（京間二〇間）で、会所地の規模と合致する。

❹四日市広小路　江戸橋広小路ともいう。江戸橋の南詰に形成された火除地である（現中央区日本橋一丁目）。その名のとおり、大火前には四日市町という片側町があったが、幕府は明暦四年（一六五八）三月に移転を命じて火除地とし、川沿いには防火土手を建造した。四日市町は霊岸島の霊巌寺跡地に代地を与えられ、霊岸島四日市町となった（現中央区新川一丁目）。

❺銀町火除地　明暦四年三月に銀町通の北側を収公して形成された火除地である（現千代田区内神田三丁目・鍛冶町一丁目・神田美倉町・岩本町一丁目・日本橋本石町四丁目・日本橋室町四丁目・日本橋本町四丁目・日本橋小伝馬町）。これは大火の教訓をふまえて町人地の延焼防止を企図したもので、幅員五〇メートル強、延長は一キロほどの長大なものであった。

この火除地形成のため、両側町の片側（北側）を収公されることになった銀町一～三丁目と塩町（しおちょう）には霊岸島に代地が与えられ、霊岸島銀町一～三丁目と霊岸島塩町が成立した。この防火帯をさらに強化すべく、幕府は同年（改元して万治元年）十月十六日に土手の建造を命じている（「日記」姫路酒井家本）。この土手は、陸奥仙台伊達家が浚渫（しゅんせつ）した江戸川（現神田川）の土を用いて築いたもので（「御府内備考」）、上部には松が植えられていたという（「玉露叢」）。

❻両国広小路　両国橋西詰に形成された広小路である（現中央区東日本橋二丁目）。すでに見たとおり、明暦の大火の第一の火災では、火が西北から町人地を襲い、川に行く手を阻まれて逃げ場を失った町人たちが多く犠牲になった。幕府は避難路の必要性を痛感し、また新市街地としての本庄の開発を企図していたこともあって、明暦四年七月十六日に隅田川への架橋を命じる。この橋は翌年（万治二年）末に完成し、十二月十三日に渡り初めが行われている（「日次記」無註記追記）。これが両国橋（大橋）である。橋の両端部に広小路が設けられたのは、延焼による落橋防止のうえで当然の策であったと言えよう。

❼柳原土手　神田川沿いに形成された火除地である（現千代田区神田須田町二丁目・岩本町三丁目・東神田二丁目・中央区日本橋馬喰町二丁目）。神田川南岸には大火前から柳堤という堤防が築かれていたが、その外側（川側）には町人地が形成されていた。これは水害・

火災いずれのさいにも危険であると考えられたためか、大火後にこの町人地は収公され、火除地となった。代地は本庄に与えられ、徳右衛門町一・二丁目（現墨田区立川四丁目）・柳原町（現同緑四丁目・江東橋一・二・五丁目）が成立している。また後述する木挽町築地にも上柳原町（現中央区築地六・七丁目）という町が大火後に成立しており、町名からするとこれも代地であったのかもしれない。

❽筋違橋門内外火除地　筋違橋の南北に形成された火除地である（現千代田区神田淡路町二丁目・神田須田町一丁目・外神田一丁目）。第一の火災の火がこの筋違橋を焼き落として南に拡がり、甚大な被害をもたらしたことから、ここを防火帯とすることを企図したものであろう。南側の筋違橋門脇には大火前には連雀町という町があったが、火除地用地として収公され、すぐ近隣に移転した（現千代田区神田須田町一丁目）。町人の一部にはこれを機に江戸を離れ、武蔵野に入植するものも現れ、この結果連雀新田が開かれるに至っている（現三鷹市下連雀・上連雀）。また北側では、橋の西北にあって大火で全焼した本多忠義（陸奥白河一二万石）上屋敷が東隣に移り、跡地が明地となっている。本多屋敷と同じ街区には町人地である門跡前花町があったが、これも収公され、本庄に代地が与えられて門前町一・二丁目となった（現墨田区立川三丁目）。

❾御茶ノ水火除地　先述した御茶ノ水定火消役屋敷の南に形成された火除地である（現

文京区湯島一丁目）。土地の来歴は定火消役屋敷と同様と考えられる。

⑩**湯島広小路**　御茶ノ水役屋敷と火除地のすぐ西側を走る広小路で、神田川端から北東に四八〇メートルほど延びる。幅員は広いところで五〇メートルほどある。中山道（現本郷通り）を垂直に横切るように設けられているのは、すでに見た第一の火災の進行をふまえてのものであろう。建設にともなって収公されたとみられる中山道沿いの町家は木挽町築地に移転し、南本郷町となった（現中央区築地六丁目）。

⑪**東照宮火除地**　上野寛永寺境内の東照宮の北に形成された火除地である（現台東区上野公園）。ここは明暦の大火の被災地ではないが、同様の北西の風を想定して、谷中方面に火災が発生したさいに東照宮に延焼することを防ごうとしたものであろう。大火前には清水町という町人地が存在したが、本庄に代地が与えられて移転した（現墨田区江東橋四丁目・江東区毛利二丁目）。

⑫**飯田町火除地**　先述した飯田町定火消役屋敷の南に形成された火除地である（現千代田区九段北二丁目）。この地には大名・旗本屋敷一ヵ所ずつと町人地の飯田町があったが、幕府はこれらを移転させて空閑地とし、また防火土手も建造した。北からの火災が江戸城に向かうのをここで食い止めようとしたものであろう。一部（西側）を削られるかたちとなった飯田町には木挽町築地に代地が与えられ、南飯田町が成立した（現中央区築地七

丁目)。

⑬代官町火除地　代官町南部に形成された火除地である(現千代田区北の丸公園)。先にみたように、大火前に竹橋門内にあった松平綱重の屋敷は大火後大手前に移され、跡地のうち北半分は本理院の屋敷となり、南半分は明地のまま残された。ついで万治二年(一六五九)七月、北桔橋(きたはねばし)門外にあった酒井忠吉(七〇〇〇石)と本多忠相(八〇〇〇石)の屋敷が移転させられ、合わせて火除地となった。これらは本丸への延焼防止の意図であろう。なおこの火除地は、寛文六年(一六六六)二月六日に天樹院が亡くなり、その後屋敷が解体されたことでさらに北側に拡張されている。

⑭吹上火除地　西丸の西側に形成された火除地である(現千代田区千代田)。もと「御三家」の上屋敷があり、大火後に明地化されたことはすでに見たとおりである。

以上の一四ヵ所の火除地のうち、東照宮と吹上を除く一二ヵ所は明暦の大火での焼失地に設けられており、その設置場所も明暦の大火の第一・第二の火災の延焼方向をふまえたものであったことが分かる。なお、現在も地下鉄の駅名として残る上野広小路(近世には「下谷広小路」とも)も明暦の大火後に形成された火除地とする説明が多く見受けられるが、大火後の絵図類を見る限りでは火除地として機能するような拡幅は認められず、疑わしい。おそらく同所が火除地化したのは元禄十一年(一六九八)九月六日の勅額(ちょくがく)火事後のこと

であろう。

火除地形成については幕府の計画性が比較的明瞭であり、敷地の確保にさいしては強制的な接収をともない、対象者には代地と引料が支給された。ただし火除地建設にともなって移転させられた武家屋敷の拝領者は、❽・⓬〜⓮のうちで計九名にとどまっており、武士への影響は最小限に抑えられていたことが窺える。この点から推測すると、第三の火災の被災地に限って大火後に火除地が整備されていないのは、ここが外桜田から愛宕下(あたごした)・芝口にかけての大名屋敷街であったことと関係しているのかもしれない。屋敷替の姿勢といいこの火除地といい、幕府はどうも大名に対しては及び腰のようである。

一方、町人相手では幕府ももう少し強気になる。接収対象となった町に代地として与えられたのは霊岸島や本庄、木挽町築地などの新開地で、町人たちは従前の土地から引き剝がされ、一から生活と生業の基盤を再建することを余儀なくされた。とくに銀町などのように、両側町の片側だけが接収された町では、通りのどちら側に町屋敷を所持していたかによって明暗が分かれることとなった。

町人地の骨格

ただしここで問題となるのは、町人地全体を見渡したときに大火前後でその骨格が改造されたと言えるのかどうかである。焼失した町人地について、大火前後の絵図を比較する限りでは、火除地と元吉原（後述）一帯を除いて道路網

や街区形状にほとんど相違は見出せない。巨視的には焼失前の町や街区の構造が維持されたまま再建が行われたように見える。

一方、細部についてはどうか。先行研究では町人地における街路拡幅が大火後の「都市改造」の一つとして指摘されている（内藤昌『江戸と江戸城』、黒木喬『明暦の大火』ほか）。すなわち、幕府は大火直後の明暦三年（一六五七）四月以降町触を発し、それまで街路に二メートルほど張り出していた町家の庇（ひさし）を原則として禁じ、街路幅を拡げることを命じている（「正宝事録」）。幕府としては大火の教訓から、できるだけ道幅をとって避難路を十分に確保し、延焼を抑止することを企図したと考えられるが、繰り返し発令を行っていることからすると、その実効性は疑わしい。

またこの拡幅とはあくまで道路への侵蝕を抑制するだけのことであって、街区の寸法自体に手を加える（縮小する）ものではなかった。すでに指摘があるように、江戸中心部の町屋敷の奥行きの基準寸法は大火の前も後も京間二〇間（約三九メートル）で変わっておらず、幕府としては「たとえ大火で全面的に焼失したとしても、それまでに形成されていた町屋敷についての権利関係に変更を加える程の町割・屋敷割についての改造は行えなかった」（玉井哲雄『江戸』）とみるべきであろう。

郊外へ

江戸の拡大

　ここまでは明暦の大火で焼失したエリアが大火後にどう変わったのか、あるいは変わらなかったのかについて見てきた。しかし大火の影響を受けたのは焼けた中心部だけではない。大火後の「都市改造」によって武家屋敷や寺社や市街地が郊外に移転し、江戸が大きく拡大したということが、これまで多くの研究で指摘されてきた。では実際に大火後に江戸の郊外はどのように変わったのか。その内実を詳細に検証してみたい。

屋敷を失った大名たち

　まずは大名屋敷から見ていこう。大火では数多くの大名屋敷が焼失した。とりわけ中心部の大名屋敷街が潰滅したために、上屋敷（本邸）を失った大名は多かった。

幕政を主導していた酒井忠清・松平信綱・阿部忠秋の三老中も上屋敷を焼失していたが、彼らは大火の後始末で多忙を極め、江戸城近辺に起居することは必須であった。幸い西丸下の屋敷は大火で焼け残っていたことから、酒井忠清は武蔵岩槻阿部家（九万九〇〇〇石）上屋敷を、松平信綱は下野鹿沼内田家（一万五〇〇〇石）上屋敷を、阿部忠秋は厩をそれぞれ間借りして、そこから江戸城西丸に通っていた（「御旧記書抜」明暦三年二月十四日条）。

その他の上屋敷を焼失した大名については、別邸（中屋敷・下屋敷など）が無事であれば、再建が完了するまでそちらに避難することも可能であった。例えば先に見た阿波徳島蜂須賀家（二五万七〇〇〇石）の場合、大火では大名小路にあった上屋敷と中屋敷・土手屋敷が焼失したが、芝の下屋敷は無事であったために正室と嫡男はこちらに避難し、ここを仮の住居としていた（「祝融記」）。

しかし蜂須賀家の例は恵まれていた方で、拝領屋敷が全て焼失してしまった大名家も多く、その場合は縁戚関係などの伝手を頼って避難するほかなかった。例えば山内家の場合、本家の山内忠豊（土佐高知二〇万二六〇〇石）は大名小路の上屋敷（現千代田区丸の内三丁目）を焼失したが、芝の下屋敷（現港区芝三丁目）は無事であった。しかし忠豊の弟で、土佐中村に三万石を分与されていた忠直は、唯一の江戸屋敷である御成橋門外の屋敷（現

港区新橋二丁目）を焼かれたため、兄の芝屋敷に難を逃れた。忠直の御成橋門外屋敷の北隣には従叔父一唯（三〇〇〇石）の屋敷もあり、彼もまた屋敷を失ったことで忠豊の芝屋敷に避難している（「歴代公紀」）。

上総久留里二万一〇〇〇石の土屋利直も、常盤橋門内の上屋敷（現千代田区大手町二丁目）と箱崎の下屋敷（現中央区日本橋箱崎町）の両方を焼かれてしまっていた。当時土屋氏で大名となっていたのは利直だけで、しかも長弟の数直（小性組番頭、七〇〇〇石二〇〇〇俵、のち大名化）の代官町屋敷（現千代田区北の丸公園）、末弟の之直（書院番組頭、一〇〇〇石）の雉子橋門外屋敷（現同神田神保町三丁目）も大火で焼失してしまったため、こちらを頼ることもできなかった。幸い利直には娘があり、陸奥高月二万石の内藤政晴に嫁いでいた。政晴は正保二年（一六四五）に亡くなっていたものの、夫婦には金一郎という子供があり、彼が遺領を継いでいた。高月内藤家の江戸屋敷は当時内神田に一ヵ所だけであったが（現千代田区岩本町二丁目）、ここは奇蹟的に大火の難を免れたようで、利直は家臣団ともどもこの屋敷に寄寓することになった。五十一歳の祖父が十三歳の実の孫を頼ったかたちになる。

このとき利直にしたがって内藤家柳原屋敷に避難した家臣の一人に、新井正済という男がいた。彼は当時すでに五十七歳という年齢であったが、四十二歳の身重の妻をかかえて

いた。彼らは内藤家屋敷内に急ごしらえで建てられた仮屋で暮らすことになったようであるが、二月十日の朝、ここで元気な男の子が誕生する。大火間もない頃のことであったので、利直はこの子を「火の児」と呼んだという（「折たく柴の記」）。この子が長じて白石（はくせき）と号する儒者となり、渾名（あだな）のとおり烈火のごとく幕政の改革に邁進するのは、まだずっと先の話である。

大火当時、中村山内家や高月内藤家の例のように、江戸屋敷（町屋敷を除く）を一ヵ所しか拝領していなかった大名は、中小大名を中心に九七家（内分分知・新田分知の分家も含む）に及んでいた。火災でやられたにせよ無事だったにせよ、上屋敷から離れた場所に別邸を構えることの重要性はみな痛感したことであろう。大火後に郊外へと別邸（中屋敷・下屋敷など）が展開したのは、自然な流れであった。

別邸の給賜

郊外への別邸給賜の動きは早くも明暦三年（一六五七）五月十四日から見られる。この日、陸奥仙台六二万石余の伊達家が外桜田の中屋敷返上の替地として高輪台に（先述）、備前岡山三一万五〇〇〇石の池田家が浅草三十三間堂脇に（現台東区西浅草二丁目）、出羽米沢三〇万石の上杉家が増上寺近所に（白金村か、現港区白金二丁目）それぞれ別邸を拝領している（「日記」）。

そして翌年万治元年（一六五八）閏十二月十九日に大名四七家・交代寄合（参勤交代す

万治元年（1658）閏12月19日・寛文元年（1661）12月15日の下屋敷給賜

万治元年閏12月19日給賜		寛文元年12月15日給賜	
場　所	拝　領　者	場　所	拝　領　者
弐本榎	松平直矩（越後村上150,000石）	下谷	本多政勝（大和郡山150,000石）
浅草	本多忠義（陸奥白河120,000石）	深川	**松平定重（伊勢桑名110,000石）**
＊中之郷	大久保忠職（肥前唐津83,000石）	浅草	立花忠茂（筑後柳河109,600石余）
品川	松平忠国（播磨明石70,000石）	不詳	**本多俊次（近江膳所70,000石）**
弐本榎	**戸田光重（美濃加納70,000石）**	目黒	伊達宗利（伊予宇和島70,000石）
＊角筈	相馬勝胤（陸奥中村60,000石）	芝	京極高和（讃岐丸亀60,000石）
＊麻布	岡部宣勝（和泉岸和田60,000石）	不詳	黒田長興（筑前秋月50,000石）
高輪	**松平直富（越前大野50,000石）**	亀戸	**松平昌勝（越前松岡50,000石）**
＊芝	**松平康信（丹波篠山50,000石）**	市谷	小笠原忠知（三河吉田45,000石）
赤坂	**浅野長治（備後三次50,000石）**	麻布	亀井茲政（石見津和野43,000石）
＊麻布	有馬康純（日向延岡50,000石）	弐本榎	**九鬼隆昌（摂津三田36,000石）**
渋谷	**内藤信照（陸奥棚倉50,000石）**	千駄ヶ谷	**永井直清（摂津高槻36,000石）**
三之輪	**石川昌勝（伊勢亀山50,000石）**	亀戸	**京極高直（丹後田辺35,000石）**
三田	水谷勝隆（備中松山50,000石）	本所	松平直次（豊後杵築32,000石）
白金	**黒田之勝（筑前東蓮寺40,000石）**	＊浅草	**織田長頼（大和宇陀松山31,200石）**
不詳	**井伊直之（三河西尾35,000石）**	白金	**細川行孝（肥後宇土30,000石）**
麻布	**鳥居忠春（信濃高遠30,200石）**	浅草	**池田恒元（播磨山崎30,000石）**
＊渋谷	諏訪忠晴（信濃高島30,000石余）	麻布	**伊達宗勝（陸奥国内30,000石）**
麻布	**秋月種春（日向高鍋30,000石）**	白金	**伊達宗純（伊予吉田30,000石）**
高輪	**松平定房（伊予今治30,000石）**	麻布	**山内忠直（土佐中村30,000石）**
駒込	**堀直吉（越後村松30,000石）**	白金	**大村純長（肥前大村27,900石余）**
麻布	**木下俊治（豊後日出25,000石）**	亀戸	**松平昌明（越前吉江25,000石）**
麻布	**木下利当（備中足守25,000石）**	麻布	**植村家貞（大和高取25,000石）**
＊麻布	**戸川正安（備中庭瀬22,500石）**	深川	**小笠原貞信（美濃高須22,700石）**

内藤宿	**松平忠昭（豊後府内22,200石）**	白金	**分部嘉高（近江大溝20,000石）**
深川	土屋利直（上総久留里21,000石余）	千駄ヶ谷	**酒井忠朋（出羽松山20,000石）**
不詳	**堀親昌（下野烏山20,000石）**	深川	**内藤政直（陸奥高月20,000石）**
弐本榎	**九鬼隆季（丹波綾部20,000石）**	麻布	堀親昌（下野烏山20,000石）
高輪	**織田信久（上野小幡20,000石）**	高田	**稲垣重昭（三河刈谷20,000石）**
浅草	**六郷政勝（出羽本荘20,000石）**	亀戸	**岩城重隆（出羽亀田20,000石）**
角筈	西尾右京（駿河田中20,000石）	今里	**毛利高直（豊後佐伯20,000石）**
湯島？	**板倉重矩（三河中島20,000石）**	品川	**安部信盛（武蔵岡部19,200石余）**
白金	**桑山一玄（大和新庄13,000石）**	不詳	**丹羽氏純（美濃岩村19,000石）**
弐本榎	**京極高通（丹後峰山13,000石）**	三之輪	**大関増親（下野黒羽18,000石）**
芝	**久留島通清（豊後森12,500石）**	亀戸	**市橋政信（近江仁正寺17,000石余）**
小石川	**三宅康勝（三河挙母12,000石余）**	白金	**土方雄豊（伊勢菰野12,000石）**
＊麻布	**遠山友貞（美濃苗木10,500石）**	三之輪	**宗義真（対馬府中11,800石余）**
不詳	**堀直輝（信濃須坂10,050石）**	小石川	**小堀正之（近江小室11,460石余）**
深川	**松平康尚（伊勢長島10,000石）**	亀戸	**前田利豊（上野七日市10,000石余）**
白金	**溝口政勝（越後沢海10,000石）**	麻布	谷衛政（丹波山家10,000石余）
千駄ヶ谷	**戸田忠昌（三河田原10,000石）**	亀戸	**立花種長（筑後三池10,000石）**
大崎	堀直景（上総苅谷10,000石）	三田	**一柳直治（伊予小松10,000石）**
＊麻布	石川総長（伊勢神戸10,000石）	渋谷	**一柳末禮（播磨小野10,000石）**
高田	**増山正利（相模国内10,000石）**	駒込	**建部政長（播磨林田10,000石）**
＊麻布	**織田長政（大和戒重10,000石）**	代々木	**西郷延員（安房東条10,000石）**
＊青山	**織田秀一（大和柳本10,000石）**	不詳	**池田薫彰（播磨新宮10,000石）**
＊渋谷	青木重兼（摂津麻田10,000石）	亀戸	**牧野康道（越後与板10,000石）**
＊大崎	柳生宗冬（交代寄合8,300石）	不詳	**酒井忠解（出羽大山10,000石）**

＊は抱屋敷を拝領した屋敷，太字は初めて別邸を拝領した者を示す．場所は絵図からの推定．

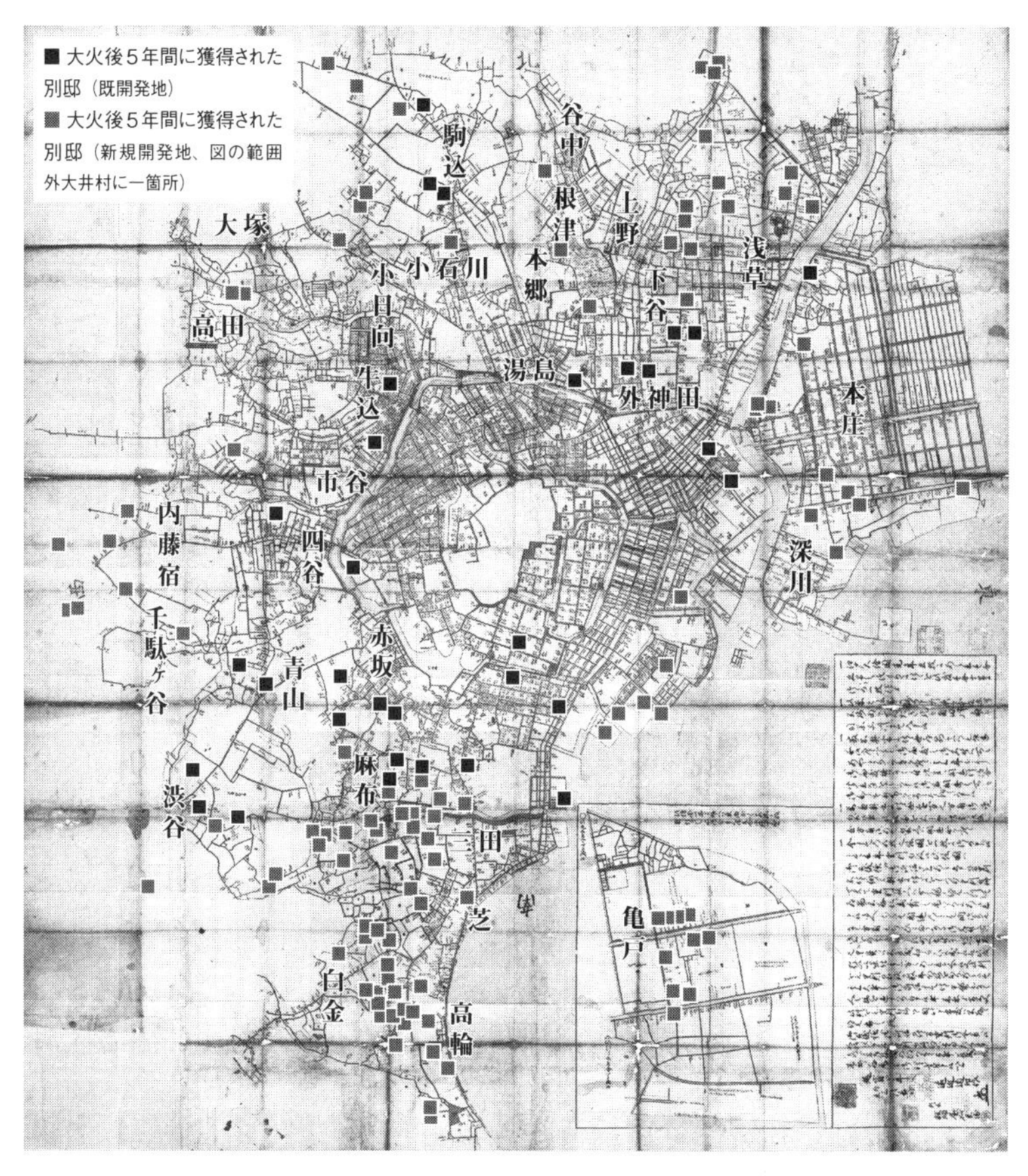

大火後５年間に獲得された大名別邸（『分間江戸大絵図』〈延宝４年，東京都公文書館デジタルアーカイブ〉に加筆）

る上級旗本）一家に対する大規模な下屋敷の給賜が行われた（「日記」、一四一～一四二頁表参照）。対象には越後村上松平家（一五万石）のような大大名家も含まれているが、多くは五万石未満の小大名であり、なおかつそれまで本邸（上屋敷）一ヵ所しか江戸屋敷を拝領していない者（表中太字）が多かった。

さらに三年後の寛文元年（一六六一）十二月十五日にも大名四八家に対する大規模な下屋敷給賜が実施されている。このときの対象者も小大名が多く、先の例でふれた中村山内家や高月内藤家もこのときようやく下屋敷を拝領することとなった。

「日記」などの諸記録からは、この二回の大規模給賜を含め、大火後五年ほどの間に数多くの大名家に別邸が付与されたことが分かる。これによって江戸の郊外の土地が大名屋敷へと変貌していくことになるが、これを示したものが一四三頁の図である。これを見ると、東西南北全ての外縁部に新たな大名屋敷地が割り出されていることが分かるが、とりわけ分布が目立つのは麻布・白金・高輪といった南郊である。また後述する新開地である江東地域（本庄・亀戸）への屋敷地の展開も認められる。

下屋敷の「望地」

このような郊外の大名屋敷はどのように形成されたのであろうか。幕府が二度にわたって大規模な下屋敷給賜を実施していることから、これを幕府主導の「都市改造」の一環として捉える見方もある。しかし注意したいのは、

「日記」の二つの大規模給賜の記事にはいずれも人名が列挙されるのみで、具体的な場所が記されていないという点である。のみならず、寛文元年十二月十五日の給賜の記事の末尾には「右の面々、望みの地にて下屋敷之(これ)を下さるる旨、之を仰せ出さる」とある。つまりどこを拝領するかは大名それぞれの希望にもとづいて決定されるものであって、この時点ではまだ決まっていなかったことが分かる。万治元年閏十二月十九日の給賜についても同様であっただろう。つまり幕府は具体的な場所を上から割り当てたわけではなかったのである。

木挽町築地の望地・望屋敷（「明暦江戸大絵図」〈三井文庫所蔵〉に加筆）

この点と関連して興味深い情報を、明暦三年（一六五七）末から四年初頭の景観を描いた「明暦江戸大絵図」に見出すことができる。それは「望地」あるいは「望屋敷」という記載である。例えば木挽町築地の「西門跡(もんぜき)」（西本願寺）の南に「尾州様望地」、北に「森日向(ひゅうが)望屋敷」という記載が見える。後者については貼紙となっており、この大絵図が大名屋敷地検討のベースマップとして使われていたことを示唆す

る。このほか高輪に「藤堂大学望」・「（貼紙）九鬼式部望屋敷」、麻布に「（貼紙）水野日向望地」・「（貼紙）松平山城望地」の記載を確認することができる。

ただしその後の絵図を見る限り、これらの大名たちは必ずしも「望地」に別邸を得られたわけではなかったようだ。「尾州様」（徳川光義）や九鬼式部（隆季、丹波綾部二万石）は比較的「望地」に近い地に蔵屋敷（現中央区築地五丁目）と下屋敷（現港区白金台一丁目）をそれぞれ得られているが、その他の大名は結局この「望地」とは全く異なる場所に別邸を拝領するか、拝領自体に失敗している。このことは、大名が希望地を申し出てから実際に拝領地が決定するまで、大名と幕府の間で調整がなされたことを窺わせる。

蜂須賀家の下屋敷獲得

その具体的な過程を知るための事例として、再び阿波徳島蜂須賀家の事例を見てみたい（以下の記述は蜂須賀家文書「御旧記書抜」および金行信輔「寛文期江戸における大名下屋敷拝領過程」に拠る）。

先述したように、明暦の大火で上屋敷・中屋敷・土手屋敷を焼失した蜂須賀家は、上屋敷を自主的に返上することで郊外に広大な屋敷を拝領する可能性を模索したものの、結局は現状維持での再建の道を選んでいた。しかし上屋敷は六〇間四方と狭小で、中屋敷は実際には分家の弟蜂須賀隆重（飛驒守、詰衆、三〇〇〇俵）の屋敷となっていた（実際に「測量図」の段階では飛驒守名義に改められている）ことから、芝の下屋敷に加えての屋敷拝領

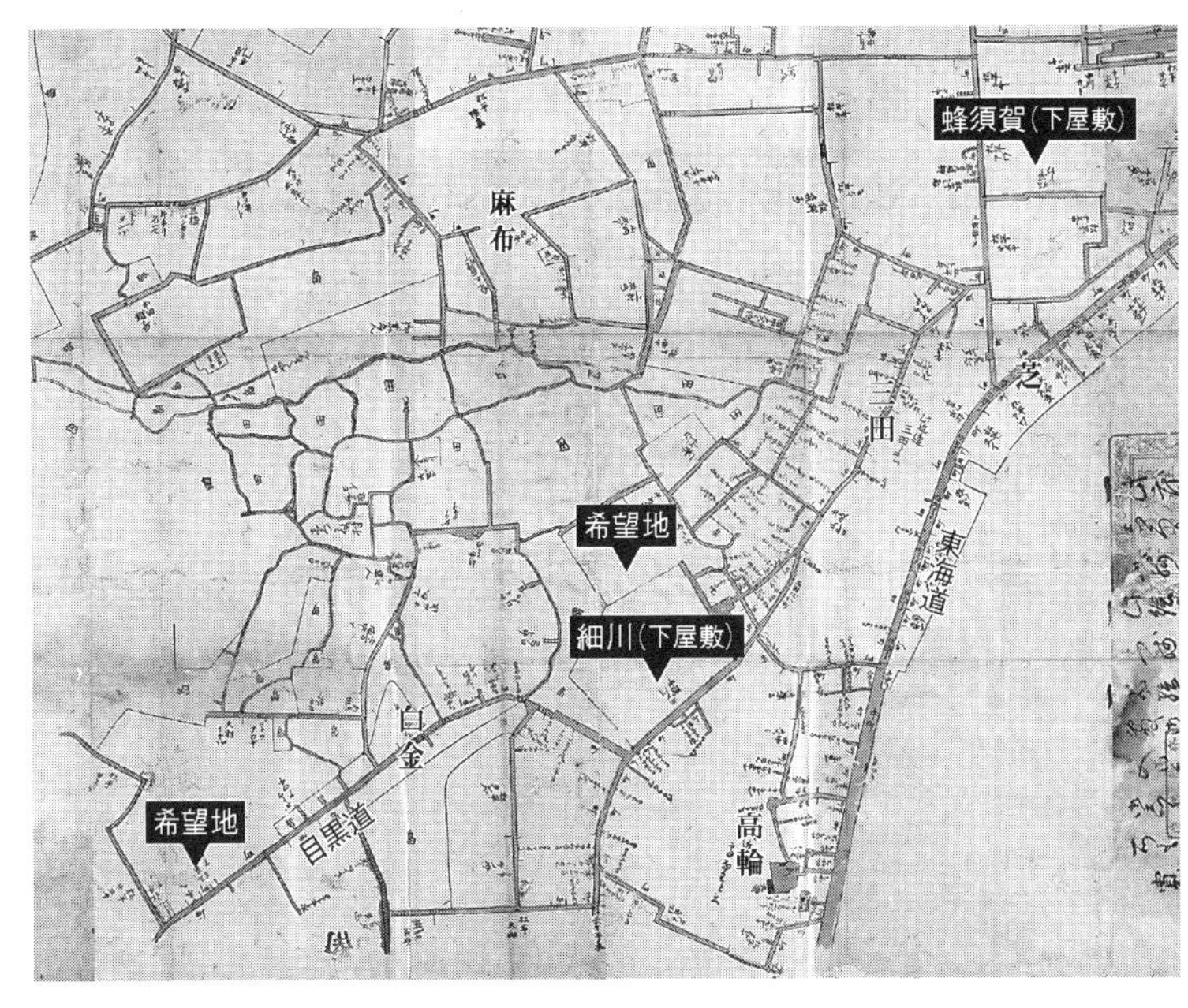

蜂須賀家の下屋敷拝領希望地（『新板江戸外絵図』〈寛文13年，国立国会図書館デジタルコレクション〉に加筆）

は急務であった。

そんな折、万治四年（一六六一）正月二十日の午前十一時頃、元鷹匠町の日下部定久（書院番、七〇〇石）の屋敷（現千代田区三崎町三丁目）から出た火災は、北西の強風に煽られてまたたく間に大名小路へと拡大した（「日次記」）。この季節も風向きも明暦の大火をなぞったような火災により、上屋敷・中屋敷・土手屋敷はまたしても焦土と化してしまう。

間の悪いことに、当主の蜂須賀光隆は今回も在国で不在

であり、火災後の下屋敷拝領の交渉に当たったのは江戸留守居であった。同年六月、留守居は老中である久世広之に接触し、蜂須賀家としての下屋敷拝領希望地を伝えている。第一希望は「目黒道」沿いの土地（現港区白金台四・五丁目）、第二希望は「細川越中守殿屋敷幷の地」（現同高輪一丁目・白金一丁目付近）であった。

ところが、留守居からの報告によると、この二つの希望地にはすでに「望杭」が打たれていたという。望杭というのは大名が拝領希望の意思表示として敷地に打った杭のことをさす（金行前掲）。目黒道の第一希望地には水野勝貞（備後福山一〇万一〇〇〇石）、白金高輪の第二希望地には松平光通（越前福井四五万石）の杭がすでにあり、希望地は競合していたのである。

なお、先に「明暦江戸大絵図」の麻布部分に「水野日向望地」と記された貼紙が確認できることを指摘した。この水野日向とは水野勝貞のことであり、少なくとも同家では麻布と目黒道の両方に希望を出していたことが分かる（なお結局どちらも失敗に終わっている）。つまり別邸を欲していた大名家は幕府に複数の拝領希望地を申し出て、幕府はこれを集約・調整するという流れが見えてくる。

幕府の裁定には時間がかかった。この間、蜂須賀家は第一希望と第二希望を入れ替えたようであるが、結局寛文四年（一六六四）十二月十五日に決定した拝領地は目黒道の第二

希望（当初の第一希望）の方であった。白金高輪への希望が通らなかった理由は、細川家がこの土地の一部を拝領（拡張）することになり、残地では面積が不足するためであった。

留守居の方はそれでも白金高輪での拝領の可能性を模索したようであるが、結局国元の光隆は、裁定を行った老中久世広之の顔を立てること、火事の避難を考えると隣家から遠い場所の方が安心なことを理由に、目黒道の屋敷地の拝領を受け入れることとした（「御旧記書抜」寛文五年正月条）。

蜂須賀家は下屋敷の規模として二万五〇〇〇坪の拝領を想定していたが、実際に決定した坪数は一万坪に削減されていた。そのため同家は拝領地周辺の百姓地七八九三坪を買得して（これを抱屋敷という）屋敷地に囲い込んでいる。このような百姓地の抱屋敷化による下屋敷の拡張は、郊外では数多く確認される。

以上見てきたとおり、郊外に展開した下屋敷は、幕府が主体的に土地を区画して大名に上から割り当てたものではなかった。あくまで基本となるのは大名側の希望で、幕府はそれを調整する役割にとどまり、場合によっては大名同士での交渉を許可することさえあった。そのため郊外の百姓地は大名たちそれぞれの思惑のもとで順次屋敷地として切り取られていくこととなったのである。

寺町の形成

次に寺院の動きについて見ていこう。明暦の大火後の「都市改造」として、寺社の移転が指摘されることは多く、実際に事例も確認できる（とくに註記のないものは「日記」による）。

大規模なところではまず、明暦三年（一六五七）二月晦日に山王社が隼町（現千代田区隼町）から溜池（現同永田町二丁目、現日枝神社）への移転を命じられている（「日次記」無註記追記）。これにともない溜池にあった丹波福知山松平家（四万五九〇〇石）屋敷は常盤橋門内に移転している。山王社の造営が完了し遷宮が行われたのは二年後の万治二年（一六五九）四月二十九日のことであった。

また五月四日、東本願寺の筋違橋門外（現千代田区外神田三丁目）から浅草（現台東区西浅草一丁目、現在地）へ、西本願寺の浜町（現中央区東日本橋三丁目）から木挽町築地（現同築地三丁目、現築地本願寺）への移転がそれぞれ通達され、一〇〇間四方の代替地を与えられている。

六月十日、今度は霊岸島に広大な境内を有していた霊巌寺（浄土宗）が深川への移転を命じられる（現江東区白河一丁目・三好一・二丁目）。この跡地に火除地形成のために収公された町人地が移転してきたことはすでにふれたとおりである。

これら山王社・東西本願寺・霊巌寺はいずれも明暦の大火で焼失しており、これを契機

として幕府によって移転させられたものであった。その他の大火後に移転した寺社についても、その大部分は大火での焼失にともなうものであった。移転先として目立つのは駒込と浅草で、この両地域には寺町が形成されることになる。それぞれについて少し詳しく見ていきたい。

駒込寺町と吉祥寺

駒込は江戸の北郊にあたり、寛永末年（一六四三頃）までにはすでに諸大名の下屋敷が展開していた。ここが大火後に寺院の移転先となり、寺町的様相を呈するようになる。

次頁の図に示したのは大火の五年後、寛文二年（一六六二）頃の駒込寺町である。現在の都営三田線白山駅付近を中心にして寺社が比較的まとまったかたちで存在している。このうち明暦の大火後に移転してきたのが一四ヵ寺、新規に起立したのが一ヵ寺（❷円林寺（えんりんじ））である（一五三頁表参照）。その内訳は浄土宗五、曹洞宗四、天台宗二、臨済宗二、日蓮宗二で、浄土宗が比較的多いものの、とくに地理的に集中しているわけではない。一方で「寺社書上」から移転前の旧地を調べると、湯島・本郷などが目に付く。寛永末年の「寛永江戸全図」では、昌平橋から湯島天神あたりまでの一帯に寺院が集中し、寺町が形成されていたことが分かるが、この寺町が明暦の大火で焼亡したことで、駒込や、後で見る浅草への移転が行われたのである。

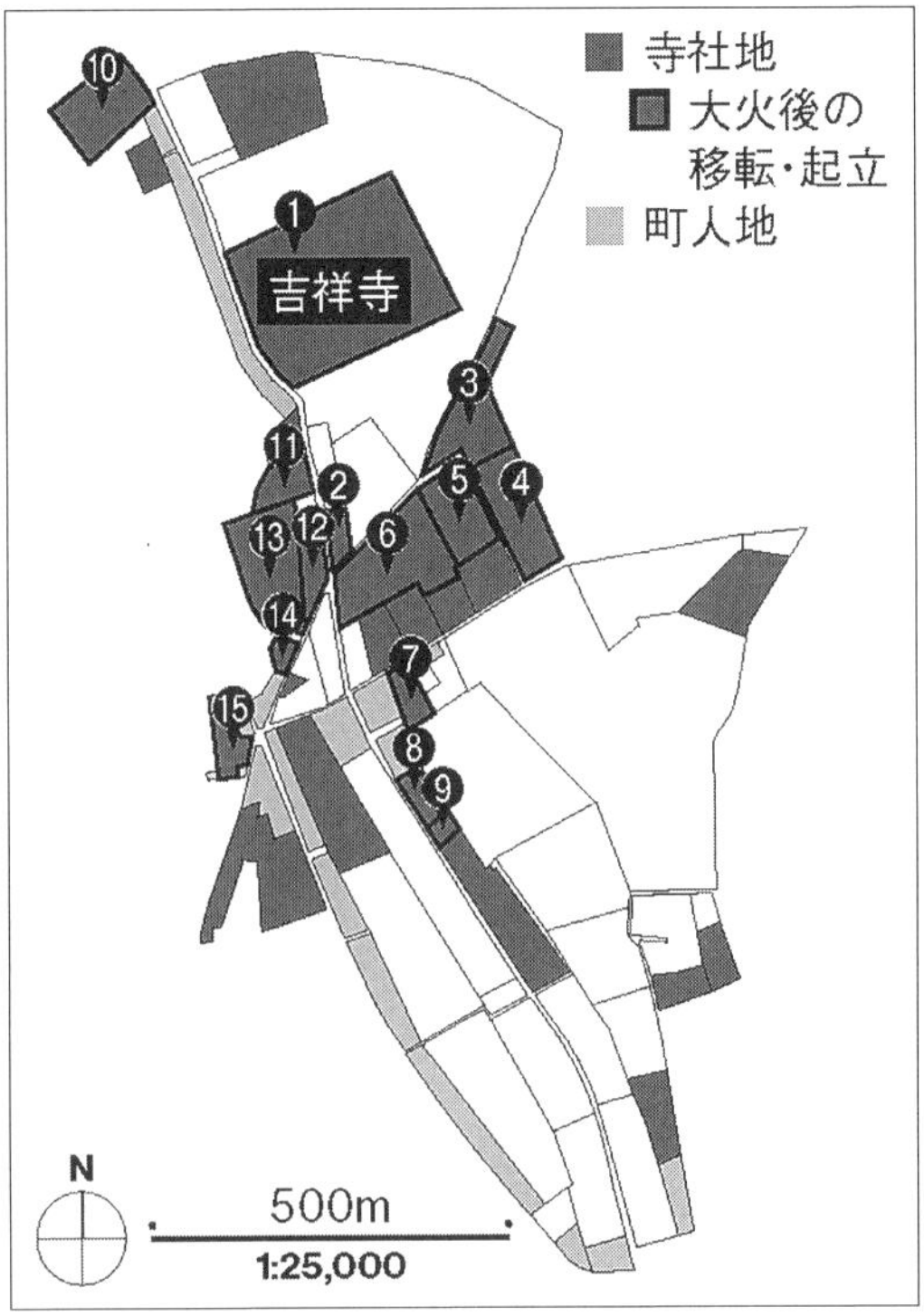
寺社地
大火後の移転・起立
町人地
吉祥寺
1
2
3
4
5
6
7
8
9
10
11
12
13
14
15
N
500m
1:25,000

寛文2年（1662）頃の駒込寺町

駒込寺町で最も規模の大きい❶吉祥寺（曹洞宗）もまた、大火被災を機に移ってきた寺院の一つであった。吉祥寺は太田道灌（おおたどうかん）を開基とする古刹で、江戸城建設にともない天正十九年（一五九一）に神田台に移った（現文京区本郷一丁目）。この寺は水道橋の北に広い境内を有したが、明暦の大火の第二の火災に襲われ、あえなく全焼してしまう。その後寺地

は幕府によって収公され、代替地として駒込の地が与えられた（現文京区駒込三丁目、現在地）。

なおこのとき吉祥寺門前の住人の一部が武蔵野に移住して開拓を行い、吉祥寺村（現武蔵野市）が成立したとも言われている（黒木喬『明暦の大火』など）。「日次記」万治二年（一六五九）十一月十五日条無註記追記部分には、「江戸端々百姓地」に武家屋敷や町家を構えている者を立ち退かせ、彼らに代地として牟礼野（むれの）新田を与え、開拓の助成を行う旨の記述が確認できるので、この時期に開拓が行われたこと自体は確かであろう。しかしここ

大火後の駒込寺町への寺院移転・起立

番号	寺院名	宗　派	移転前
❶	吉祥寺	曹洞宗	**神田台**
❷	円林寺	天台宗	—
❸	養源寺	臨済宗	**湯島**
❹	大保福寺	天台宗	**湯島**
❺	蓮光寺	浄土宗	**湯島**
❻	高林寺	曹洞宗	**御茶ノ水**
❼	十方寺	浄土宗	根津
❽	長元寺	日蓮宗	千駄木
❾	法林寺	日蓮宗	千駄木
❿	江岸寺	曹洞宗	**湯島**
⓫	定泉寺	浄土宗	**本郷**
⓬	天栄寺	浄土宗	**本郷**
⓭	龍光寺	臨済宗	牛込
⓮	徳性寺	浄土宗	**湯島**
⓯	妙清寺	曹洞宗	**本郷**

太字は大火の被災地を示す.

には吉祥寺およびその門前に関する言及は全く見えず、そもそも大火前から吉祥寺に門前町屋があったかどうかもはっきりしない。

十九世紀前半に編纂された「新編武蔵風土記稿」の吉祥寺村の記事では、万治二年のこととして、「開発のとき村民十郎左衛門と云ふが、江戸駒込吉祥寺に住せし浪士佐藤定右衛門・宮崎甚右衛門など相議し、此地へ来りて田畑を起し、皆此所の農民となり、村落をなせし」と記している。「日次記」の記載との整合性を考えるならば、吉祥寺「周辺の」百姓地から立ち退かされた住民が移住したという話が、しだいに吉祥寺「門前の」住民が移住したという話に変容したのかもしれない。

浅草寺町

浅草には寛永末年（一六四三頃）の「寛永江戸全図」の時点ですでに古刹浅草寺（せんそうじ）を中心として多くの寺院が立地していたが、明暦の大火後にさらに寺院の集積が進んだ。図は同じく寛文二年（一六六二）頃の浅草寺町を復元したものである。このうち二六ヵ寺が大火後に移転してきた寺院である（一五六頁表参照）。宗派別内訳を見ると、浄土宗が一三ヵ寺と全体の半分を占め、曹洞宗三・真宗三（東派二・高田派一）・天台宗二・臨済宗二・日蓮宗二・真言宗一と続く。浅草は浄土宗寺院の分布の目立つ地域であった。

比較的大規模な寺院について、「寺社書上」をもとに履歴を見ておこう。まず❹誓願寺

は文禄元年（一五九二）に相模小田原誓願寺（現小田原市浜町）を引き移して神田銀町に起立した寺院であった。同寺は慶長元年（一五九六）に神田須田町に移転し（現千代田区神田須田町一・二丁目）、東西九二間（約一六七メートル）・南北一三一間の（約二三八メートル）規模を誇ったが、明暦の大火第一の火災で全焼してしまった（ワーヘナールが逃避行中にこの寺院らし

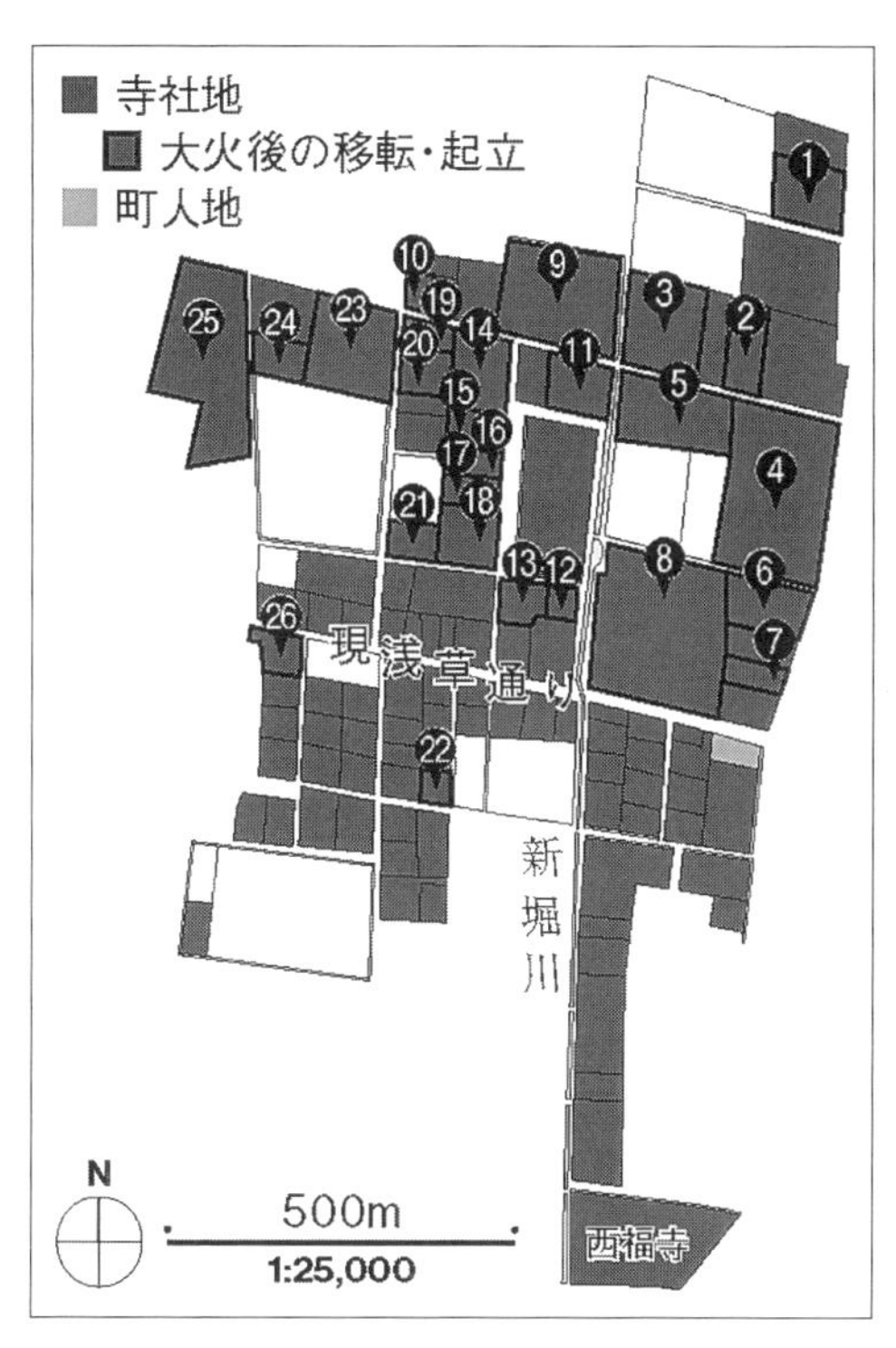

寛文２年（1662）頃の浅草寺町

大火後の浅草寺町への寺院移転・起立

番号	寺院名	宗　派	移転前
❶	万隆寺	曹洞宗	**湯島**
❷	天嶽院	浄土宗	**馬喰町**
❸	東光院	天台宗	**小伝馬町**
❹	誓願寺	浄土宗	**内神田**
❺	霊山寺	浄土宗	**湯島**
❻	報恩寺	真宗	**八丁堀**
❼	大松寺	曹洞宗	**馬喰町**
❽	東本願寺	真宗	**外神田**
❾	海禅寺	臨済宗	**湯島**
❿	長徳院	臨済宗	**湯島**
⓫	清水寺	天台宗	**馬喰町**
⓬	専光寺	浄土宗	**馬喰町**
⓭	宗安寺	浄土宗	**本郷**
⓮	光感寺	浄土宗	**外神田**
⓯	長福寺	浄土宗	**外神田**
⓰	本覚寺	日蓮宗	**馬喰町**
⓱	聖徳寺	浄土宗	**馬喰町**
⓲	善徳寺	浄土宗	**馬喰町**
⓳	正法寺	浄土宗	**馬喰町**
⓴	涼源寺	浄土宗	**湯島**
㉑	妙音寺	日蓮宗	**湯島**
㉒	延命院	真言宗	矢ノ倉
㉓	源空寺	浄土宗	**湯島**
㉔	天龍寺	曹洞宗	**湯島**
㉕	幡随院	浄土宗	池之端
㉖	唯念寺	真宗	**馬喰町**

太字は大火の被災地を示す.

き境内を抜けている）。大火後、寺地は収公されて下総古河土井家（一三万五〇〇〇石）の上屋敷となった。

土井家の当主利隆は大老土井利勝（一五七三～一六四四）の長男であったが、父に似ず素行が悪かったようで、慶安四年（一六五一）には家臣たちによって政務の実権を奪われるありさまであった。それまでの土井家の上屋敷は江戸城至近の神田橋門内にあったが、このような実情もあって大火後の屋敷替でこれを返上させられ、内神田へと遠ざけられることになったのである。誓願寺はいわば玉突きのように押し出されるかたちで浅草に替地

を与えられ、境内一万五五六坪を拝領している（現台東区西浅草二丁目、誓願寺は関東大震災後府中市に移転）。

誓願寺には神田須田町時代から南北に門前町屋が起立していたようで、これも誓願寺とともに浅草に移転している（「町方書上」）。「測量図」には記載が見えないが、延宝九年（一六八一）の『増補江戸大絵図絵入』（国立国会図書館所蔵）では境内東側の通り沿いに「町」の記載が確認できる。

次に❽東本願寺は、先述のとおり大火後に筋違橋門外から浅草への移転を命じられ、一〇〇〇間四方の寺地を拝領したものである。東本願寺は真宗東派の江戸における拠点であったが、同派で大火後に浅草に移転した独立寺院は東隣の❻報恩寺一ヵ寺に過ぎない。

また㉕幡随院は神田山新知恩寺といい、もとは山号のとおり神田駿河台に創建されたというが、元和三年（一六一七）に下谷池之端に移転した（現台東区上野二丁目）。この寺地は明暦の大火での類焼は免れたと考えられるが、万治二年（一六五九）に浅草に移されている（現同東上野四・五丁目、幡随院は昭和十五年〈一九四〇〉小金井市に移転）。跡地はその後大名屋敷となっているので、屋敷移転の受け皿として収公されたのであろうか。

その他の寺院について見ると、駒込寺町と同様に湯島からの移転寺院が二六ヵ寺中八ヵ寺と目立つ。湯島の寺町は大火後武家地となっているので、駒込と浅草の両寺町に再編さ

れたと言える。

また駒込寺町との違いとして、馬喰町からの寺院の移転を挙げることができる。明暦の大火以前、現在の千代田区岩本町一丁目から東神田一丁目あたりにかけての一帯には寺院が集中しており、寺町が形成されていた（以下、馬喰町寺町とする）。この寺町は明暦の大火第一の火災で灰燼に帰したと考えられ、そのため大火後に九ヵ寺が浅草に移転することとなったのであろう。なお馬喰町寺町はこれにより解体されたわけではなく、同地にとどまった寺院もあったが、天和二年（一六八二）十二月二十八日にこの地を再び大火が襲い、その後残った寺院も郊外へと転出して、馬喰町寺町は跡形もなく消滅した。

以上のように、寺社地について幕府は、大火で被災した寺院を中心に寺地を収公し、替地を駒込や浅草などの郊外に与えた。これにより寺町がより周辺部に移動することとなった。この点に関しては幕府の主導による「都市改造」として評価することができよう。

ただ、移転先の選定が完全に幕府の意図どおりであったかどうかについては留意を要する。ここでは大火後の寺院移動の詳しい経緯が判明する事例として、浜町から築地に移転した西本願寺の場合を見たい（以下の記述は長瀬由美「築地御坊の創建について」に依拠する）。

西本願寺移転の経緯

先に、明暦三年（一六五七）五月四日に東西本願寺の移転が幕府から通達されたことに

ついてふれた。これにより西本願寺の築地移転が正式に決定するが、ここに至る道のりは必ずしもスムーズではなかった。

本願寺文書に残る書状によれば、西本願寺側は三月頃から、以前から縁のあった井伊直孝と内談し、代替地への移転について希望を伝えており、下旬には幕府の許可が得られたという。それをふまえて幕府が四月三日に寺社奉行安藤重長（上野高崎六万六六〇〇石）を通じて伝えた代替地は、東本願寺と同様に浅草三十三間堂前後であった。「裏方屋敷（引用者註…東本願寺のこと）より奥へ入」とあるので、東本願寺の移転先の北隣が候補地であったと考えられる。

ところが西本願寺側はこの決定に難色を示す。その予定地は地質が悪く、しかも江戸の門徒が参集するには遠方に過ぎることが理由であった。そこで西本願寺はまたもや井伊直孝を頼り、移転先を変更できないかと相談をもちかけている。

代わりの希望場所については、西本願寺の内部でもいくつか候補地が挙がったが、木挽町海手（現在地）へと一本化される。西本願寺側は直孝に老中への根回しを依頼し、結果五月四日に希望どおりの代替地決定を勝ち取ったのである。

以上のように、西本願寺の移転は幕府が最初に示した候補地を覆す結果となった。これはかなり特殊な事例とも考えられるが、少なくとも大寺院については、大名による下屋敷

獲得と同様に、場所の決定にさいして当事者側の希望が一定程度加味された可能性はあったのではないか。今後寺院側の史料の発掘が望まれよう。

最後に、幕府による郊外の新規市街地開発について見ておきたい。先に見たように、江戸の場末では大火後に大名による下屋敷獲得が進展していったが、それよりもやや内側では、海岸や低湿地を埋め立てることによる市街地の造成が行われた。この埋立地のことを「築地」という。

「築地」の造成

現在の東京で築地と言えば、築地本願寺や旧築地市場などで有名な中央区の地名をもっぱら指すが、「築地」は本来普通名詞であったから、近世においては地名を付して呼ばれることが多かった。中央区の築地は木挽町の海手を埋め立てたので木挽町築地といい（現中央区築地一～七丁目）、また赤坂（あかさか）・小日向（こびなた）・小石川の谷合の低湿地を埋め立てて形成された築地をそれぞれ赤坂築地（現港区赤坂二・六～八丁目）・小日向築地（現新宿区東五軒町・西五軒町・水道町・築地町・文京区水道一・二丁目）・小石川築地（現文京区小石川一丁目・白山一丁目）といった。これらは大火後に相次いで区画が整理され、万治元年（一六五八）閏十二月二十一日に担当奉行への褒賞が行われているので（「日次記」）、この頃までに完成したと考えられる。これら新市街地はどのような目的で開発されたのだろうか。それぞれについて見ていこう。

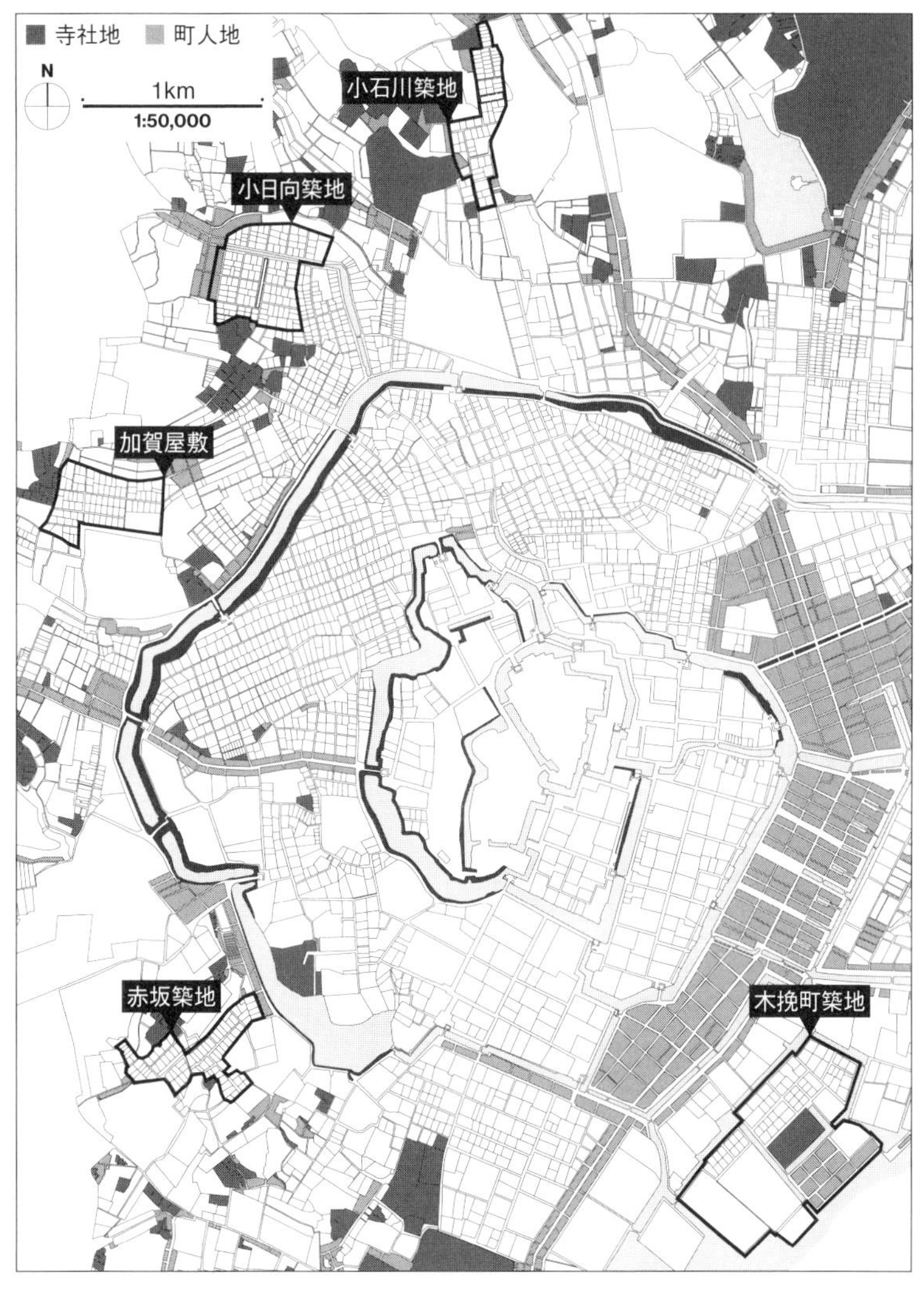

江戸の新開発地

木挽町築地の土地利用は変化に富んでおり、ⓐ尾張徳川家蔵屋敷などの大名蔵屋敷、ⓑ旗本屋敷地、ⓒ西本願寺、ⓓ海沿いの町人地に大別すること

ができる。

木挽町築地

ⓐは以前から存在していた海沿いの大名蔵屋敷群をさらに海側に拡張したものと考えることができる。早い例では、尾張家の徳川光義が明暦三年（一六五七）五月二十七日に八丁堀屋敷と引替にこの地に屋敷を拝領している（現中央区築地五丁目）。

ⓑは他の「築地」と比較して一筆の規模がやや大きい。「万治遺録」によれば、万治元年（一六五八）十一月五日にまず旗本一〇名に対して同地での屋敷給賜が行われているが、いずれも二〇〇〇石から五〇〇〇石までの高禄であり、また「屋敷これなき面々拝領仕りたき由、連々御訴訟」があった結果、拝領が決まったという（『東京市史稿』市街篇所収）。

高禄の旗本なのに屋敷がなかったとはどういうことか。例えば最初に名前が挙がっている安藤重好（しげよし）の例を見てみよう。彼は奏者番をつとめた大名安藤重長の二男であった。重長は明暦三年（一六五七）九月二十九日に五十八歳で死去し、家督は孫の重貞が継いだが、そのさい重好に五〇〇〇石が分与され、分家が興されたのである。万治元年の時点で独立した屋敷を有していなかったのはそのためであろう。残る九名のうち六名もまた同様に大名家の分家旗本であり、木挽町築地の旗本屋敷地は大名家分家の増加をふまえて開発され

たことが窺える。

ⓒは西本願寺の浅草橋門内からの替地であり、移転の経緯は先述したとおりである。ⓓは海沿いに、南小田原町（みなみおだわらちょう）一・二丁目、南本郷町・上柳原町・南飯田町が成立している。先述したとおり、このうち南本郷町と南飯田町は湯島広小路と飯田町火除地の代地として与えられたもので、上柳原町も柳原土手の代地であった可能性がある。

赤坂築地・小日向築地・小石川築地

赤坂・小日向・小石川の築地は、海浜ではなく谷合の低湿地を整地して形成された新市街である。木挽町築地とは異なり、この三ヵ所の築地の土地利用は基本的に幕臣屋敷に特化されている。例えば赤坂築地の場合、「測量図」には八〇筆の幕臣屋敷が描かれ、このうち七〇名については「寛政譜」での特定が可能である。家禄高が分かる六五名を見ると、一〇〇〇石を超える大身旗本は五名に過ぎず、二〇〇石以上五〇〇石以下の旗本が四九名と、四分の三以上を占めている。役職としては番方（ばんかた）（武官）が多く、馬場が築かれているのはそのためであろうか。

木挽町築地の旗本屋敷の拝領者に大名分家の旗本が多いことを先に指摘したが、赤坂築地の場合も七〇名のうち三分の二弱の四六名が分家として初めて幕臣に取り立てられた人物であることが分かる。彼らはそれ以前の絵図では名前が確認できないので、ここで初め

て独立した屋敷を拝領できたことになる。小日向築地・小石川築地についても同様の傾向が確認でき、これら築地の屋敷整備は分家による幕臣家の増加に対応したものであったことが分かる。

もう一つ注目したいのは、小日向築地の西端部に唯一確認できる町人地についてである。これは牛込水道町(うしごめすいどうちょう)といい、築地の造成にともなって成立した町であった。「御府内備考」によれば、「御府内町々に住居致し候三十四人の者共」が「牛込・小日向・小石川武家御屋敷」の築地を請け負い、その代償として与えられた土地であったという。築地の建設は低湿地の田畑に土取場から運んできた土を加えて造成を行うものであったが、この実際の作業はこうした請負町人たちが担っていたことがここから明らかになる（岩淵令治「水戸藩小石川屋敷拝領前の拝領者と小石川村の開発」）。

加賀屋敷

このほか、築地ではないが、大火後に幕臣屋敷化した新市街地として加賀(かが)屋敷(やしき)がある（現新宿区市谷加賀町一・二丁目・市谷薬王寺町・市谷柳町）。加賀屋敷という通称は加賀前田家と関係している。水戸徳川家頼房は生涯で一五人の娘に恵まれたが、このうち四番目の娘を寛永九年（一六三二）に将軍徳川家光(いえみつ)の養女とした。名を大姫(おおひめ)という。大姫は翌年、七歳にして加賀前田家の光高(みつたか)に嫁ぎ、同二十年には嫡男（後の綱利(つなとし)）を出産した。この頃の絵図である「寛永江戸全図」には市谷に「加賀大姫君様」

と記された広大な屋敷が確認でき、大姫が同地に屋敷を拝領していたことが分かる。

光高は正保二年（一六四五）四月五日、茶会の席で三十一歳の若さで突然死する。未亡人となった大姫は出家して清泰院（せいたいいん）と号した。しかし彼女も明暦二年（一六五六）九月二十三日、わずか三十歳で亡くなった。

幕府は彼女の死をうけて市谷の屋敷は拝領者を失ったものとみて、明け渡しを求めた。ところが加賀前田家の方ではこの屋敷は前田家の下屋敷と認識していたのか、隠居の前田利常はこれに強く抗議する。結局幕府も折れて前田家には駒込に代替の下屋敷を与えることで決着し（『加賀藩史料』所収「松梅語園（しょうばいごえん）」）、市谷の屋敷の一部は尾張徳川家の市谷屋敷に編入され、残りは幕臣屋敷地として区画されることとなった。このエピソードからも、とくに有力な大名に対しては、屋敷替にあたっては幕府といえどもその意向を無視できなかったことが窺える。

ともあれ、何とか収公できた市谷屋敷の跡地については、大火翌年頃の「明暦江戸大絵図」を見ると「清泰院様」「御屋敷明」との貼紙がされているので、それ以降に開発が行われたとみられる。寛文二年（一六六二）頃の「測量図」の段階ではすでに完成しており、ここには幕臣屋敷八一筆、先手組屋敷一ヵ所が確認できる。名前の記された幕臣八一名のうち、「寛政譜」で特定可能なのは七五名で、うち八五％を超える六四名が二〇〇石〜五

○○石の旗本である。また役職の均質性も高く、六九名が現役の大番（将軍直轄の軍団）または大番経験者であった。

ここに屋敷を拝領した幕臣たちはそれ以前にはどこにいたのだろうか。拝領以前の屋敷を確認できるのは、番町に六名、清水門外と駿河台に一名ずつと計八名のみで、残る大半の幕臣はここで初めて独立した屋敷を得られたものと考えられる。築地の場合と同様、この土地の開発は、大火からの復興策というよりは、不足する武家屋敷への対策として理解されるべきであろう。

本庄の開発

新市街地の開発はさらに隅田川の東（江東）にまで及んだ。幕府が明暦四年（一六五八）七月十六日に隅田川の東西をつなぐ橋（両国橋）の建設を命じたことはすでにふれたが、この頃から幕府は江東の本庄（のち本所（ほんじょ）と呼ばれる）地区の百姓地の収公を始めつつあったようである（「町方書上」）。

隅田川西岸は大火で焦土と化していたので、東岸の本庄は市街地復興のための基地となった。両国橋の東には材木蔵と竹蔵が新設され、本丸普請の下小屋が建てられ、江戸城普請のための製材作業などが行われたと考えられる。

万治二年（一六五九）九月に本丸造営が完了すると、幕府は翌年三月二十五日に徳山（とくのやま）重政（しげまさ）（五〇〇〇石）と山崎重政（しげまさ）（一〇〇〇石）の両名を本庄築地奉行に命じている（「日

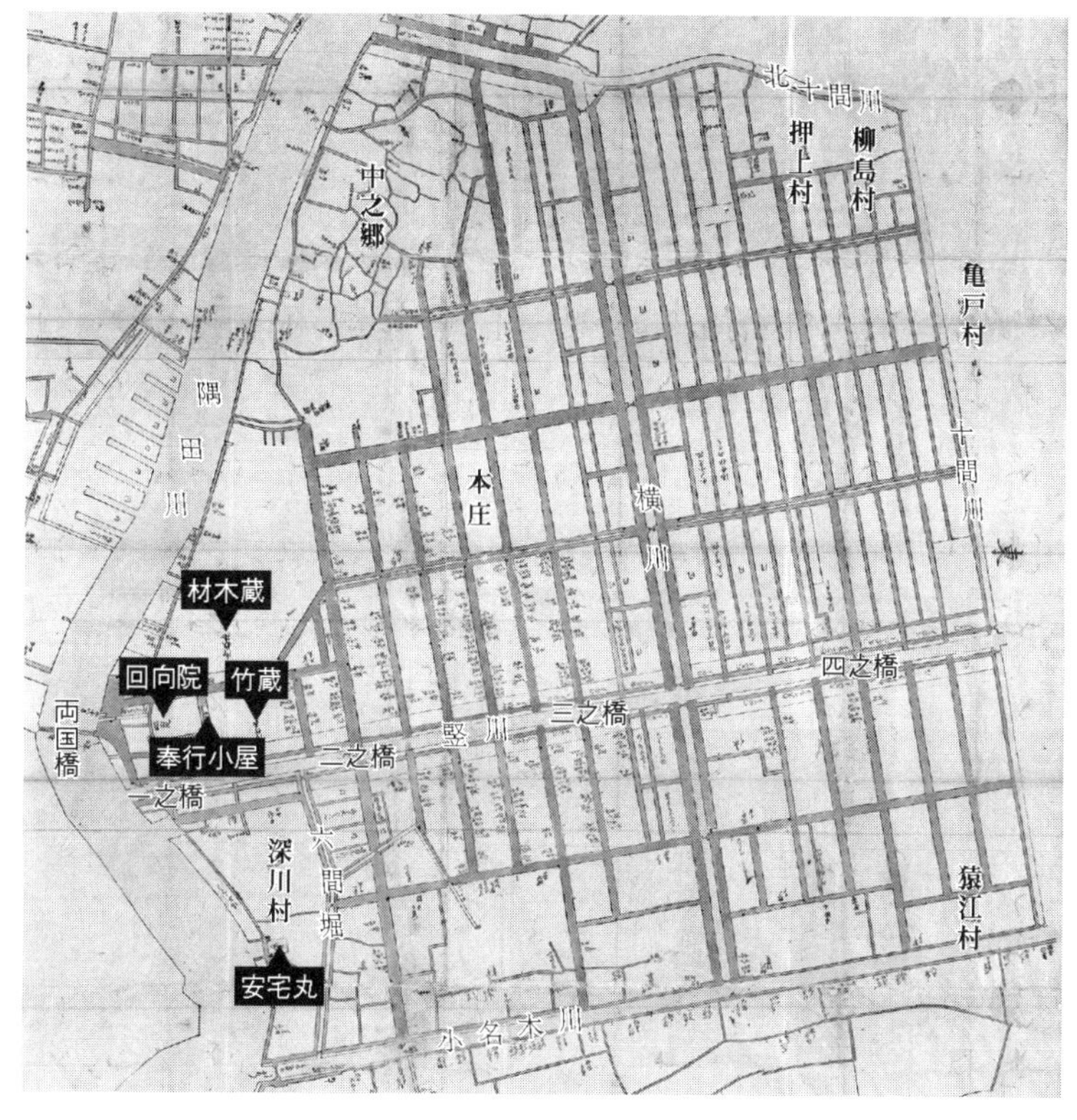

寛文11年（1671）頃の本庄（『新板江戸外絵図』〈寛文11年，国立国会図書館デジタルコレクション〉に加筆）

記」)。この本庄築地奉行とは、「本所の邸宅をわかちさだめ、あるひは道路をひらき、堀橋をつくることを奉行す」(「寛政譜」徳山重政)るものであった。

寛文十一年(一六七一)頃の景観を示す『新板江戸外絵図』の本庄の図を見ると、両国橋の東に回向院があり、その東に竹蔵、北に材木蔵があったことが分かる。また回向院と竹蔵の間には本庄築地奉行の小屋(「御奉行コヤ」)が、一之橋(「一つめのはし」)の北詰には材木町(「ざいもく」)が見える。このあたり一帯がかつての本丸普請の、その後は本庄開発の基地となったのであろう。

低湿地であった本庄地域の開発は大がかりな「築地」の作業であった。まず基軸となる水路として、竪川(たてかわ)・横川(よこがわ)(現大横川)・十間川(じっけんがわ)(現横十間川)・北十間川・六間堀(現存せず)などを開削し、その土を用いて低湿地の嵩上げを行い、土地を造成した。先に見た浜町の屋敷街の造成も、材木蔵との関係で本庄築地奉行が担当したという(「日次記」寛文元年五月二十一日条)。「日次記」によると、寛文元年(一六六一)九月二十二日に本庄の築地が完了して老中が視察したとあるので、規模に比して驚異的な早さといえる。

「町方書上」の本所起立記によると、こうした土地の造成の実務を担ったのは家城善兵衛と清水八郎兵衛という二人の人物であったといい、彼らは本所(本庄)見廻り道役に任じられ、一之橋(いちのはし)際の石場一〇八〇坪を拝借している。先に見た「築地」と同様、奉行の下

で普請の実務を請け負う人材が存在したのであろう。

本庄の町割は、町人地では京間二〇間（約三九メートル）、武家地では田舎間六〇間（約一〇九メートル）を基準寸法として計画的に行われた（大槻泰士『江戸の町割に関する都市史的研究』）。町人地は竪川と横川に沿って設けられ、両国橋近辺には拝領町屋敷、遠方に一般の町屋敷が設定された。後者はすでに見たとおり、火除地建設などの収公にともなう代地として移転してきたものであった。

武家地は両国橋からの距離に応じて大まかなゾーニングが設けられ、近辺には大名の下屋敷や旗本屋敷、遠方には組屋敷が立地した。ここも「築地」などと同様、江戸における屋敷不足を解消することを企図して設けられたと考えられるが、『新板江戸外絵図』では空白が目立つ。本庄の開発は、大火後の政策の中で最も幕府の計画性が認められる大事業といえるものの、想定したほどの効果は得られなかった。また突貫工事が災いしてか、しばしば水害にも悩まされたこともあり、結局五代将軍綱吉の時代の天和二年（一六八二）、本庄撤退という決断が下されることとなるのである。

大火以前・以後

「本郷・かねやす」

江戸のスプロール

江戸の範囲

「本郷もかねやすまでは江戸の内」――人口に膾炙した川柳であるが、よくわからない句である。「かねやす」というのは本郷三丁目北（現文京区本郷三丁目）にあった歯磨粉店で（近年まで雑貨店を営業していた。かねやすビルは現存）、ここが江戸の境界だというのである。そのためこの句は江戸の範囲を論じるさいの素材として、今日でも引かれることが少なくない。

ところがこのように有名な川柳であるにもかかわらず、この句はいつ誰が詠んだものであるのか、実は分かっていない。医師の兼康友悦がここで歯磨粉「乳香散」を売り始めたのが享保年中（一七一六～三六）であるとされ（「御府内備考」）、また天保八年（一八三七）起稿の喜田川守貞による百科事典「守貞謾稿」にも「古き狂句に、本郷も兼由迄は江戸の

内と云り」と引かれているので、この一世紀ほどの間、おそらくは十八世紀前半頃に作られて広まったものと推定はできる。しかしもう一つ根本的な疑問として、当時の江戸の境界を本郷三丁目付近とすることは妥当であるのかという点がある。例えば天和三年（一六八三）以降上屋敷となっていた加賀前田家の本郷屋敷は、かねやすの北に位置するので江戸の外側ということになってしまう。そしてそもそも十八世紀に刊行された江戸の全体図で本郷三丁目付近を境界とするものなど一つも見えないのである。現実の江戸はすでにずっと広範囲であった。

問題は、江戸はいつ、どのように拡張したかということである。これまでの研究では、その劃期を（漠然と）明暦の大火に求める傾向が強かったように思われる。果たしてそのイメージは妥当なのであろうか。以下では絵図史料を手がかりにして、大火以前の江戸の範囲について検討していきたい。

武州豊嶋郡江戸庄図

まずは近世初期の代表的な絵図である『武州豊嶋郡江戸庄図』（以下『江戸庄図』）を見よう。この図は木板図であり、それゆえさまざまなバージョンが現存しているが、そのうち原図と言えるのが国立国会図書館所蔵本で、寛永五年（一六二八）から九年頃の刊行であるという（黒田日出男『江戸図屏風の謎を解く』）。同図の情報を見る限りでは、景観年代も同時期であると推定され（近松鴻

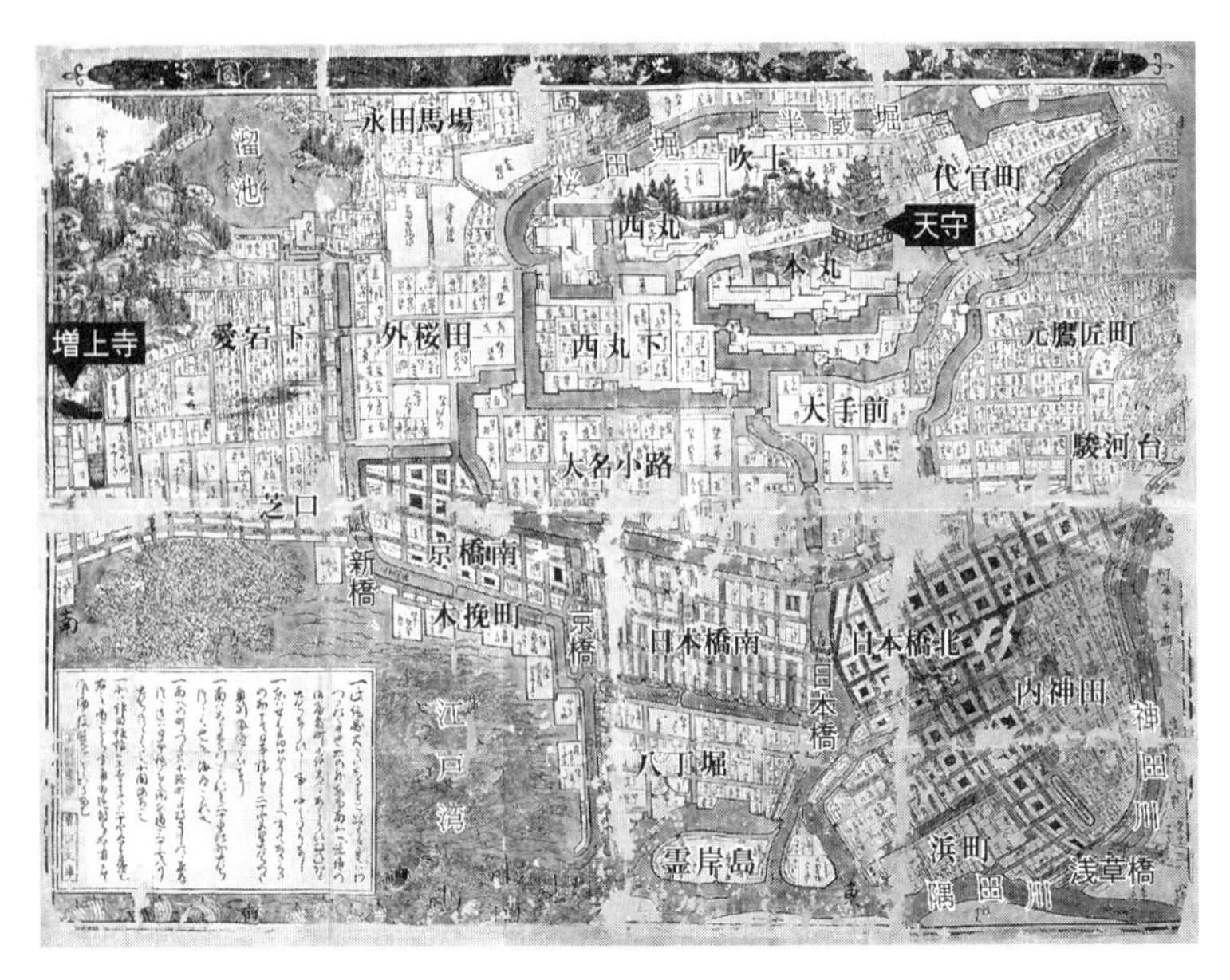

『武州豊嶋郡江戸庄図』（国立国会図書館デジタルコレクション，加筆，図は上が西）

二「『武州豊嶋郡江戸庄図』の基礎研究」）、当時の江戸の姿を知るうえで貴重な史料となっている。

図は江戸城の天守（二代目の元和度天守）をひときわ大きく描き、北は神田川、東は隅田川と江戸湾、南は増上寺、西は半蔵堀・桜田堀から溜池までの範囲をカバーしている。表記は若干正確さを欠くものの、武家地の人名、寺社名、町名などが具体的に記されており、とくに明暦の大火での焼失地の大半が含まれているため、大火前の都市空間を復元するうえでの多くの情報を得ることができる。

一方で注意を要するのは、この

図は当時の江戸の中心部を描いた図であって、全域ではないという点である。例えば幕臣屋敷街である番町はほとんどがこの図の範囲外であるが、描かれていないことは必ずしも当時未開発であったことを意味するわけではない。したがって、この図の範囲をもって当時の江戸の都市域として理解してしまうと、大火前の江戸の開発状況を過小評価することにつながりかねない。

江戸図屏風

そこで『江戸庄図』とほぼ同時期の図である、国立歴史民俗博物館所蔵の「江戸図屏風」を見てみよう。「江戸図屏風」は六曲一双（ろっきょくいっそう）の屏風（六枚のパネルからなる「隻（せき）」が左右で対になっているもの）で、寛永十年（一六三三）十二月十七日以降、翌十一年二月までの江戸および近郊の景観を描写対象とし（水藤真「「江戸図屏風」製作の周辺」）、十一年から十二年六月二日までの間に松平信綱（まつだいらのぶつな）が絵師に制作させたものであると考えられている（黒田日出男『王の身体王の肖像』）。

まず左隻は江戸城天守を第一扇（せん）（右から一番目のパネルを示す）に大きく配し、そこから南側の城下の景観を描いている。構図は『江戸庄図』とたいへんよく似ており、両者を照合することで大名屋敷や町家などの具体的な姿を知ることができる。とりわけ吹上（ふきあげ）の「御三家」屋敷（第二扇）や大手前の福井松平家屋敷（同）など、将軍近親大名の屋敷の絢爛豪華さは印象的である。

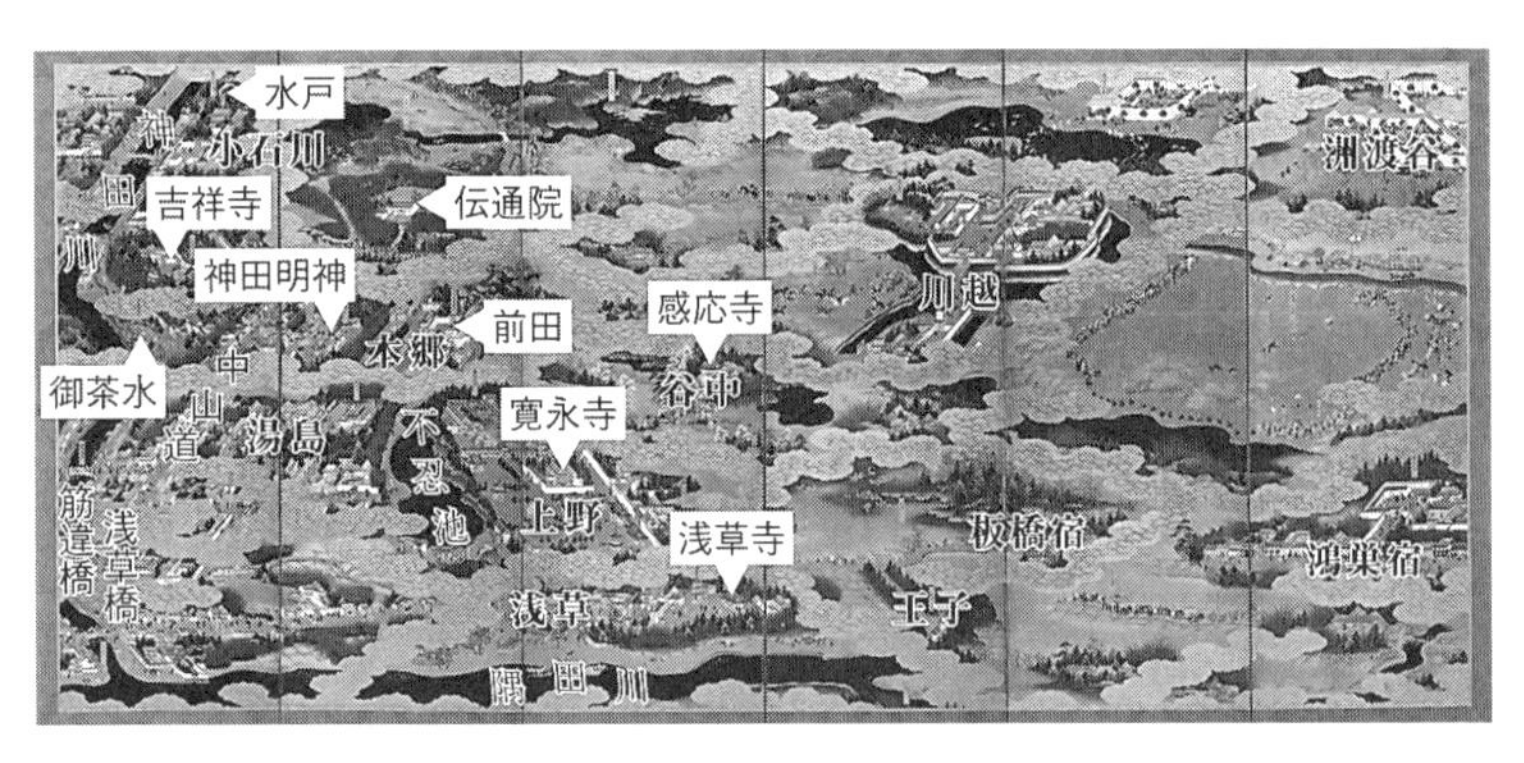

「江戸図屛風」右隻（国立歴史民俗博物館所蔵，加筆，図は上が西）

一方で、「江戸図屛風」では『江戸庄図』よりも広い範囲で城下が描かれ、南は品川宿の町並み（第六扇）までが含まれている。もっともこの段階では江戸と品川宿は町並みがつながっておらず、金杉橋と思われる橋（第五扇）の南側から品川宿に至るまでの区間、すなわち芝・高輪地域は田園地帯として描かれている。金杉橋のすぐ北側の町家は、瓦葺の中心部とは異なって板葺や茅葺として描かれており、場末というべき景観となっている。屛風の描写にしたがうならば、この時期の江戸の市街地の南限は金杉川（新堀川、古川）あたりであったと考えられよう。

次に右隻は江戸城下の神田川以北と近郊（板橋・王子・川越）を描いている。いずれも『江戸庄図』の範囲外である。まず下部を見ると、第六扇の浅草橋から第四扇の浅草寺境内まで街道沿いに町家が描かれている。途中には金雲がかかっているものの、町並み自体

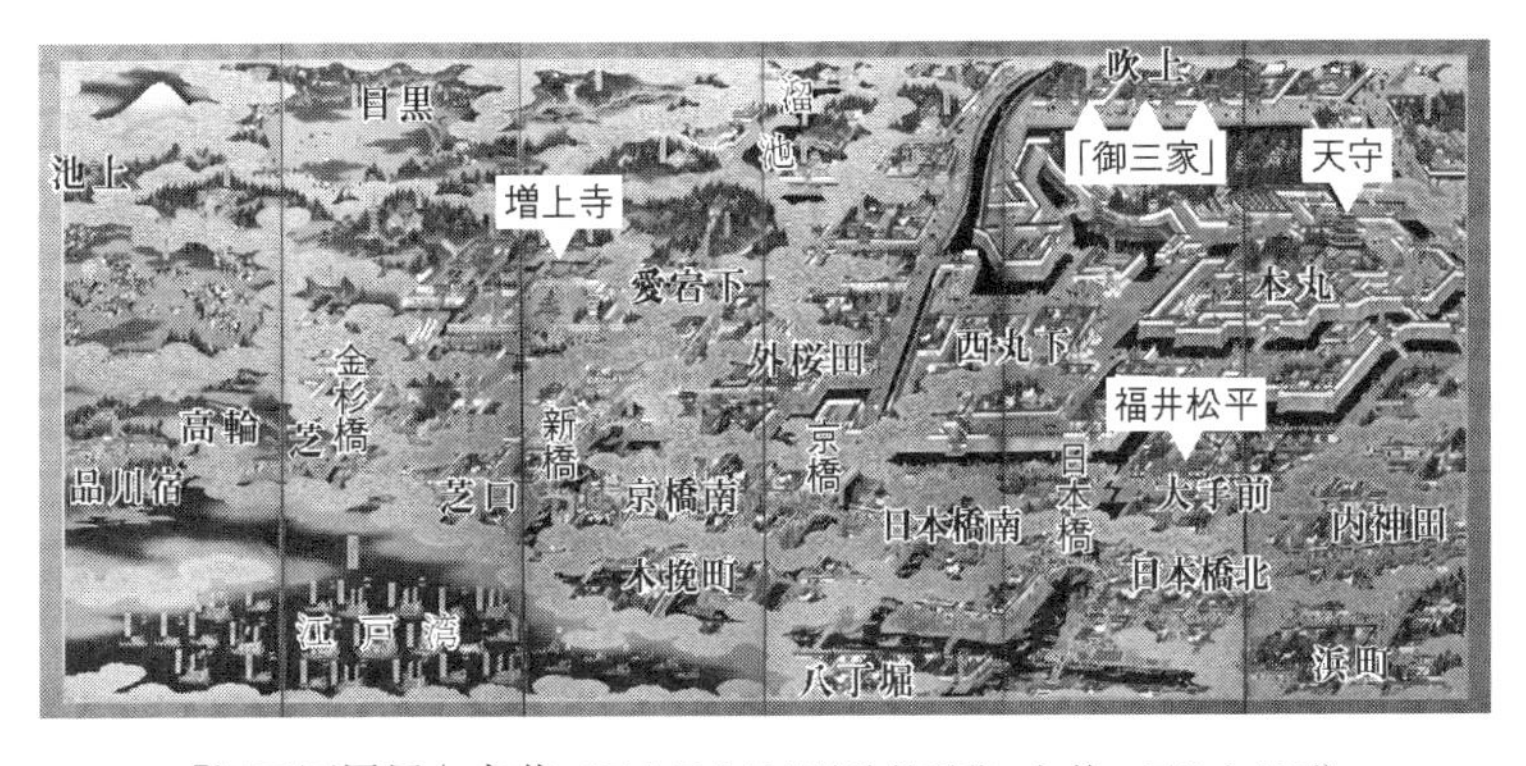

「江戸図屏風」左隻（国立歴史民俗博物館所蔵，加筆，図は上が西）

は連続しているとみてよいであろう。町家の屋根に着目すると、浅草橋付近では瓦屋根も見られたのが、浅草寺付近では茅葺屋根が目立っており、場末の景観として描かれていることが分かる。

次に筋違橋（第六扇）から北（右手）を見ていくと、中山道から湯島の町並み、そして不忍池（第五扇）から上野寛永寺（第四・五扇）へと続いていく。ここも町並みは連続するように描かれているが、湯島と浅草の間には田圃の描写も見える。寛永寺のさらに北には「谷中」と記された感応寺（第四扇、現台東区谷中七丁目）らしき寺院が描かれているが、周囲は田圃に囲まれており、江戸市中とは町並みは連続していない。したがってこの時期の市街地の北限は浅草寺・寛永寺付近であったと考えられよう。

また、「高林寺御茶水」（第六扇）から北は、中山道を隔てて神田明神（第五・六扇）が描かれ、そのさら

に右手には加賀前田家の下屋敷（第五扇）が見える。周辺の建物は茅葺で場末の景観ではあるが、江戸の市街地は「かねやすまで」をすでに越えて拡がっていたと言える。

前田家本郷屋敷の上部には林に囲まれた寺院らしき描写が見えるが（第五扇）、これは小石川の伝通院（でんづういん）であろうか。門前の茅葺屋根の町並みが途切れていることから判断すると、当時はこのあたりが市街地の西北端であったとみられる。

寛永江戸全図

「江戸図屏風」は『江戸庄図』に比べて広い範囲を描写しており、寛永十年（一六三三）〜十一年頃の江戸の市街地の範囲をある程度推測することができるが、そもそもが江戸を悉皆的に描写することを意図したものではないために、限界があることは否めない。

今世紀に入ってから、十七世紀初期の江戸の全体像を描いた絵図が「発見」された。現在臼杵市教育委員会が所蔵する「寛永江戸全図」である。図の記載内容からすると景観年代は寛永十九年（一六四二）十一月〜二十年九月頃と比定でき、幕府により寛永十九年から実施された江戸市中の屋敷調査にともなって作成されたものと考えられるという（金行信輔「寛永江戸全図」）。

この図の描写はたいへん詳細で、寛永末年の江戸の全貌を知るうえできわめて貴重な情報を提供してくれる。以下では東側から順に、当時の市街地の拡がりを見ていこう。

「寛永江戸全図」（臼杵市教育委員会所蔵，加筆）

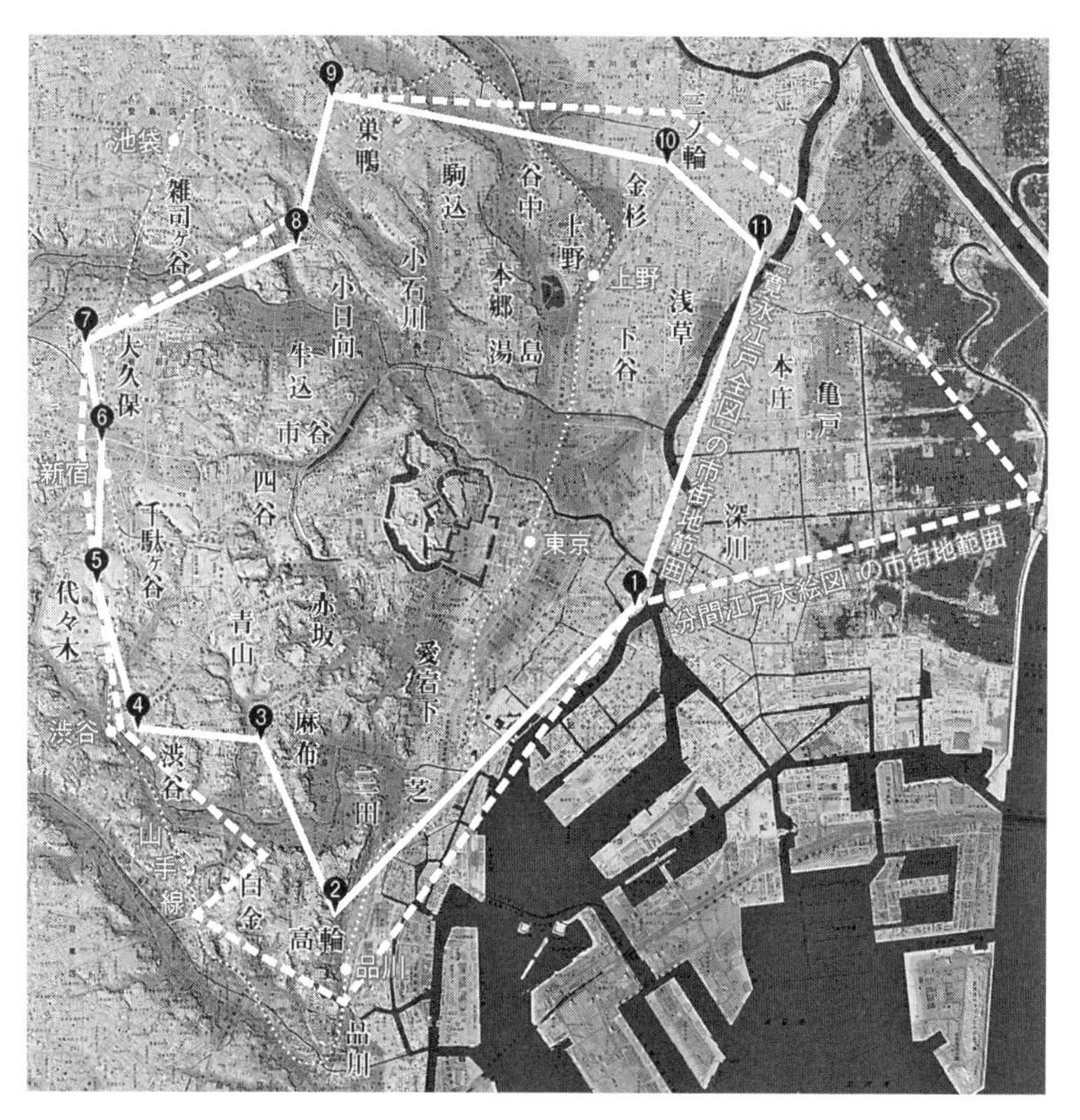

寛永末年の江戸市街地の範囲（国土地理院1:25,000デジタル標高地形図「東京都区部」に加筆）

まず東側は隅田川と江戸湾で区切られる。江戸湾における土地の埋め立てはまだ初期段階で、霊岸島の❶福井松平家中屋敷あたりが東端である。むろん木挽町築地はこの段階では存在していない。

次に南の芝・高輪方面である。先に見たとおり、「江戸図屛風」では東海道沿いの町並みの描写は金杉橋付近で途切れていたが、この図では南への開発はずっと進展しており、「大仏」こと❷如来寺（現港区高輪二丁目）門前まで町並みが続いている。それ以南、品川宿までの間は未だに畑地となっている。

麻布方面には諸大名の下屋敷が多く見られる。周辺部には「地子屋敷」、すなわち百姓地を買得して屋敷化した抱屋敷も目に付く。絵図では❸陸奥磐城平七万石内藤家の抱屋敷（現港区西麻布三丁目）あたりが西南端である。これより南に常陸笠間五万三五〇〇石の浅野家の下屋敷（現港区南麻布五丁目）も見えるが、ここは百姓地に囲まれて江戸市街地とはまだ一体化していない。

青山・渋谷方面では、矢倉沢往還（現青山通り）に沿って市街地が拡大している。青山には同心屋敷が多く分布し、渋谷には下屋敷・抱屋敷が複数確認できる。その西南端は❹旗本藤懸家の抱屋敷（現渋谷区渋谷二・三丁目）で、現在の渋谷駅に程近い。

代々木方面では、❺近江彦根三〇万石井伊家の広大な下屋敷（現渋谷区代々木神園町）

が目を引く。この屋敷は渋谷川の谷に隔てられて江戸市街地とは厳密には連続していない（実は幕末にいたっても連続しない）が、事実上の延長とみてよいエリアである。現在は明治神宮の境内となっている。

新宿方面では、甲州街道に沿って市街地が拡大している。当時はまだ内藤新宿は開設されていないが、その名のもとになった内藤家の下屋敷（現新宿区内藤町）が、五〇〇〇石の旗本屋敷ながら（貞享元年〈一六八四〉大名復帰）広大な面積を占めている。市街地は追分（現同新宿三丁目）の先まで続き、青梅街道沿いの❻旗本城家（二〇〇〇石）の下屋敷（現同新宿三丁目・歌舞伎町一丁目・西新宿一・七丁目）が最西端となっている。

大久保方面には、百人組与力・同心の組屋敷が見える。❼組屋敷の西北端は現在の新宿区百人町三丁目に当たる。

その北、神田川の谷を隔てた高田・雑司ヶ谷方面には、大名家の下屋敷や寺院が離れ小島状に分布しているのが見えるが、この段階ではまだ江戸の市街地とは一体化していない。

小日向・小石川方面では、現在の春日通りを軸として、台地上に大名・幕臣の下屋敷が展開している。西北端は❽旗本内藤家（五〇〇〇石）の下屋敷（現文京区大塚二丁目）である。小石川（ここでは地域名ではなく川の名前）の北側はこの時期には百姓地が目立つ。

巣鴨・駒込方面では、中山道（現在の白山通り）および日光御成道（現在の本郷通り）沿

いに大名下屋敷が形成されており、❾信濃松本七万石水野家の下屋敷（現豊島区巣鴨一～三丁目）が西北端に当たる。

上野方面では「江戸図屛風」で見たように寛永寺が広大な境内を有し、東の日光道中沿いには「大僧正町」が見える。絵図では❿金杉町（現台東区根岸四丁目）が北端である。寛永寺境内の西北の谷中には感応寺が見えるが、この段階でもまだ市街地とは連続していない。

最後に浅草方面では、浅草寺の北側から日本堤（元和六年〈一六二〇〉築造）にかけて、抱屋敷や寺院の描写が見える。中世からの名所であった⓫待乳山聖天が東北端にあたる。

以上の❶から⓫の地点を地図上にプロットしてつなぐと、寛永末年頃の江戸の市街地の拡がりを図示することができる。これを大火一九年後にあたる延宝四年（一六七六）の江戸全図『分間江戸大絵図』（東京都公文書館所蔵）と比較してみると、大きく変わっているのは東の新開発地である本庄・深川で、次に南の高輪・白金・南麻布地域、北の三ノ輪地域についても市街地の拡大が若干進展しているものの、西限についてはほぼ変わっていないことが分かる。すでに寛永末年の時点で江戸西郊は山手線のラインを越え、拡張の極限に達していたのである。

江戸のスプロールというと、われわれは中心部から周辺部へと都市が同心円状に拡大し

ていくイメージを抱きがちであるが、「寛永江戸全図」が示す市街地の拡がりは、それとは異なるプロセスを予感させる。では寛永後期から明暦の大火までの二〇年ほどの間に、江戸の都市空間はどのように変わってきていたのであろうか。

始まっていた「改造」

大名の土地問題

大火前から土地は不足していた。例えばすでに見たように、阿波徳島二五万七〇〇〇石の大大名である蜂須賀家でさえ、上屋敷はわずか三六〇〇〇坪の規模に甘んじていたのである。これは蜂須賀家あるいは外様が冷遇されていたからというわけではなく、屋敷の給賜が行われた十七世紀初頭の段階では、江戸がここまで巨大化することが想定されていなかったためであろう。当時は参勤交代の制も未確立であった。

しかし江戸が武家政権の「首都」として地位を確立し、諸大名が妻子や家臣団を国元から呼び寄せるに至ると、当初の「設計」は綻びを見せ始める。蜂須賀家の場合、元和四年（一六一八）に将軍秀忠を迎えるべく御成御殿を建設すると、上屋敷には家族の居住ス

ペースがほとんどなくなってしまい、当時の世嗣千代丸（後の忠英、当時八歳）にいたっては台所に居住するありさまであったという。そのため当主至鎮は年寄土井利勝に頼み込み、近隣に新たな屋敷を拝領している。これが後の中屋敷（当時は下屋敷）になる（金行信輔「寛永江戸図の「下屋敷」について」）。

これは蜂須賀家だけのことではなく、他の大大名家でも上屋敷とは別に屋敷を拝領し、屋敷を複数化する動きが見られた（金行「大名江戸屋敷の複数化について」）。これは屋敷を増やすことで規模の不足を補おうとするものであったが、一部の大名家では、大火後にも見られたように、当初からの狭小な上屋敷を返上して、より規模の大きい上屋敷を得ようと企図するところもあった。しかもそれは将軍の近親である「御三家」にも見受けられるのである。

「御三家」の吹上屋敷

「江戸図屏風」の左隻には、吹上に建ち並ぶ「御三家」の壮麗な屋敷が描かれている。江戸城の背後に右手（北）から紀伊家、水戸家、尾張家の屋敷が連なるさまは、将軍権力を支える最近親としての存在感を象徴的に表している。

しかしこの吹上の屋敷は「御三家」にとって必ずしも使い勝手がよくはなかったようだ。屋敷規模は記録が残っておらず不詳であるが、「測量図」から大まかに概算すると、一万

〜一万五〇〇〇坪程度の規模であったと推定される。さすがに蜂須賀家の上屋敷と比べれば広いが、尾張家は六一万九五〇〇石（諸大名中四位）、紀伊家は五五万五〇〇〇石（同五位）の大藩であり、水戸家は二八万石（同一七位）ではあるものの、定府（江戸常住）とされていたため江戸詰の家臣団が多く、やはりこの規模では不十分であったのだろう。

実際、「御三家」たちには大火前から外側に大規模な屋敷を求める動きが確認できる。まず水戸家は寛永六年（一六二九）に小石川に下屋敷七万六六八九歩（坪）を拝領し（現文京区後楽一丁目）、九月二十八日に屋敷が竣工すると同時に徳川頼房は居所を移している（「水戸紀年」）。すでに見た「小槻忠利記」にも「常は留主居斗也」と記されていたように、吹上の屋敷は名目上は上屋敷でありながら、当主は不在で留守居がおかれる状況となっていた。

紀伊家も寛永九年（一六三二）に赤坂に中屋敷を拝領し（現港区元赤坂二丁目）、その後承応二年（一六五三）に添地を拝領している。それぞれの坪数は不詳であるが、その後の拡張履歴（土田至子「和歌山藩江戸屋敷の獲得過程」）から逆算すると、この承応二年の時点で九万坪弱の規模に達していたと考えられる。徳川頼宣は慶安三年（一六五〇）五月朔日に中屋敷に転居しており（『南紀徳川史』）、紀伊家でもすでに大火前から赤坂が拠点となっていた。

尾張家は両家に比べるとやや遅れるが、明暦元年（一六五五）から新たな屋敷の拝領を希望して老中松平信綱との交渉を行い、翌年市谷に五万四九一四坪余の屋敷地（現新宿区市谷本村町）を拝領することに成功している（渋谷葉子「幕藩体制の形成過程と大名江戸藩邸」）。尾張家については大火時点まで吹上屋敷を居屋敷としていたようであるが、市谷屋敷を確保したところから見ると、居所の移転は時間の問題であったと思われる。

以上のように、「御三家」は名目上は吹上の屋敷を上屋敷としていたものの、すでに実質的な拠点は大火前から郊外に移転済み（水戸・紀伊）あるいはその準備中であった（尾張）。吹上の三屋敷が大火の被害に遭っていなかったにもかかわらず、大火後の幕命による撤収を「御三家」側が抵抗もなく受け入れたのは、むしろそれが彼らにとって渡りに船であったことを示しているのではないか。

「御三家」のほかにも、大火前から郊外に広い下屋敷を獲得して、それを居屋敷として利用する大名家も存在した。よく知られているのは薩摩鹿児島島津家である。同家の名目上の上屋敷は外桜田で拝領しており（現千代田区内幸町一丁目）、その規模は六八五八坪で、七二万八七〇〇石（諸大名中二位）という大藩の本邸としては不十分であった。そのため同家では、芝新馬場に拝領していた一万三三四六坪の屋敷（現港区芝二・三・五丁目）を居屋敷とし、内輪では上屋敷と称していたという（「島津家記録」『東京市史稿』市街篇）。

これは大火後に見られた、一部の大名が中心部の狭小な上屋敷を返上して郊外移転を検討あるいは実行したことにつながる動きと言えよう。

大名屋敷の意匠

ところで、大火後の「御三家」屋敷の移転は、もう一つ象徴的な意味をもって解されてきた。それは「桃山」の終焉である。「江戸図屏風」でとくに印象的に描かれているのは、「御三家」をはじめとする有力大名家の絢爛豪華な御成門と御成御殿である。これらは将軍の公式訪問（「式正御成」）にさいして建設されたもので、格式高い檜皮葺屋根を持ち、金箔を多用し細部まで贅を尽くした意匠が特徴的である。これは桃山時代の絢爛豪華な建築群の系譜を引くものであって、明暦の大火による大名屋敷群の焼失と、大火後の「御三家」屋敷の撤去は、こうした系譜を終わらせることになったと解されてきた。「建築史上の桃山時代と江戸時代の境は、明暦大火をもってあてるのがよかろう」（太田博太郎『日本建築史序説』）というのが通説であったのである。

しかし近年、この通説への見直しが提起されつつある（金行信輔『江戸の都市政策と建築に関する研究』、「大名屋敷と江戸の都市景観」）。「江戸図屏風」の景観年代は、先述のとおり寛永十年（一六三三）十二月十七日以降、翌十一年二月までと推定されており、明暦の大火まで二三年ほどの隔たりがある。その間、江戸では何度も火災が起きており、被害は屏風に描かれている建築にも及んでいた。実際、将軍が三代家光から四代家綱に代替わりし

「江戸図屏風」尾張徳川家上屋敷の御成門と御成御殿（国立歴史民俗博物館所蔵）

た慶安四年（一六五一、大火の六年前）の時点で、将軍の御成対象となるような有力大名屋敷一九邸のうち、完全なかたちで寛永前期の建築が残存していたのは、紀伊家・水戸家・福井松平家・高田松平家の四邸に過ぎなかったという。

では、焼けてしまった寛永前期の建築は元のとおりに再建されたのか。確かに、先に述べたとおり、大名屋敷の規模に対する制限（三間梁規制＝建物の主体部分の奥行上限を三間＝約五・四メートルとするもの）が初めて明文化されたのは、明暦の大火直後

の正月二十五日の法度であった。ただし、旗本屋敷に対する建築規制（座敷規模を二間半梁までに規制）はすでに一四年前の寛永二十年（一六四三）から適用されていたし、大火前の大名屋敷についても、寛永後期頃から、焼失屋敷の再建にあたって幕府から個別に規制がかかっている事例が認められるという（金行前掲）。つまり大火後の大名屋敷三間梁制限は、それ以前からの幕府の政策基調を明文化したものと見るべきかもしれない。「絢爛豪華」の抑制は大火以前から始まっていた可能性は高く、大火直前の江戸の景観を「江戸図屏風」からそのままイメージすることはできないのである。

火除地の計画

次に、大火前の町人地の中心市街に目を転じると、大火後とつながる動きとして火除地（ひよけち）の計画が指摘できる。先述したとおり、防火帯としての火除地は大火後に一四ヵ所が形成されたが、実はこのうち長崎広小路と中橋広小路については大火前から防火帯の計画があったことが分かっている。

契機となったのは明暦二年（一六五六）十月十六日の火災であった。この火災は元呉服町二丁目（現中央区日本橋一・二丁目）から起こり、京橋・八丁堀までの一帯を焼いたものである（「日記」）。このとき罹災した南伝馬町の名主高野家の記録には、火災後に「南伝馬町弐丁目中程両側ニ而（て）四拾間御用地ニ被召上（めしあげられ）」たとある（「撰要永久録　公用留」）。これは位置と規模からして長崎広小路に該当するものとみてよい。

また同月二十二日の「日記」には、「中橋玄琳跡」を以前のように堀切とするとの記事が見える。玄琳とは番医の岡本介球（一〇〇〇石）のことで、『新添江戸之図』には中橋の西側に屋敷が見える。当時は広小路としてではなく、再び堀に戻すかたちでの防火帯計画があったのだろう（「明暦江戸大絵図」では堀として描かれているので、あるいは一度は堀に戻されていたのかもしれない）。

十月十六日の火災から明暦の大火まではわずか三ヵ月ほどであるので、大火時点ではこれらの工事は実施の途上であったと推測される。少なくとも、火除地の計画が大火以前から存在していたことは確かと言える。

吉原遊廓の移転

これらの計画で注目したいのは、火除地形成にともなう移転先として元吉原が想定されていたことである（「撰要永久録」・「日記」）。元吉原とは、元和四年（一六一八）十一月に開業した遊廓で、日本橋北地域にあったが（現中央区日本橋人形町二・三丁目、日本橋富沢町）、明暦二年に浅草への移転が命じられている。この経緯については、後世の史料にはなるが、町奉行所の法令先例集である「享保撰要類集」に詳しい（『東京市史稿』市街篇所収）。これによると、吉原の年寄が町奉行所に呼び出されて移転を命じられたのは十月十六日の火災に先立つ十月九日のことであったという。候補地は浅草寺後方の日本堤周辺か、あるいは本所（本庄）かが提示された。年寄たち

は当初移転に抵抗したが容れられず、結局前者の候補地への移転（現台東区千束三・四丁目）を呑んだとされる。ただし遠方への移転ということは考慮され、代地の規模は移転前の五割増しとなり、また移転料として金一万五〇〇〇両が支給されている。これについては、十二月二十四日の「日次記」無註記追記に、長崎町と吉原の移転料合わせて一万九〇〇〇両が支給されたとの記事が見えることからも裏付けられる。

この吉原についても、移転準備中に明暦の大火に襲われたため、浅草への移転は明暦三年（一六五七）六月十五・十六日までずれ込んだ。結果的には大火後の変化のように見えるが、火除地と同様にその動きは大火前から具体化していたのである。

また吉原の移転候補地に本庄地域が挙げられていたことも注意される。この地域の開発もまた、大火以前から構想として浮かんでいたのではないか。

郊外の別邸

この本庄に限らず、大火後に進展した郊外の開発もまた、大火前からその端緒を確認することができる。まずは大名家の別邸から見よう。

明暦の大火後、万治元年（一六五八）と寛文元年（一六六一）の両年を中心に大名家への大規模な別邸給賜が行われたことはすでに述べた。大火直前、明暦三年（一六五七）元日時点では、江戸屋敷を確認できる大名家二二九家（内分分知・新田分知の分家も含む）のうち、上屋敷一ヵ所しか拝領していなかった家は九七家あり（巻末の表参照）、大火後の給

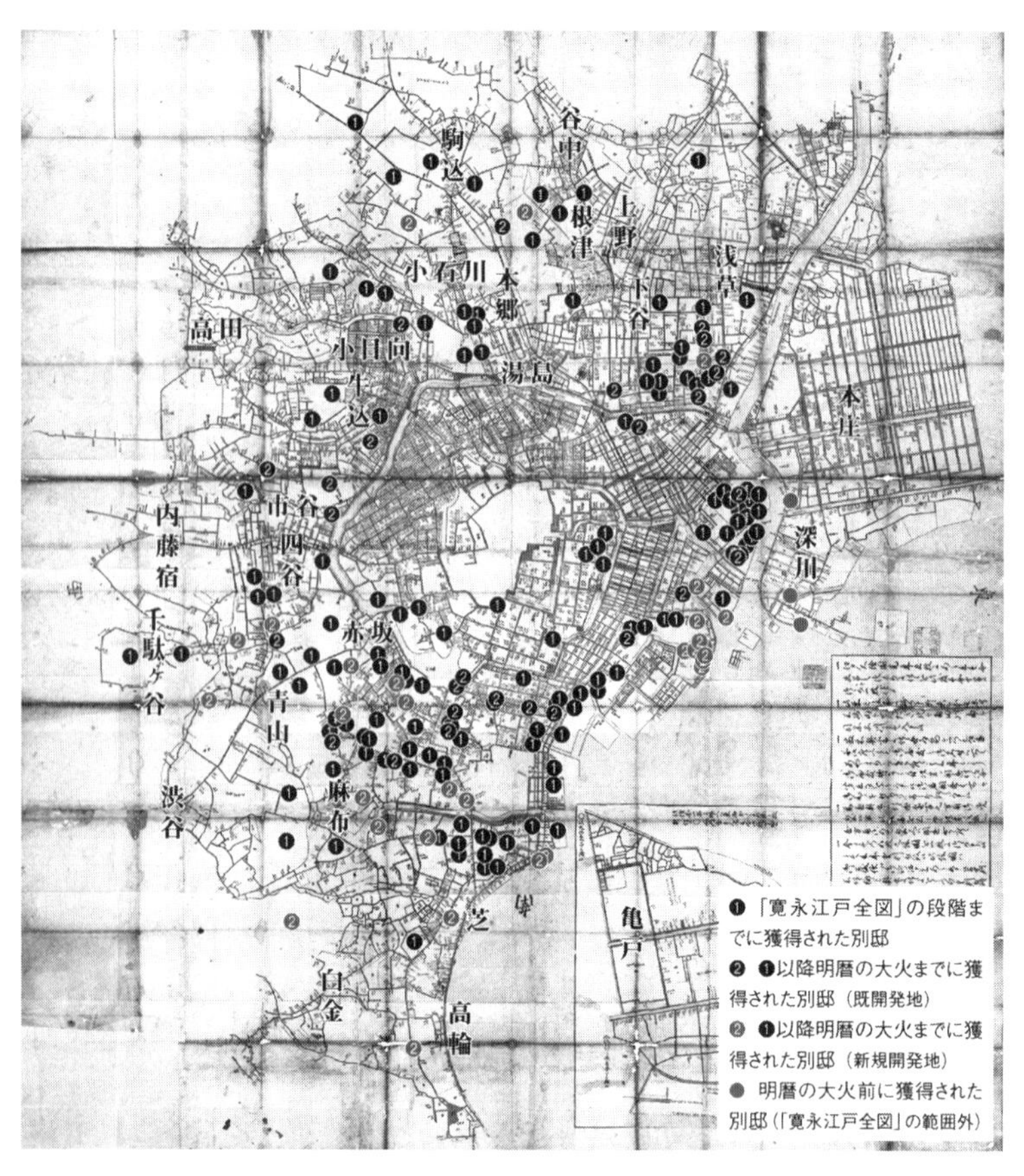

大火前の中屋敷・下屋敷・蔵屋敷（『分間江戸大絵図』〈延宝４年，東京都公文書館デジタルアーカイブ〉に加筆）

賜はこうした大名家（そのほとんどは中小大名）に別邸を付与するものであった。

しかしこのことは逆に、過半数を超える残り一三二家については、大火前からすでに別邸を獲得していたことを意味する。大名屋敷の獲得時期については必ずしも正確な記録が残されているわけではないが、絵図の情報を手がかりとして、大まかにどの時期までに大名家が別邸を獲得したかを見てみたい。

先述したとおり、江戸の全体を描いた絵図は、寛永十九年（一六四二）～二十年頃の景観を描いた「寛永江戸全図」が最も古いもので、大火前の全体図としてはほかに明暦二年（一六五六）頃の景観を描いた「明暦大火前江戸大絵図」くらいしか見当たらない。そこで大火前の別邸を、「寛永江戸全図」を基準として、そこにすでに見えるものを❶、見えないものを❷として区分する（巻末の表参照）。これを絵図上にプロットしたものが前頁の図である。

まず❶については、ごく一部大名小路や外桜田などに分布が見られるものの、これは上屋敷の狭小さを補うためのものと考えられ、ほか大部分は周辺部に分布している。東から時計回りに、浜町から八丁堀、木挽町、芝、麻布、青山、千駄ヶ谷、四谷、市谷、牛込、小日向、小石川、駒込、本郷、浅草と、満遍なく分布が確認でき、別邸が広く郊外へと拡がっていたことが分かる。

❷の段階については、獲得時にすでに別の屋敷として開発がなされていた地を黒字、百姓地などを新規開発したと考えられる屋敷を灰字で示した。❷の灰字はそれほど多くは確認できないが（三〇筆）、うち一一筆が沿岸部にあり、後述する「築地」建設の端緒を見ることができる。

この図を大火後五年間に獲得された別邸の分布（一四三頁）と比較してみたい。こうして見ると、大火後に獲得された別邸の分布には地域的に偏りがあり、とくに南郊（麻布・白金・高輪）の開発が目立つことが改めて分かる。郊外への別邸展開は大火後に始まったわけではなく、むしろ寛永期からの展開の最終盤と見るべきであろう。

江戸の郊外への拡大という点では、大火後に完成した「築地」も、実はその着手は大火前のことであった。

「築地」の始まり

背景にあったのは武家屋敷の不足である。慶安五年（一六五二）八月十一日の記録によれば、すでに当時の旗本で江戸屋敷を持たないものが六〇〇人ほどに及んでおり、江戸城から三〇町（約三・三キロ）の範囲内で、「小身衆の下屋敷」を召し上げ、なおかつ新屋敷を四〇〇軒ほど割り出すことが提言されている（「天享吾妻鑑」）。

これが具体化したのが翌承応二年（一六五三）八月九日のことである。すなわち、旗本たちへの屋敷供給のため、「増上寺後之田、赤坂之田、小笠原右近（うこん）後之田、津久戸（つくど）御茶屋

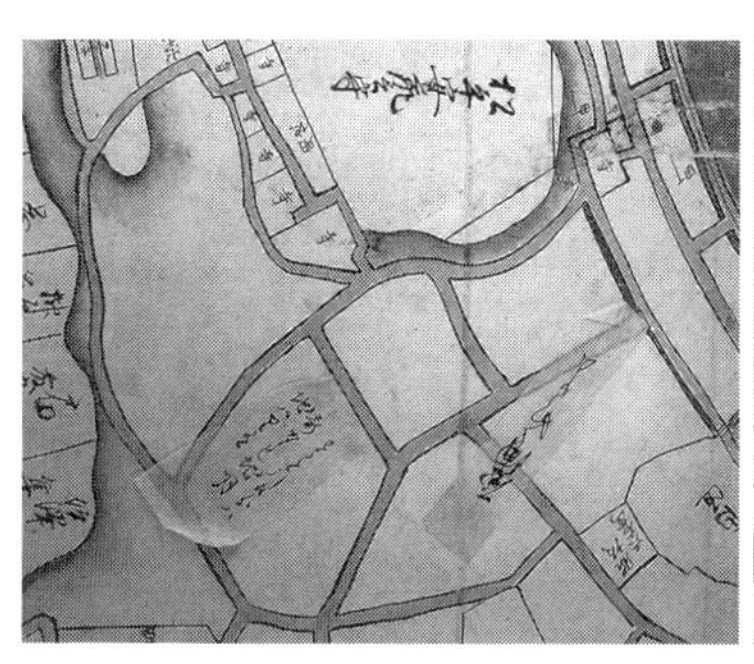
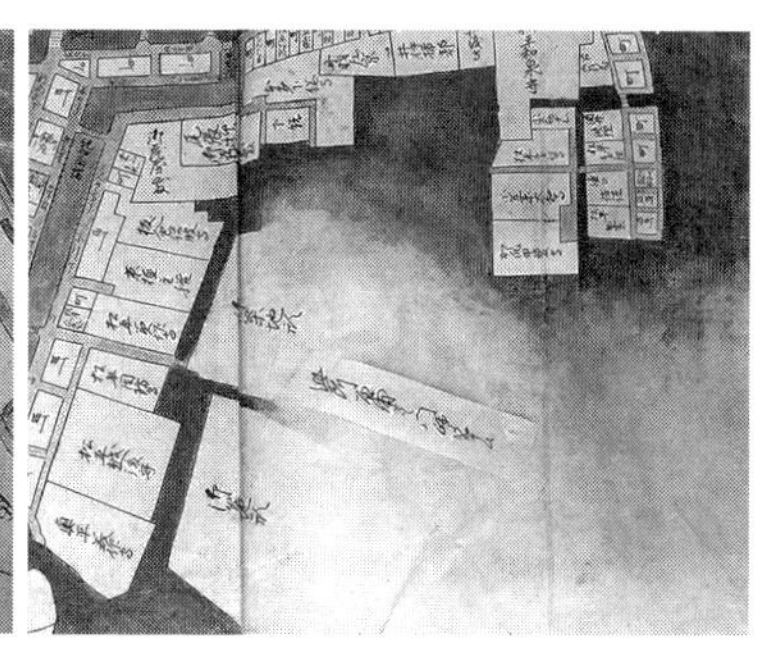

造成途上の木挽町築地（右）・赤坂築地（左）
（「明暦大火前江戸大絵図」三井文庫所蔵）

之田」の埋め立てが命じられたのである（「公儀日記」、ルビ引用者）。「増上寺後之田」は増上寺西方の低湿地、「赤坂之田、小笠原右近後之田、津久戸御茶屋之田」はそれぞれ赤坂築地・小石川築地・小日向築地に相当する。

この造成は大火前から始まっていたようで、大火前年の明暦二年（一六五六）頃の景観を描いた「明暦大火前江戸大絵図」では、整備中の様相を見ることができる。例えば木挽町築地では、境界をぼかした描き方ながらも、海側に「御築地形」と記された新しい陸地が二つ現れている（図右）。北側の陸地の東端付近には、「此所屋敷とも門跡に成候」と記された、大火後のものと想定される貼紙が見える。「門跡」とは西本願寺のことであるが、当然着手当時にはそこまでは構想されていなかったであろう。

一方赤坂築地では、それまでの田圃が埋められ、街

区の整備がなされた段階が描かれている（図左）。ここにも大火後に貼紙が付され、一方には「屋敷に成り申候」、もう一方には「わうと引候分は新ならし地、明地はり有」と記されている。後者の「わうと」は「黄土（色）」＝道路部分の彩色で、「地はり」は「地割」のことであろうか（小林信也氏、西村慎太郎氏のご教示による）。

絵図に見るように、これら「築地」では、土地が埋め立てられ、街区が作られつつあったところで大火の日を迎え、その後に屋敷割がなされて万治元年（一六五八）末の完成に至ったと考えられる。これもまた大火前後の都市政策の連続性を示すものと言える。

寺社の動向

一方、寺社の動向についてはどうであろうか。すでに見た、大火後の駒込や浅草での寺町の形成、あれは大火後特有の「都市改造」であったのか。

そこで取り上げたいのは「寺社書上」である。これは文政八年（一八二五）から十二年までに江戸の寺社に提出させた由緒の書上だが、ここには寺地（社地）の起立、移転などの情報も記されている。ここで書上当時の寺地（社地）への定着年が明示されている寺社について、その時期を整理すると次頁の表のようになる。

これを見ると、一六五〇年代には一〇七ヵ所の寺社が定着しており、このうち大火後は七三ヵ所である。さらに明暦三年（一六五七）に限ると四九ヵ所、うち移転によるものは四七ヵ所なので、この年に多くの寺社の移転があったことは確かである。

ところが表からも明らかなように、数値のピークは一六五〇年代ではなく一六三〇年代の一四三ヵ所で、とくに寛永十二年（一六三五）は五三ヵ所（全て寺院、うち移転によるものが五一ヵ所）と、明暦三年を上回る最多の数を叩き出している。

この時期の大規模な寺地移転は、三代将軍家光（いえみつ）のもとで進められた江戸城整備と関連している。そのさいにそれ以前の城下町外縁部にあった寺町が、拡張された都市域の新たな外縁部へと移転させられたのである。例えば外堀建設にともなって麴町（こうじまち）・市谷門・牛込門一帯にあった寺院はそれぞれ四谷・市谷・牛込などへの移転を命じられているが、これにより成立したのが四谷南寺町（みなみてらまち）（現新宿区須賀町、若葉二丁目）・四谷北寺町（現同舟町・愛住町）・市谷南寺町（現同市谷薬王寺町・市谷柳町）・牛込七軒寺町（しちけんてらまち）（現同弁天町）である。

またさらに大規模なのは北八丁堀にあった寺町（現中央区日本橋茅場町一〜三丁目、八丁堀一〜三丁目）の解体で、この地の寺院は寛永十二年（一六三五）に三田・浅草などに移転して三田寺町（現港区三田二・四丁目）・浅草八軒寺町（現台東区寿二丁目）を形成している。北八丁堀の寺町の

「寺社書上」所載寺社の定着年

定着年代	寺社数
〜1599	63
1600〜1609	23
1610〜1619	45
1620〜1629	92
1630〜1639	143
1640〜1649	86
1650〜1659	107
1660〜1669	51
1670〜1679	18
1680〜1689	45
1690〜1699	38
1700〜	88

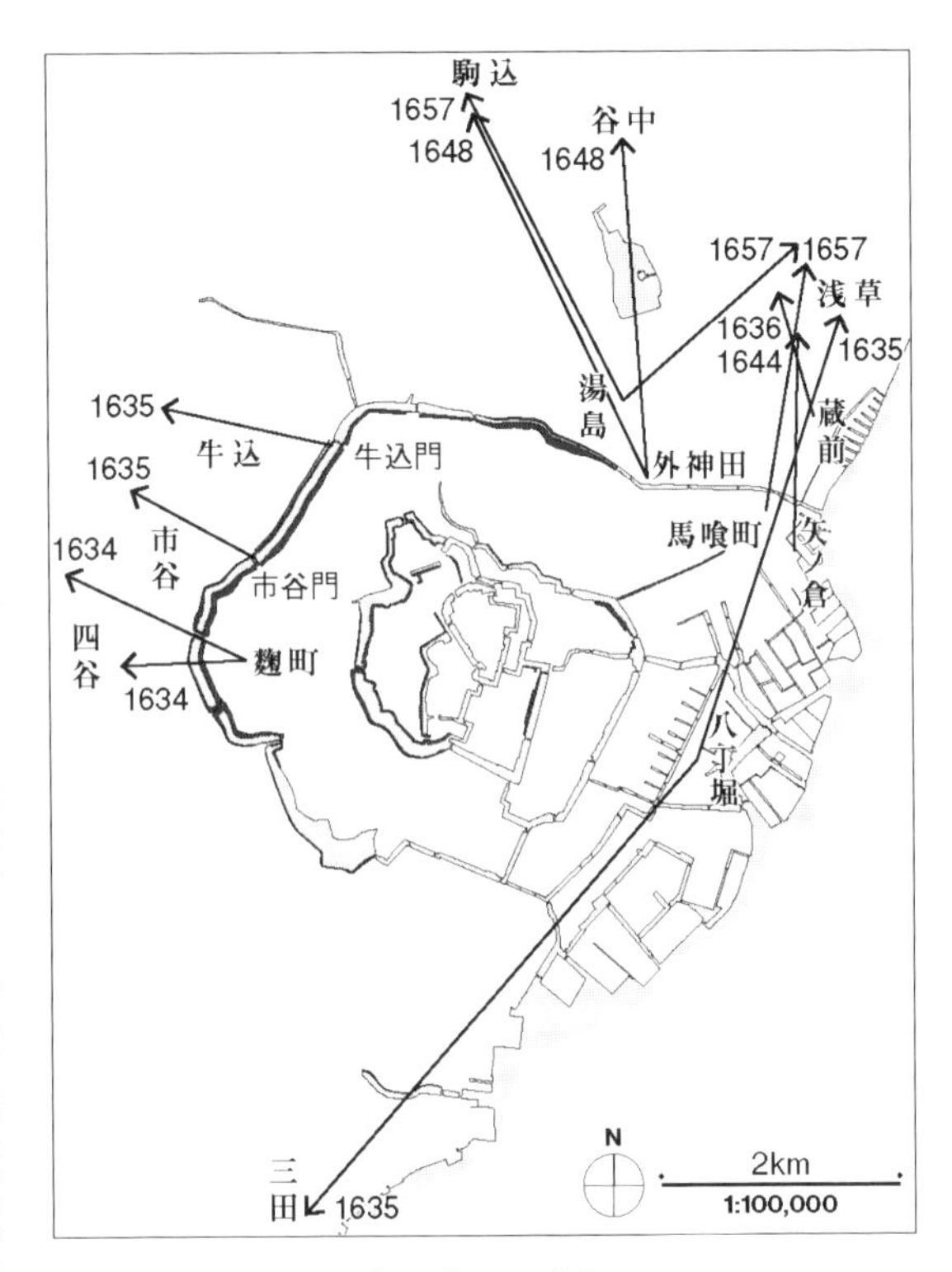

主な寺町の移転

跡地は町奉行所の与力・同心たちの組屋敷となった（時代劇で有名であろう）。

郊外への寺院の移転と寺町形成はさらに続く。寛永十三年（一六三六）には蔵前（くらまえ）から、正保元年（一六四四）には矢ノ倉寺町（現中央区東日本橋二丁目）からそれぞれ浅草に多数

の寺院の移転があり、寺町が形成される（現台東区元浅草一〜四丁目・東上野六丁目・松が谷一丁目）。また慶安元年（一六四八）には外神田の神田北寺町（現千代田区外神田一丁目・神田花岡町・神田佐久間町二丁目）から谷中寺町への移転が見られる（現台東区谷中一・五・六丁目）。

ここで注目すべきは浅草で、このとき移転した寺院の立地は、明暦の大火後に湯島や馬喰町などから移転してきた寺院群のエリアの南側に相当している。つまり言い換えるならば、浅草寺町は寛永期からすでに形成が始まっており、大火後の寺院移転はこの寺町をさらに北方へと拡張するものであったことが分かる。

駒込についても同様である。同地域での寺院は、寛永元年（一六二四）起立の日蓮宗大恩寺（当時の寺地は現文京区弥生一丁目、現在は北区赤羽西に所在）が最も古く、以後少しずつ寺院が増えていくが、慶安元年（一六四八）には神田北寺町から浄土宗の四寺が移転してきて駒込四軒寺町（現文京区向丘二丁目）が成立している。明暦の大火後の駒込寺町は何もないところにできたわけではなく、大火前からの寺町を拡張するかたちで形成されたのである。

寺町の郊外への移転は、江戸の都市的拡大にともなって順次行われてきたことであって、大火後の動きもまたその延長線上にあった。

「改造」は前進か

ここまでの検証から、従来明暦の大火後の「都市改造」として取り上げられてきたことの多くは、実は大火前から計画されていたり、あるいは実行に移されていたことが明らかになった。ただ、これによって都市江戸が多少なりとも姿を変えたとして、この「改造」が前進であったかどうかについては自明ではない。果たして江戸は防火の面で強靱化されたと言えるのだろうか。

大火以降の火災

そこで以下では、明暦の大火（明暦三年正月十八日〜二十日＝一六五七年三月二日〜四日）以降の江戸の火災について検証してみたい。まず明暦三年については大火以後の火事の記録は少ない。確認できるものとして、二月十六日に牛込高田（たかだ）（現新宿区西早稲田一丁目）、六月十一日に一番町（いちばんちょう）（現千代田区三番町）、八月二十三日に代官町（現同北の丸公園）、十

一月十九日に飯田町（現同九段北一丁目か）でそれぞれ火事が発生しているが（「日次記」）、いずれも小規模なものであったようだ。江戸の最も稠密なエリアがこの段階では再建途上にあったことも影響していよう。

ところが翌年に入ると大きな火災が発生し始める。明暦四年正月十日（一六五八年二月十二日）の未の刻（午後二時前）、御茶ノ水の高林寺旧地（伊勢津藤堂家の上屋敷となっていた）北方の民家（現文京区湯島一丁目）から出火し、北西の強い風に煽られて、神田台から神田川の南に飛び火し、南は日本橋・中橋・京橋・新橋まで、東は霊岸島・木挽町・鉄砲洲・八丁堀までの市街地を焼き尽くした（「小槻忠利記」）。出火時刻といい、風向きと延焼の過程といい、ちょうど一年前の大火の第一の火災のリプレイを見るかのような惨事であった。このエリアの再建はまた振り出しに戻ってしまうのである。

このとき、日本橋南地域の長崎町・中橋・大工町の三つの広小路はすでにできていた（中橋については堀に戻されていた可能性もある）と考えられるが、見事に全て突破されてしまっていることに注意したい。

万治三年正月十四日（一六六〇年二月二十四日）にもまた同じような火災が発生している。火元は神田明神裏門前茶屋（現千代田区外神田二丁目）で、やはり強い北西の風に煽られて八丁堀までを焼いたが、今度は南方への延焼は中橋広小路で食い止められている

（「日記」）。さらに翌四年正月二十日（一六六一年二月十九日）には元鷹匠町の旗本日下部定久の屋敷（現千代田区神田神保町二丁目）から出火し、江戸城東方の大名屋敷と町人地が木挽町まで焼けた（「殿中日記」）。このときは三つの広小路も無力であった。

寛文八年の大火

寛文八年二月一日・四日・六日（一六六八年三月十三日・十六日・十八日）の連続火災は、明暦の大火を思い起こさせるような大火となった。これは、①若狭小浜酒井家牛込下屋敷（現新宿区矢来町）から出火して南東に芝海手（現港区東新橋二丁目）までを焼いた火災（一日）、②御茶ノ水元町（現文京区本郷二丁目）から出火して南東に尼崎（日本橋北詰、現中央区日本橋室町一丁目）までを焼いた火災（同日）、③四谷塩町（現新宿区本塩町）から出火して南に青山までを焼いた火災（同日）、④四谷伊賀町（現新宿区三栄町あるいは若葉一丁目）から南南東に芝・三田筋、大仏筋までを焼いた火災（四日）、⑤土佐中村山内家麻布下屋敷（現港区六本木四丁目）から出火して南東に芝までを焼いた火災（同日）、⑥下谷の切手番屋敷（現台東区上野七丁目）から出火して南東に深川までを焼いた火災（同日）、⑦小日向築地（現文京区水道一丁目）から出火して南東に雉子橋門内（現千代田区一ツ橋一丁目）までを焼いた火災（六日）という、実に七つの火災が立て続けに起きたのである。いずれも強い北西風に煽られたもので、この時期の強風がいかに脅威であったかが分かる。

この連続火災は江戸の市街地の広範囲を焼いた。復興にさいし、幕府は二月二十一日に、寺社建築の梁間(はりま)（奥行）上限を京間三間（約六メートル）とする建築規制を発令している（「殿中日記」）。明暦の大火後に大名屋敷に建築規制がかけられたことはすでに見たが、今度は寺社に対しても規制がかかり、その形態を大きく規定していくこととなるのである（光井渉『近世寺社境内とその建築』）。

天和二年の大火

冬から初春にかけての北西風による火災は、その後も延宝四年十二月二十六日（一六七七年一月二十九日）、延宝六年正月十日（一六七八年三月二日）、天和二年十一月二十八日（一六八二年十二月二十六日）にも確認されるが（『東京市史稿』変災篇）、とくに甚大な被害をもたらしたのは、天和二年十二月二十八日（一六八三年一月二十五日）に発生した大火であった。

火元は駒込（現文京区向丘一丁目）で、やはり北西の強風で火が燃え拡がり、本郷の加賀前田家の屋敷を焼き、池之端から下谷、筋違橋から浅草橋までを焦土とした。また火の手は内神田から南東へと進み、日本橋・江戸橋を焼き落とし、矢ノ倉・浜町から隅田川を越えて本庄・深川まで拡がったという（「御当代記」）。

このときの大火では、明暦の大火後に北西風による延焼を防ぐために設けられていた湯島広小路も銀町の防火土手もいずれもやすやすと突破されてしまった。これまで北西の風

には何度も痛い目にあってきただけに、大火後、幕府は湯島については広小路の南側を拡張し、銀町については土手の北側の町人地を移転させて広小路を形成している（「御府内往還其外沿革図書」）。このように、明暦の大火後に相次いで設けられた火除地だけでは頻発する火災を完全に防ぐことは難しく、その後十七世紀末まで段階的に火除地の増設が継続されたのである。

消えた火除地

ところが、江戸の都市政策は必ずしも防火一直線に進んでいたわけではない。十七世紀の末、火除地が新設されていく一方で、廃止される火除地も現れる。その第一号となったのが、江戸最初の火除地の一つであった長崎広小路であった。元禄三年（一六九〇）頃、広小路の東部に残っていた入堀が埋め立てられ、広小路用地ともども町場となって、南大工町（みなみだいくちょう）および松川町（まつかわちょう）一・二丁目が成立している（「御府内往還其外沿革図書」）。

これを皮切りに、元禄十一年（一六九八）には大工町広小路が廃止され、宝永七年（一七一〇）には一度拡張までした湯島広小路も消滅する。正徳五年（一七一五）には、江戸市中の主要な火除地は二二ヵ所と、ピーク時の元禄十三年（一七〇〇）の四八ヵ所の半分以下となってしまう（千葉正樹「『御府内沿革図書』に見る江戸火除地の空間動態」）。

この動きの背景には、増加を続ける江戸の人口とそれにともなう市街地の高密化があっ

たと考えられる。火災のリスクを高めることになってでも、明地を開発することが優先されたのであろう。火除地はすでに仮設店舗での商売や芸能興行などの場として利用されていたとの指摘もあり（渡辺達三「火除地広場の成立と展開（1）」）、こうした実態も再開発を後押ししたと考えられる。

「逃げる」政策

そもそも幕府はどの程度火災を防ごうとしていたのであろうか。国土交通省国土技術政策総合研究所・独立行政法人建築研究所が開発した「市街地火災シミュレーションプログラム」を用いて、明暦の大火の第一の火災を再現した結果によると、もし大火時点で大火後の火除地があったとしても延焼自体は防げず、火は八丁堀まで達するという。ただし火除地がない場合、八丁堀に達するのは出火（午後二時頃）から五三〇分後（午後十一時前）と想定されるのに対し、火除地があれば到達時間は五八五分後と、五五分遅らせることができる（橋本隆司・増田達男「延焼シミュレーションによる江戸明暦大火の再現」）。

実際、先に見たようにその後の火災でも火除地はしばしば突破を許しており、火除地の真価とは、延焼を完全に防ぐことというより、その速度を抑え、避難や破壊消防のための時間を稼ぐことにあったといえる。焼けることは仕方がない、ただ逃げられるようにはしたい、というのが基本的な考え方であったのだろう。

しかし延焼の速度を抑えるというのは、その効果が見えにくい。喉元過ぎてしまえば火除地など無駄な空閑地に見えてくるはずで、それゆえ火除地は開発への圧力に晒されることになる。火除地を増やしたかと思えば廃止するという幕府の政策の揺れはそこに原因があったと考えられる。

幕府による火災に対する構えは、屋根に対する規制にも表れている。「江戸図屏風」では、大名屋敷や寺院のみならず、中心部の町家でも瓦屋根を持つ事例を多数見ることができる。その後正保二年（一六四五）には江戸での瓦生産が始まったといい（「守貞謾稿」）、瓦屋根はさらに普及したとみられる。ところが明暦の大火直後の二月晦日、幕府は一転して土蔵を除く瓦屋根禁止へと舵を切る（「御触書集成」）。この禁令は国持大名までも含めた厳しいものであった。瓦が使えなければ板葺などの植物性の素材による屋根とせざるを得ず、建物の防火性能はむしろ低下する。幕府は万治三年（一六六〇）二月に、藁葺・茅葺屋根には土を塗り、柿葺屋根（薄い板を重ねた屋根）には蠣殻、芝または土を施すように触を出しているが（同前）、どこまで効果があったかは疑わしい。

なぜこうした逆行するような政策が取られたのか。同時代史料には禁止の具体的理由は記されていないが、すでに指摘されているように、瓦の落下による負傷を防ぐことが狙いであったと推測される（内藤昌『江戸と江戸城』、黒木喬『明暦の大火』など）。やはりこれ

も建物が焼けることはやむを得ないこととし、ひとまず怪我なく逃げられればよいという考え方であろうか。

防火政策の転換

このようなやや腰が引け気味の幕府の防火政策が転換するのは、八代将軍徳川吉宗の時代になってからである。吉宗が紀伊家から将軍家を継ぎ、征夷大将軍に就任したのは享保元年（一七一六）七月十八日のことであったが、その翌年の正月二十二日（一七一七年三月四日）、江戸を大火が襲う。

火元は小石川馬場近所の旗本井出正貞の屋敷（現文京区白山一丁目）で、本郷丸山から一つの火の手は南に御茶ノ水から小石川水戸屋敷・駿河台・飯田町・一橋門外まで、もう一つの火の手は南南東に神田橋から大名小路に、さらに南東に進んだ火の手は内神田から日本橋・八丁堀・深川までを焼いた（「日次記」）。太陽暦換算の日付は明暦の大火の三日目と同じであり、例によって北西の強風、似たような場所（火元は本妙寺の北北東約八〇〇メートル）からの似たような焼け方であった。

大火後、幕府は都市の防火対策を積極策へと転換する。まず類焼した神田橋門外の護持院（真言宗、現千代田区一ツ橋二丁目）の境内を収公して明地とし、以後火除地は再び増強へと向かう。さらに翌享保三年（一七一八）十月二十八日、町奉行の大岡忠相は町名主たちを召し出し、火災のさいに風上・風脇の町から火消の人足を三〇人ずつ差し出すよう命

土蔵造（「熙代勝覧」部分，ベルリン国立アジア美術館所蔵，Photo AMF/DNPartcom/©bpk/Museum für Asiatische Kunst, SMB/Jürgen Liepe）

を下している（「享保撰要類集」）。こうして整備されたのが町火消で、享保五年（一七二〇）八月には「いろは四十七組」（のち四十八組）として編成される。

さらに江戸の景観にとって大きな政策変更となったのが瓦屋根の奨励である。享保五年四月、町家を土蔵造（周囲を分厚い土で覆い、漆喰を塗ったもの）・塗家（壁面を漆喰で塗り込めたもの）・瓦葺とすることは「勝手次第」であるとの町触が発令される（「御触書集成」）。このときはあくまで禁令の解除であったが、その後は強制に変わり、享保七年（一七二二）二月十日にまずは日本橋の北側一帯が土蔵造への変更を命じられている（「撰要永久録　御触留」）。享保五年以前は瓦葺が禁じられていたことを考えると、一八〇度の政策転換であったと言えよう。

防火建築への転換はその後順次進められていったが、その途上の享保十五年（一七三

〇）正月十二日、池之端七軒町（しちけんちょう）（現台東区池之端二丁目）から出火し、本郷から丸山までを焼く火事が発生した（「日記」）。これを機に幕府は二月、湯島・本郷・柳原佐久間町（さくまちょう）（現千代田区神田佐久間町一丁目）までの町家を三年以内に土蔵造または塗家に改めるよう触を出す（「享保撰要類集」）。この町触がどこまで徹底されたかは分からないが、それ以前の板葺・茅葺の町並みが瓦葺の防火建築を主体とする町並みへと一変したことは確かであろう。そしてこのときの北限が本郷であったことに注意したい。

「本郷もかねやすまでは江戸の内」——医師の兼康友悦が本郷三丁目で歯磨粉を売り始めたのは享保年中（一七一六～三六）のことであった。折しも本郷までの防火建築化が進んでいくなか、この秀逸なキャッチコピーが考案されたとき、ちょうどこのあたりが新旧の町並みの境界線となっていたのではなかったか。江戸の市街地が「かねやす」の外側まで、とうの昔から拡がっていたにもかかわらず、景観的には当時そこが境界をなしていたのは、明暦の大火以後の幕府による防火政策の揺らぎの結果であったのかもしれない。

神話化する大火

小伝馬町から浅草橋方面を望む

『むさしあぶみ』の功罪

大火のイメージ

ここまでの議論からは、明暦の大火後の「都市改造」とされる一連の政策の大半が実は大火以前から連続したものであったこと、またこれによる「改造」の効果も限定的であり、大火によって江戸の都市空間が一変したとは言いがたいことが明らかになった。とすると疑問として浮かび上がってくるのは、明暦の大火を江戸都市史の大きな劃期として捉える見方がいかにして生まれてきたのかということであろう。そこでここからは、明暦の大火が後の時代の人々にどのような災害として受け取られてきたのかを検証してみたい。

災害は語られることで人々の記憶に定着する。とりわけ印刷媒体となれば不特定多数に拡がるため、災害のイメージは広く共有されることになる。明暦の大火の場合、その代表

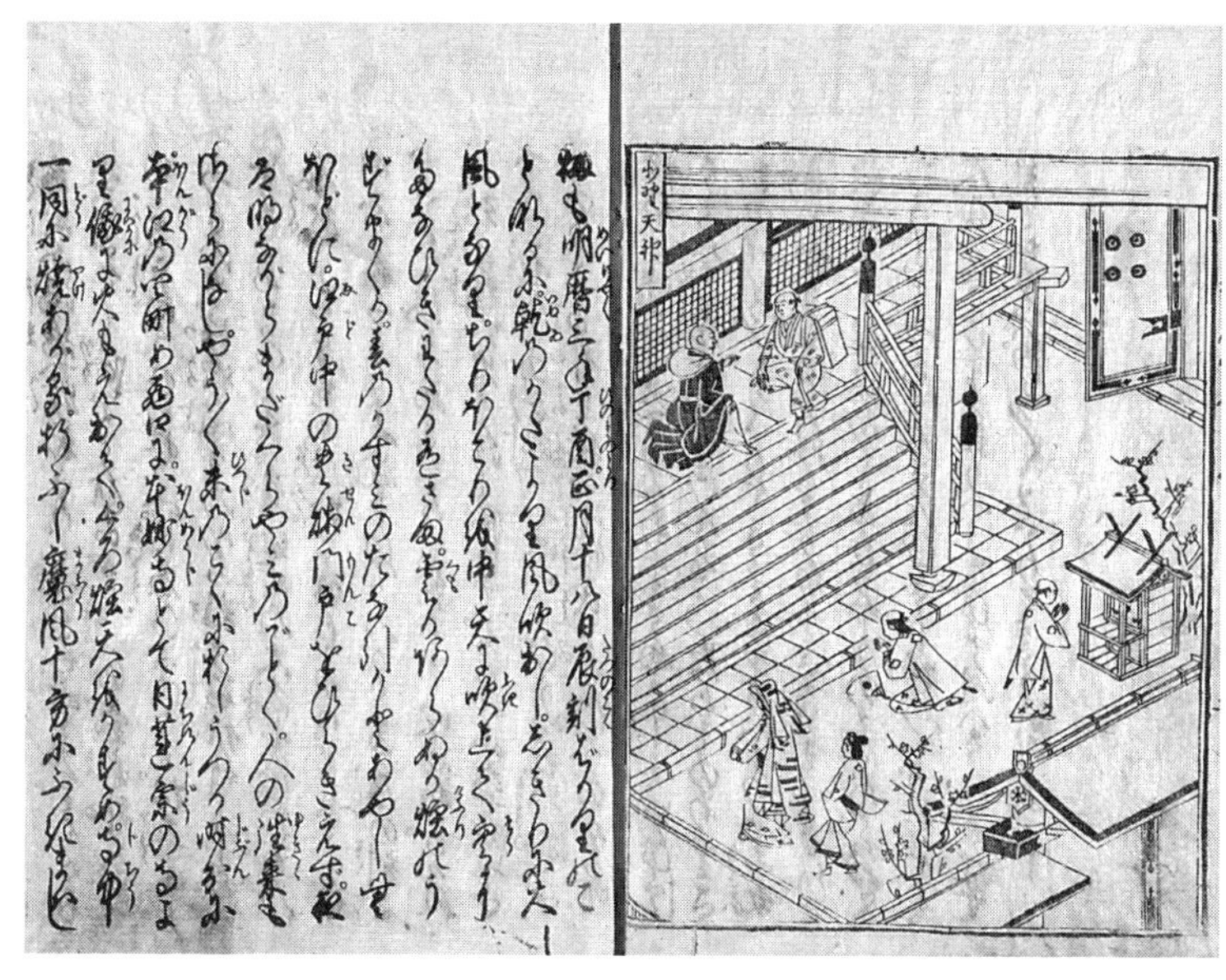

『むさしあぶみ』中村版（国立国会図書館デジタルコレクション）

例として挙げられるのが仮名草子（近世初期の小説類）の『むさしあぶみ』である。

『むさしあぶみ』とは

『むさしあぶみ』は仮名草子作家の浅井了意によって書かれた、明暦の大火の悲劇を主題とした作品である。初版は大火四年後の万治四年（一六六一）三月に京都寺町の版元河野道清（現京都市下京区万屋町か）から出され、同年に、寺町二条下ル町の版元中村五兵衛（現同中京区妙満寺前町付近か）から再版された。現在多く残っているのは中村版で、初版の河野版は目下大妻女子大学

附属図書館に所蔵が確認されるのみの稀覯本である。ただし両者の違いは版元の改刻のみであり、その他については本文・挿絵とも改変はないという（坂巻甲太・黒木喬編『『むさしあぶみ』校注と研究』）。以下では国立国会図書館所蔵本（中村版）をもとに内容を見ていきたい。

中村版は、上巻二〇丁（丁は袋綴じにした一枚のこと。丁付け〈折り目部分に記載される丁番号〉では飛び丁があるため廿五丁まで）・下巻二五丁（同三十一丁まで）の二巻二冊構成で、題簽（表紙に貼る題名の紙片）・内題（本文の初めに書いてある題名）ともに「むさしあぶみ　上（下）」とある。

楽斎房の語り

物語は、明暦の大火で全てを失い、僧に姿を変えて楽斎房と名乗った一人の男が、江戸から京に上り、故郷湯島と同じく天神を祀る北野社（北野天満宮、現京都市上京区馬喰町）に詣でるところから始まる。そこにいたのは以前江戸に行き通っていた小間物売りで、二人は旧知の間柄であった。小間物売りは変わり果てた楽斎房を見て大いに驚き、なぜこのようなお姿にと問いかける。こうして楽斎房は明暦の大火で自らが遭遇した地獄絵図について語り始めるのであった。「かやうのことは、とはぬもつらし、とふもうるさきむさしあぶみ、かけても人にかたらじとはおもへども、ひとつはさんげのためとおもへば、あら〱かたりてきかせ申べし」——「伊勢物語」第十三段

の「むさしあぶみさすがにかけて頼むにはとはぬもつらしとふもうるさし」をふまえたこの一節が、この作品の表題のもととなっている。そこからすると、楽斎房という名前も、晩年に洛西大原野（現京都市西京区大原野小塩町）に隠棲したとされる在原業平を意識したものなのかもしれない。

石出帯刀の英断

ここから文章は大火の日の話へと移っていくが、しばらくは正月十八日の第一の火災の延焼状況と逃げ惑う人々の描写が続き、楽斎房本人は後景に退く。ここでよく知られたエピソードとして、小伝馬町牢屋敷の石出帯刀の話と、その後の浅草橋門での悲劇が語られることになる。

小伝馬町一丁目の北側には慶長年間（一五九六～一六一五）以来、幕府の牢屋敷があった（現中央区日本橋小伝馬町）。ここの長官である囚獄（町奉行支配下）は世襲で、代々石出帯刀を名乗った。明暦の大火当時に囚獄をつとめていたのは吉深である。『むさしあぶみ』の語るところによれば、この牢屋敷に猛火が迫ってきたとき、吉深は一大決心をして囚人たちにこう告げたという。

「お前達はこのままでは間違いなく焼き殺されてしまうであろう。まことに気の毒なことである。ここで見殺しにするのもむごいことであるので、しばらくの間放免してやる。足の赴くままにどこへなりとも避難して、何とか命が助かり、火も鎮まったな

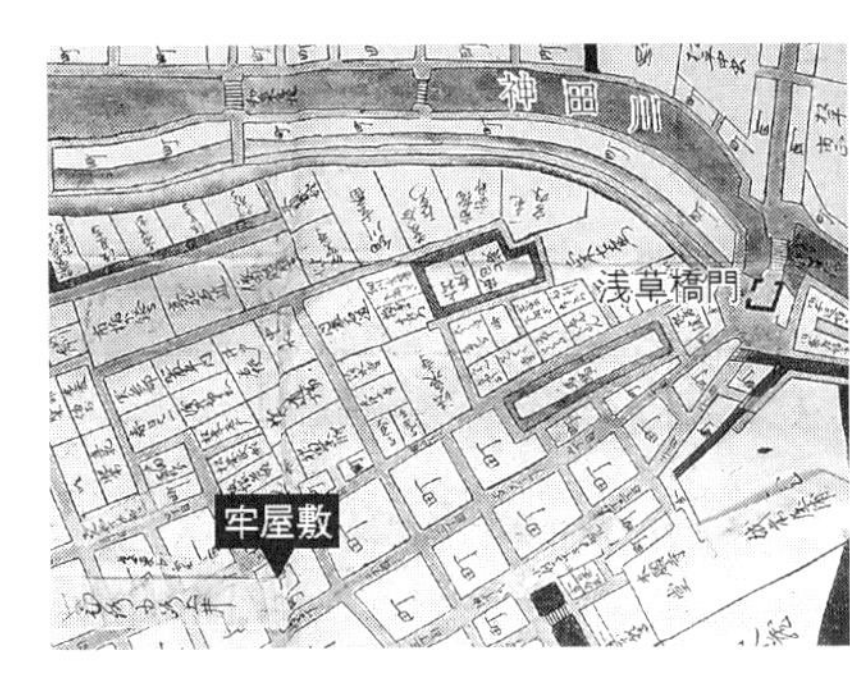

牢屋敷と浅草橋門（「明暦大火前江戸大絵図」〈三井文庫所蔵〉に加筆）

らば、一人残らず下谷のれんけい寺に来るように。この約束を破らず参ったならば、我が身にかえてもお前達の命は助けてやろう。しかしもしこの約束を破って出頭しない者は、雲の原まで探し出し、その者はもとより一門に至るまで成敗する」。

　そうして吉深は牢屋の扉を開き、中にいた数百人の囚人たちを解放した。囚人たちは手を合わせ涙を流して逃げていった。吉深としては独断での解放であり、もし囚人たちがこのまま姿をくらましてしまえば責任を問われることは必至であったが、火事が収まった後、下谷の集合場所には一人を除く全員が約束どおり集まっていた。吉深は大いに喜び、幕府に掛け合ってこの囚人たちの命を助けたという。

　一方ただ一人逃げた囚人はと言うと、これは好都合と遠く故郷まで逃げ帰ったものの、重罪人のはずがなぜかピンピンして帰って来たことが怪しまれて結局江戸まで連れ戻され、死罪となったとある。

浅草橋門の悲劇

一方でこの石出吉深による英断が別の悲劇を呼んだ。西から迫る猛火に、内神田から日本橋北にかけての町人地の人々は浅草橋門を目指して殺到していた。このとき、小伝馬町牢屋敷の南側の通り（現江戸通り）をまっすぐ北東に九〇〇メートルほど進んだ先にあったのも浅草橋門であったから、殺到する人々の中には解放されたばかりの囚人たちも混じっていた。

しかし囚人解放は吉深の独断によるものであり、浅草橋門の門番はその事情を知るよしもなかった。殺到してくる囚人たちを見た門番は、これを脱獄とみた。そしてあろうことか、「脱獄者」たちを逃がすまいと、枡形（城門内の広場状の空間）の門を閉ざしてしまったのである。

避難者たちには青天の霹靂の事態であった。前に進もうにも門は固く閉ざされ、後ろからは人々が続々と押し寄せてくるため引き返すこともままならない。そうこうするうちに猛火は後ろから迫ってくる。堪えきれなくなった人々は石垣を這い上がって神田川の堀へと飛び込んでいったが、水面に達する前に石垣で頭を打ち砕かれる者、腕を折って半死半生となる者、下まで落ちたはいいが腰を打って立ち上がれないところに後から飛び込んできた人が直撃して死ぬ者などが続出、神田川は死体で埋まった。その数は二万三〇〇〇人に及んだとする。また逃げ遅れて浅草橋門の枡形に取り残された人々も、前後から猛火の

挟み撃ちとなって焼け死んだという。

この二つのエピソードは、一つは美談として、もう一つは悲劇として、読む者に強烈な印象を与える。しかし話としてのインパクトと史実としての正確さは別問題である。両者は果たしてどの程度事実を反映していたのか。

描写は史実か

これについては、本書の前半で取り上げたオランダ商館長ワーヘナールの日記から、ある程度の裏付けを取ることができる（クレインス『オランダ商館長が見た江戸の災害』）。彼は火事が収まった正月二十日に、江戸での滞在先であった長崎屋の焼け跡を訪れ、その後浅草橋門へと向かっている。ここの枡形で彼は七〇〇から八〇〇以上の死体を見たといい、その原因は枡形の門が閉鎖されてしまったからだとする。加えて彼は、そこに逃げ込んだ人々の中に囚人が含まれていたことも記している（時間が経ってからの回顧ではあるが、「亀岡記」にも同様の記述が見える）。

ワーヘナールには三人の日本人の従者がいた。彼らは十八日の第一の火災で逃げ惑ううちに行方不明となり、うち二人は無事であったが、残る一人、長兵衛という料理人は浅草橋門の石垣をよじ登って飛び込んで亡くなり、遺体は神田川で発見されたという。このあたりの経過も『むさしあぶみ』の記述とよく一致する。

火災のさいに囚人たちを一時的に解放して避難させることは、明暦の大火の三年後、万

治三年（一六六〇）正月十四日の火災の時にも行われたようで、戻って来ない囚人を厳重に処罰する旨の町触が十七日に出されていることからも裏付けられる（「正宝事録」）。このときの集合場所は牢屋敷とされており、明暦の大火のときの「れんけい寺」（善慶寺（ぜんけいじ）の誤りか、現台東区元浅草四丁目）とは異なっている。しかし善慶寺は石出家を開基檀那としている寺院であったことから（「寺社書上」）、ここも集合場所として指定されていたとしてもおかしくはない。

これらの検討からすると、『むさしあぶみ』で語られている牢屋敷や浅草橋門でのエピソードは現実の出来事にもとづいている可能性は高いと考えられる。ただし石出吉深の英断に応えて囚人が一人を除き全員約束どおり戻ってきたという話や、浅草橋で二万三〇〇〇人の死者が出たという話などは、万治三年の町触やワーヘナールの日記の記述からする限り、現実よりも大袈裟に書かれたものとみるべきであろう。『むさしあぶみ』はあくまで仮名草子、すなわち現実をもとにした小説であったことを忘れてはならない。

実在感に乏しい楽斎房

先述したように、『むさしあぶみ』は江戸から上ってきた楽斎房が大火を語るという体裁をとっていたが、しかしこの二つのエピソードをはじめ、三つの連続火災についての描写はきわめて具体的で豊富な情報量を誇るにもかかわらず、そこでの楽斎房の存在感はなぜか稀薄である。

そもそも大火が楽斎房自身の経験として語られているくだりは全体を通して二ヵ所しかない。一つは上巻の末尾で、十九日の明け方、前夜の火災で行方不明になっていた母親に似た死体を発見し、自宅に運んで一家で悲しんでいたところ、死んだはずの母親本人がひょっこり帰宅、初めは幽霊かと思いきや死体が人違いであったことがわかって祝杯を挙げたという話である。もう一つは下巻の末尾で、十九日の午後に再び火災が襲ってきたとき、朝からの祝杯で酩酊していた楽斎房は自力で逃げることもままならず、見かねた妻子により車長持(くるまながもち)に押し込められて家から運び出されるが、混乱のなかで芝口に捨てられ、そのことによって生きながらにして六道めぐりを経験することになったという話である。

この二つの話は場面展開の都合上取って付けたように図式的に挿入した観が否めず、そもそも楽斎房の居宅がどこにあったのかさえ本文には記述が見えない。他の部分では焼失した屋敷や寺、橋などの名前を一つ一つ具体的に列挙していたのに対して、このくだりだけは急に解像度が大きく落ちるのである。楽斎房が実在の大火被災者をモデルにしていなかったことは明らかである。だとすると、作者である浅井了意とはどんな人物だったのか。

浅井了意と江戸

浅井了意の生年は不詳であるが、摂津(せっつ)国三島江(みしまえ)の真宗本照寺(ほんしょうじ)（当時の寺地は不詳、現碧流寺(へきりゅうじ)）の住職の子として誕生したようである。ところが本願寺の東西分立の煽りで了意の父は本照寺を追われ、一家は流浪の日々を送るこ

とになる（野間光辰「了意追跡」）。了意は寛永期（一六二四〜四三）には一時期京都に寓居したが、その後大坂に出て僧容膝のもとで両部神道（神仏習合の神道説）を学んだという（坂巻甲太「近世初期における作者・書肆・読者の位相」）。

生涯で多くの著作を残した了意ではあるが、若い頃に辛酸をなめたこともあって遅咲きであった。刊記が明らかになっている中で最も古い作品は万治二年（一六五九）三月刊の『堪忍記』であるから、その二年後刊行の『むさしあぶみ』は初期の作と言ってよい。

了意は後に京都の正願寺（真宗東派、現京都市左京区大菊町）の二世住職となり、元禄四年（一六九一）元日に往生していることから（坂巻前掲）、生涯を通じて活動拠点を上方に置いていた。『むさしあぶみ』での楽斎房の語り口からしても、了意が明暦の大火を直接経験していなかった可能性はきわめて高い。だとすると、『むさしあぶみ』での豊富な情報の源がどこにあったのかが問題となる。

了意の動向に関する考証によれば、彼は大火の三年後、万治三年（一六六〇）五月以後に江戸に下り、しばらく滞在していたと考えられるという（坂巻前掲）。目的はむろん取材であった。彼がこのときに収集したのは、明暦の大火の被災と復興の状況、江戸と東海道の名所であり、その成果は『東海道名所記』（刊記なし）・『むさしあぶみ』（万治四年三月）・『江戸名所記』（寛文二年〈一六六二〉五月）の三部作として刊行されることとなる。

了意の取材は比較的しっかりしており、『むさしあぶみ』の記述には誇張はあっても大きな事実誤認は見られない。しかしそのことと、『むさしあぶみ』が明暦の大火の実態を知るための史料として使えるかどうかは別問題である。

調査ゆえの文章

例えば『むさしあぶみ』では、大火で焼失した大名や寺社の固有名詞が一つ一つ書き上げられている。その内容は、本書でこれまで行った考証と比較してもかなり整合する。だが了意はこの情報をどこから仕入れたのであろうか。

例えば大名小路の被害を書き上げているくだりは次のように記される（ルビは原文ママ）。

それよりうちつゞきて鍛冶橋の内むねとの大身には、①細川越中守、②松平新太郎、③おなじくさがみの守、④御執事酒井讃岐守、⑤山内土佐守、⑥有馬中務、⑦京極丹後守、⑧戸田左門、⑨蜂須賀阿波守、⑩森内記、⑪京極主膳のかみ、⑫小笠原主膳正、❶吉良わかさのかみ、⑬保科弾正、⑭松平丹波守、⑮溝口出雲守、⑯新庄越前守、⑰松平但馬守、⑱織田いなばのかみ、⑲松平遠江守、⑳同出雲守、㉑小出伊勢守、㉒織田丹後守、㉓杉原帯刀、❷松平能登守、㉔伊丹蔵人、❸久世三四郎、❹酒部三十郎、❺おなじく長門守、㉕毛利市三郎、❻水野下総守、❼山名主殿、❽米津内蔵介、㉖前田右近、❾出野甚助、❿中根吉兵衛、⓫近藤石見守、⓬同縫殿介、㉗

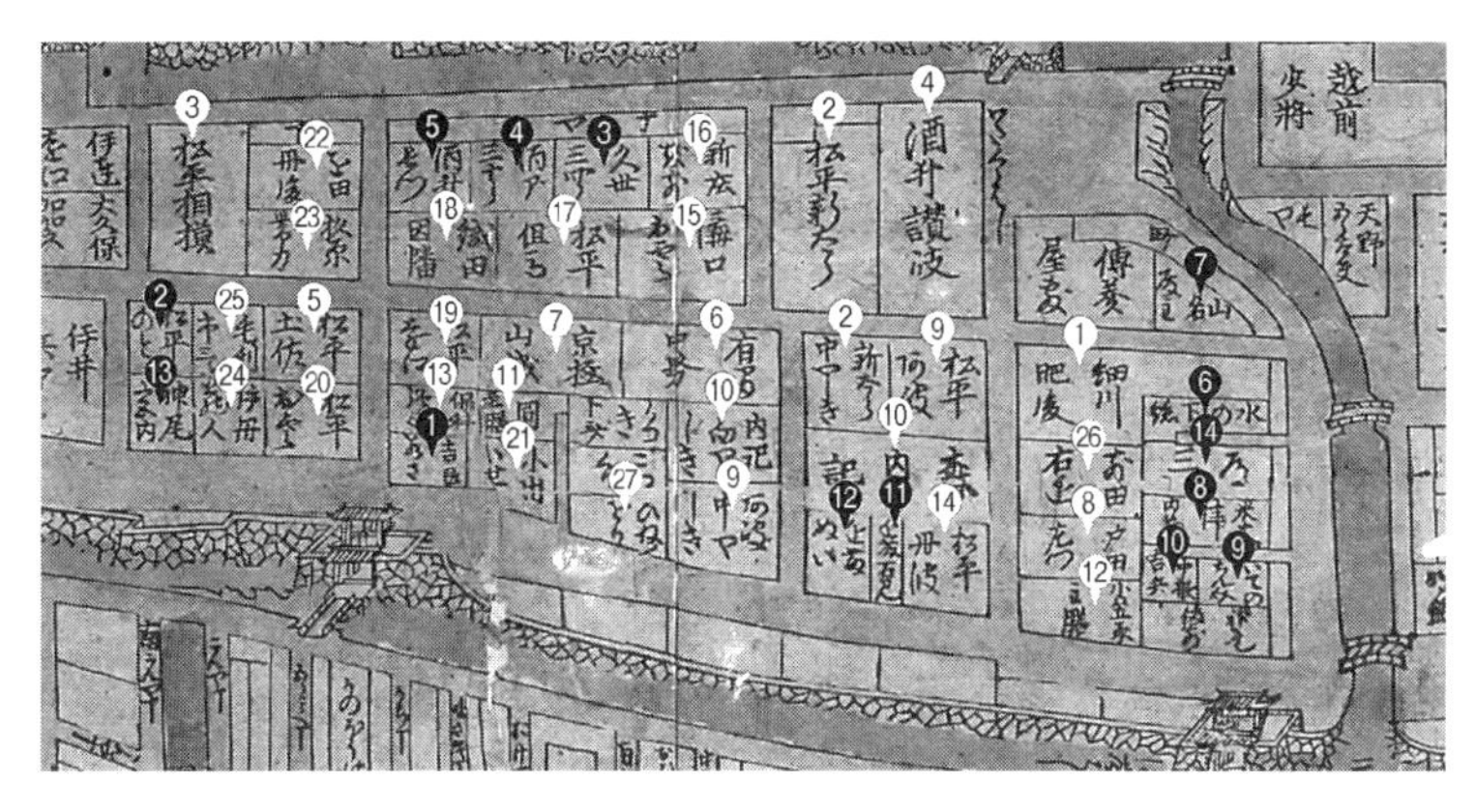

『むさしあぶみ』記載の大名小路焼失屋敷（『武州古改江戸之図』〈早稲田大学図書館所蔵〉に加筆，図は上が西）

日根野織部、⓭神尾宮内、伝奏屋形、⓮医師道三に至る迄、大名の屋形廿六ヶ所、小名の屋形十七ヶ所、

ここでは分かりやすくするために人名に丸数字を追加した。①〜㉗が大名、❶〜⓮が「小名」（ここでは旗本の意）に相当する。数が合わないのは数え間違えと書き漏らしによるものであろう。このように具体的な固有名詞を列挙するのが『むさしあぶみ』の特徴であるが、これを仔細に検討すると不自然な箇所が散見される。

第一は官職名の違いである。例えば⑫の小笠原主膳正（貞信）は明暦二年十二月二十六日に土佐守に叙任しており、大火時点のこととして記すならば「小笠原土佐守」とするのが正しい。❽米津内蔵助（大火時点では米津出羽守）、㉕毛利市三郎（同毛利伊勢守）も同様である。

第二は過去の当主の名が記されていることである。例えば⑥有馬中務（忠頼）は筑後久留米二一万石有馬家の先代の当主で、承応四年（一六五五）三月二十日にすでに死去し、大火時点での当主は六歳の松千代であった。同様に、⑧戸田左門（氏鉄、承応四年死去）、⑱織田因幡守（信昌、慶安三年〈一六五〇〉死去）、㉓杉原帯刀（重玄、承応二年死去）、❿中根吉兵衛（中野吉兵衛重弘か、慶安三年死去）、⓫近藤石見守（秀用、寛永八年〈一六三一〉死去）、㉗日根野織部（吉明、明暦二年〈一六五六〉死去）も大火時点で存命でなかった。なかでも近藤秀用は大火の二六年も前に死去しており、この屋敷は四男用義の分家に渡り、大火当時の当主はその子用将となっていたなど、かなり情報が古い。

さらに決定的なのは㉓の杉原と㉗の日根野である。この両家は当主であった重玄と吉明が死去したときに跡継ぎがなく、断絶になっている。改易となった大名屋敷は当然没収されるから、つまり大火の時点で杉原家と日根野家の屋敷はそもそも存在しておらず、屋敷を焼かれた大名として挙げられることはありえない。

ここまでの論証から、もはや明らかであろう。『むさしあぶみ』の作者浅井了意は、どの屋敷が焼失したかを個別に知ったうえで書き上げたのではなく、この地域が焼けたという情報を摑んだうえで、焼けたであろう屋敷を推測して書いているのである。その材料となったのはおそらく大火前に作られた江戸図と考えて間違いない。かつて『むさしあぶ

み』での屋敷名の記述が江戸図と整合することを根拠に、この書では「素材としての事実が正しく活用され」ているとの評価があったが（水江漣子『江戸市中形成史の研究』）、話としてはむしろ逆で、了意は江戸図を見ながら屋敷名を書き上げたのだから、整合するのは当たり前と言える。大火の類焼範囲の検証に『むさしあぶみ』を史料として使えないのはそのためである。

『承応図』と『むさしあぶみ』

では了意は江戸での取材のさいにどの江戸図を入手していたのか。明暦の大火前の江戸図で現存するものは限られているが、『むさしあぶみ』の記載内容と最も整合性が高い絵図として『武州古改江戸之図』（以下『承応図』と略記）がある。これは承応二年（一六五三）中夏（陰暦五月）の刊記がある木板図で、唯一早稲田大学図書館に一枚が残されている（国立国会図書館や東京都立中央図書館などには同図を模写したと考えられる写本が所蔵される）。この木板図には右上などに破損が見受けられるが、早稲田大学図書館にもう一枚所蔵される写本は完全な状態の木板図を模写したものとなっている。ただし二枚の図の内容を比較すると、記載される情報には微妙に差異があり、同じ承応二年中夏の刊記をもつ図でもいくつかのバージョンがあったようである。

先述の『むさしあぶみ』での大名小路の被害屋敷の列挙を絵図と比較すると、木板図の

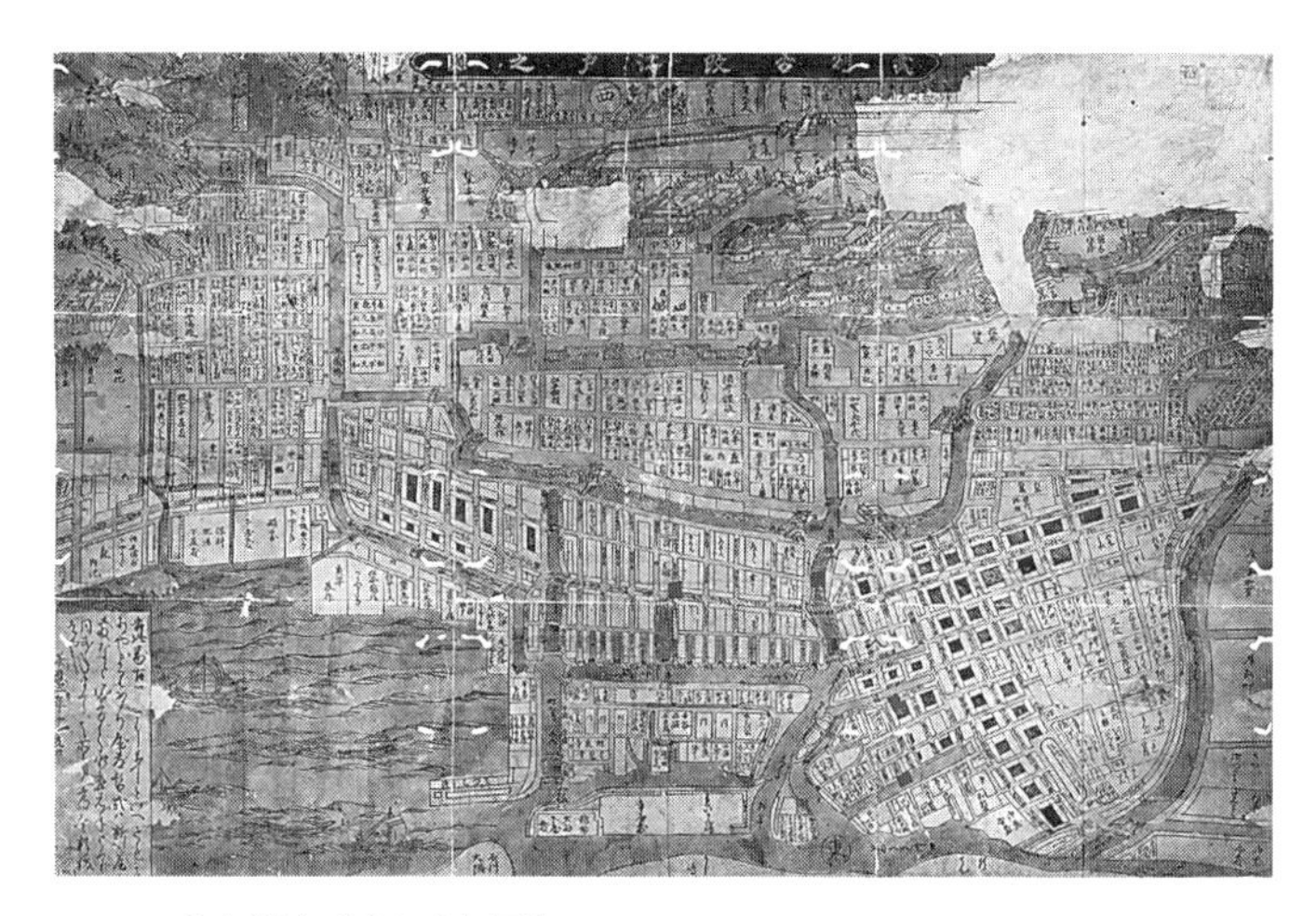

『武州古改江戸之図』（早稲田大学図書館所蔵，図は上が西）

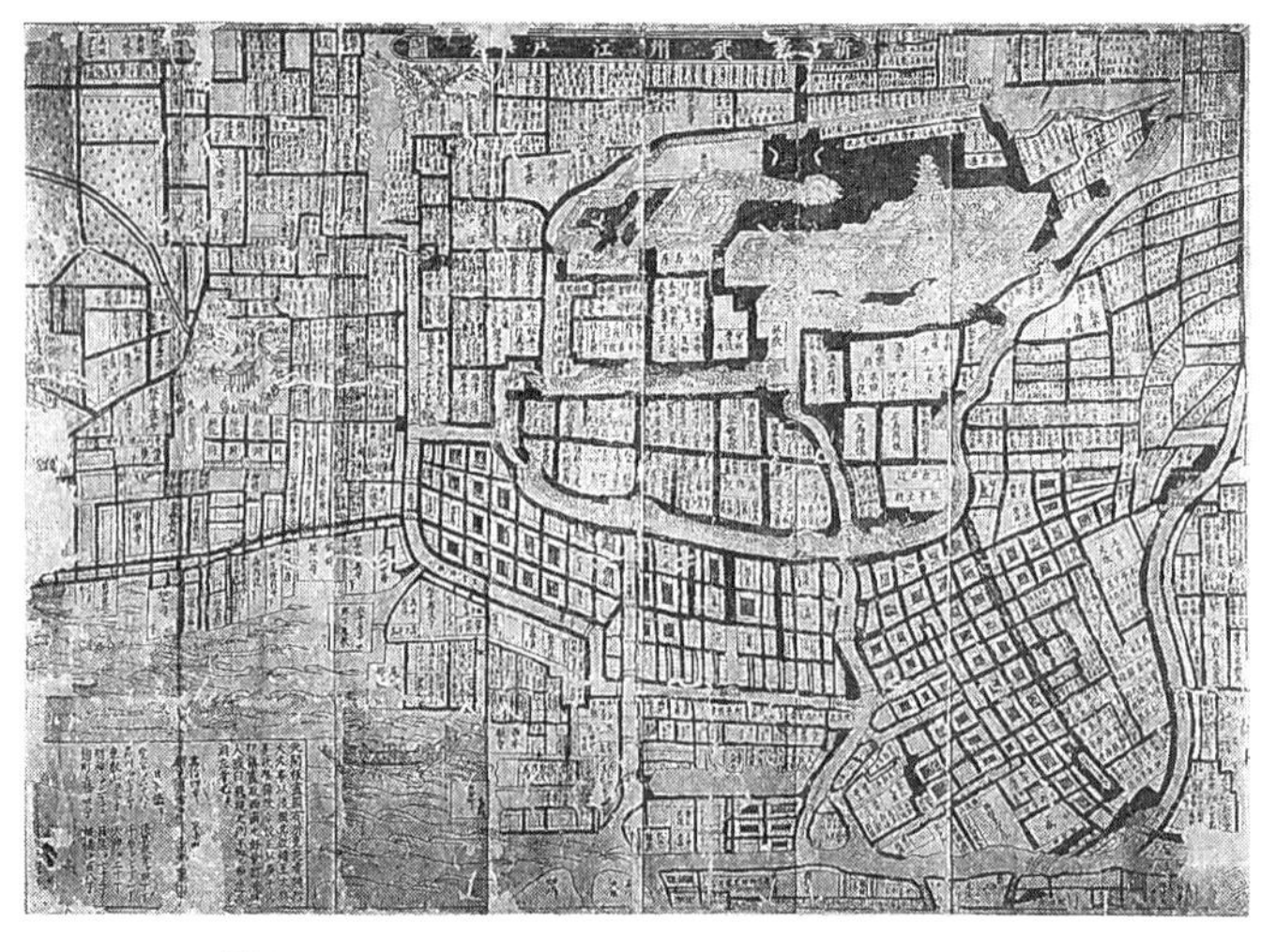

『新板武州江戸之図』（三井文庫所蔵，図は上が西）

方との整合性がとくに高く、①の細川越中守が「細川肥後」、⑦の京極丹後守が「京極山城」となっている他は全ての情報が一致する。木板図は複製が容易な媒体であるから、京都から取材に来た浅井了意にとっても比較的入手しやすいものであったろう。彼が『承応図』（早稲田大学図書館所蔵木板図と同一板木のものか、あるいはその改訂版）を江戸で購入し、それにもとづき『むさしあぶみ』を執筆した可能性はきわめて高い。

この推察をさらに裏付ける事実として、『むさしあぶみ』の初版が刊行された万治四年（一六六一）三月と全く同年同月に、同じ版元の河野道清から『新板武州江戸之図（しんばんぶしゅうえどのず）』なる江戸木板図が刊行されているという点がある。これは明暦の大火後の復興進む江戸の姿を表したものであり、『むさしあぶみ』とタイアップで出された可能性が指摘されているが（坂巻前掲）、この全体的な構図は明らかに『江戸庄図』―『承応図』の系譜を引いていることが分かる。すなわち同図は、了意が江戸から持ち帰った『承応図』を手本として、大火後の変化の情報を反映して作図、板行されたものと考えられよう。

「復興する江戸」というイメージ

了意にとって「復興する江戸」というメッセージは強調されるべきものであった。大火の悲惨さを実際以上に書き立てることは、読者の感情を揺さぶるという点では有効であったが、一方でそれはともすると、この空前の大災害が幕府の不徳に対する懲罰であるかのように受け取られかねない。した

がって了意が書かねばならなかったのは、大火による江戸の破壊だけでなく、幕府による復興であった。その描写はまず大火直後の施粥から始まり、町人への銀子下賜、往来の拡幅、火除地の形成、被災した武家への黄金恩賜へと続く。そして「上は公侯より下は民間に至る迄、あまねき君の御めぐみに、程なくもとのごとく江戸中治り繁昌して、高家貴人は礼儀厚く、あやしの庶民も財産の利に飽て、めでたくさかふる事日々に百倍せり」とまとめられるのである（ルビは原文ママ）。

大火を乗り越えて見事復興を遂げ、ますます栄える江戸――了意にとってその筋書きは幕府から睨まれないための安全策だったのかもしれないが、これこそが「都市改造」神話の原点となった。

『むさしあぶみ』はその後延宝四年（一六七六）正月に江戸の書肆山本（丸屋）九左衛門により新たな板木で刊行され、さらに明和九年（一七七二）三月にこの板木に地本問屋の西宮新六が補訂を加えて再刊されている。延宝四年版については、正月の刊行ということで明暦の大火二〇年目の節目による出版であろうか。明和九年版については、明らかに同年二月二十九日の、目黒行人坂（現目黒区下目黒一丁目）から千住までを焼いた行人坂の大火（明和の大火）を受けたものであろう。現代でも大災害が起きるとその関連本が続々と出版されることがよくあるが、このときもまさにそのような緊急出版とも言うべき

素早さであった。

この再刊による流通を経て、『むさしあぶみ』は明暦の大火の基本書としての地位を高めていく。文化六年（一八〇九）、林衡（述斎）の建議により、幕府の正史としての「御実紀」（「徳川実紀」）編纂が始まった。この稿本である「日次記」では、明暦の大火の正月十八日〜二十日分の記事を、「日記」を基本として、「尾張記」・「紀伊記」・「水戸記」・「奥日記」・「承明記」の関連記事の引用により作成している。しかし最終的な「厳有院殿御実紀」では、これらに加えて「亀岡記」、さらには『むさしあぶみ』（本文中では「武蔵鐙」表記）までもが典拠として採用され、その内容が本文に盛り込まれているのである。

こうして小説『むさしあぶみ』は、ついに「正史」となった。

「都市改造」幻想

『東京市史稿』と明暦の大火

時は一気に二十世紀に移る。この新世紀最初の年である明治三十四年（一九〇一）十月二十一日、東京市会議員中鉢美明が「東京市政ニ関スル沿革ヲ調査編纂スルノ議」を市参事会に提出した。東京市史の編纂事業の始まりである。この事業は三年後に勃発した日露戦争の影響で難航したが、東京市は明治三十九年に編纂主任として歴史家の塚越芳太郎を迎えて方針を変更し、東京市史の稿本としての史料集『東京市史稿』を随時刊行していくことになった（「刊行開始から一世紀を迎えた「東京市史稿」」）。

その記念すべき一冊目である『皇城篇』第一は、事業開始後一〇年経った明治四十四年（一九一一）に発行され、まずは中世から三代将軍徳川家光の時代までの江戸城沿革に関

する史料が集成された。ついで翌年に早くも続巻である『皇城篇』第二（全九八六頁）が出ている。この巻では四代家綱(いえつな)から十代家斉(いえなり)の前半までが扱われ、当然明暦の大火による江戸城の炎上と、その後の再建事業についても含まれる。関連部分は二二〇頁にも及ぶ。

大正三年（一九一四）からは、江戸東京の災害史を扱った『変災篇』の刊行も始まる。大正六年発行の第四（全一〇九一頁）は火災史（前半）としてまとめられており、とくに明暦の大火については一一一頁を割いている。

さらに大正十年（一九二一）発行の『救済篇』第一（全一〇四六頁）は幕府による救済事業を扱っているが、明暦の大火後の救済についても五九頁にわたってまとめられている。最後に、市街地の変遷を扱った『市街篇』では、昭和五年（一九三〇）発行の第七（全一二六〇頁）で、「明暦大火事蹟」六〇頁をはじめ、大火後の市街地変遷が時代順に整理されている。

『東京市史稿』は稿本として編纂されたので、年代順に項目を立て、まず冒頭に概要文である綱文(こうぶん)を掲げ、それに続けて関連する史料を抜き書きする形式を取っている。明暦の大火の関連項目は四冊にまたがり総計四五〇頁に及び、ここに大部の明暦の大火関連史料集が成立することになった。ただしそこでの引用は、当時存在が知られていた関係史料を網羅的に集めるかたちでなされており、「日記」のような同時代史料から、家譜類、「亀岡

記」のような回顧録、さらには『むさしあぶみ』（万治四年版）のような仮名草子など、その性格の違いはとくに区別されていない。そうなると、分量が豊富でなおかつ内容にインパクトのある『むさしあぶみ』のような記述は、引用史料のなかでもとくに存在感を発揮していくことになる。

震災と『むさしあぶみ』

ちょうどこのような『東京市史稿』諸篇の編纂が進められている最中の大正十二年（一九二三）九月一日、神奈川県西部を震源とするマグニチュード七・九の巨大地震が勃発した（関東大震災）。死者は一府六県で一〇万五三八五人に及び、このうち東京市では六万八六六〇人を数えた。

これほどの死者が出た原因は、地震動そのものではなく、その後に発生した大火災にあった。地震発生時刻が午前十一時五十八分三十二秒で、多くの家庭でちょうど昼食の準備のために火を使っていたときであったことが災いした。地震で倒壊した家屋から上がった火は次々と燃え拡がり、西は飯田町・赤坂、南は芝、北は浅草、東は本所・深川まで、東京東部の市街地の大半を焼き尽くした。東京市での死者六万八六六〇人のうち、実に九六％にあたる六万五九〇二人が火災によって犠牲になったのである。

この「大火」による被害は、人々に明暦の大火の記憶を再び呼び起こすこととなった。劇作家の川村花菱（かわむらかりょう）は震災翌年の大正十三年（一九二四）に自らの被災体験を一冊にまと

め、その書名を『大正むさしあぶみ』と題している。これは知人から借りた『むさしあぶみ』を精読した花菱が、「当時のありさまがこの度の大火とあまりによく似て居るのに驚」いたことによるという。

一方東京市は大正十二年（一九二三）末から市民一致しての復興を目指し、「帝都復興叢書」シリーズを発刊していたが、翌年にはその第三輯として『明暦安政及大正の難』を出している。これは明暦の大火・安政江戸地震（安政二年〈一八五五〉）・関東大震災を江戸東京の「史上三大災難」と位置づけたうえで、「屡々繰りかへされる惨害の状況を強く意識し且つ災難に処する方法を悟らる、の資料」とすることを意図したものであった。ここでの明暦の大火についての部分は『むさしあぶみ』（万治四年版）の大半の引用によって構成されており、やはり同書の影響力の強さが窺える。『むさしあぶみ』の活字版はすでに明治二十四年（一八九二）に博文館から「近古文芸温知叢書」シリーズのなかで刊行されているので、これも普及に一役買っていたと考えられる。

震災復興と明暦の大火

震災復興期に明暦の大火についてふれた言説はこれだけにとどまらない。ここで取り上げたいのは、復興局長官官房計画課が作成した『都市としての江戸』と題された冊子である。同書は、復興局長官官房計画課嘱託となっていた歴史家の高柳光壽（当時東京帝国大学史料編纂官補）が、都市江戸の形成過程と

その特色についてまとめたものである。これは奥付を欠いているが、著者歿後に編まれた主要論文目録によれば、大正十五年（一九二六）の論考であるとされる（『高柳光壽史學論文集』）。

ここでは明暦の大火は「人口分布の上に於いても、道路狭隘の点に於ても、漸次不便を感ずることが多くなつて」きていた江戸市街に「大改革を行はしむべき事件」と位置づけられている。ここには大火をある種の奇貨と捉え、復興を「都市改造」として位置づける視点が窺える。「大目付北条正房、新番頭渡辺綱貞をして区画整理の計画を立てしめ」との記述は、明らかに震災後に焼失地で進められていた土地区画整理事業を念頭に置いたものであり、まさに震災復興と明暦の大火後の復興とが二重写しとなっていたのである。高柳自身はここで『むさしあぶみ』を直接的に引くことはしていないが、それでも徹底的な破壊の後に復興と繁栄が到来したという史観は健在であった。

『江戸と江戸城』

この視点は戦後にも受け継がれる。東京オリンピック開催二年後の昭和四十一年（一九六六）、建築史研究者の内藤昌は『江戸と江戸城』を上梓し、フィジカルな視点からの江戸の都市と建築の設計史をまとめる。この中で内藤は明暦の大火を江戸の歴史の一劃期と見なし、大火後に行われた「都市改造」によって「大江戸の完成」がもたらされたというストーリーを描く。

「都市改造」の強調は、裏を返せば大火以前の江戸が改造されるべき状態であったことを意味する。同書ではこう記される。

寛永の繁栄は未曽有のものであったが、武士は太平の夢をむさぼり消費生活におぼれ、また町人は武士の消費生活に寄生して経済力が増大し、江戸は無限に拡大しようとしていた。もはや近世初期の城下町計画では考えられなかった大都市として、江戸はその改造をせまられていたわけである。

一方で「まえがき」では、現代の東京が次のように評されている（ルビ原文）。

東京は現在人口一千万（一九六五年国勢調査）をこえる世界一の過密都市として、多くの改革がさけばれている。人間のあつかうスケールを越えた巨大さゆえに、何時（いつ）どんな災害をおこすかわからない不気味さをもっている。オリンピックのためにハイウヱイができて、一見現代都市を謳歌しても、それが未来の輝ける都市への道ではないことは誰でもが知っている。要するに東京は老朽化してしまったのである。

大火前の江戸と高度経済成長期の東京、遠く離れた時代のことながら、この二つの文は奇妙に符合する。いやむしろ、著者はあえて符合するように書いたと言うべきか。読者は江戸という過去のことについて読み進めていくうちに、東京の未来像について思いを馳せることを促される――『江戸と江戸城』はそういう仕掛けになっている。そして経済成長

にともなう都市生活の矛盾が表面化すればするほど、明暦の大火後の「都市改造」という筋立ては説得力をもって読者に受け入れられることになる。

大火陰謀論

ここまで来れば、大火そのものに誰かしらの「意図」が見出されてしまうまではそう遠くない。昭和五十二年（一九七七）、明暦の大火に関するおそらく初めてのまとまった単著として黒木喬（くろきたかし）『明暦の大火』が刊行される。同書は明暦の大火に関連する史料を博捜し、大火の悲惨な実態とその後の江戸を活き活きとした筆致で描いているが、基本的な枠組みは『江戸と江戸城』と共通し、「「大江戸」への発展の糸口は、「明暦の大火」の廃墟のなかから生まれた」としている。

のみならず、著者は同書の中で驚くべき説を提示している。まず黒木は、明暦の大火の最初の火元であったとされる本妙寺が、大火後も移転を命じられず処罰もされないばかりか、日蓮宗の触頭に任じられるなどの優遇を受けていることに疑問を呈する。そこから彼は論を展開させ、それは本妙寺による失火ではなく、誰かの指示で火元を意図的に引き受けたためではないかとし、そしてその依頼者を「都市計画の最高責任者」であった老中松平信綱であると推測するのである。江戸を焼き払ってリセットすることで、一から都市を造り直そうとしたという、まさにローマ皇帝ネロ（の伝説）さながらの陰謀論である。

しかしそもそも火災の火元というのは処罰の対象となるのであろうか。確かに町人地で

の失火についてはその規模に応じて過料や押込などの一定の罰があったことが知られているが、寺社については配慮されて、通常の類焼では七日、御成日に出火した場合や大火となった場合でも一〇日の遠慮程度で済んだという（黒木喬『江戸の火事』）。例えば先述した天和二年（一六八二）の大火も駒込から本庄・深川まで広い範囲を焼失させた大災害であったが、このとき火元となった大円寺（曹洞宗）はとくに厳罰に処された形跡もなく、今も当時と同じ場所（文京区向丘二丁目）に寺院を維持している。そもそも大火後の寺院移転に処罰的な意味合いはないし、すでに清水門内、飯田町下、牛込門内、小石川と何度も移転し、ようやく寛永十三年（一六三六）に郊外の本郷丸山に定着していた本妙寺が（「寺社書上」）その後も寺地を維持したことに何の不思議もない。

そしてさらに言えば、本書で検討してきたように、大火後の江戸の都市政策は大火前の状態への復旧を原則としており、幕府の主導による「都市改造」はごく一部にとどまっていた。焼け野原からの江戸の全面改造という筋書きは現実とは乖離しており、もし松平信綱ら幕閣が意図的に江戸を焼かせたのであれば、大火後の政策はもっと強権的であってしかるべきであったろう。陰謀論が成り立ち得ないことは明らかである。

なおこのほか、火災の本当の火元は同じく本郷にあった阿部豊後守家（武蔵忍六万石）の下屋敷であって、当主であった老中阿部忠秋がこれを隠蔽するために本妙寺に懇願し、

火元を引き受けさせたという別種の陰謀論（火元引受説）も存在する（田中伸『庶民の文化』）。しかし本郷にあったのは同じ阿部でも豊後守家ではなく宗家（武蔵岩槻九万九〇〇〇石、当主定高）の下屋敷（現文京区西片一・二丁目）であり、しかもこの屋敷は本妙寺とは隣接すらしていない。あまりに初歩的な誤りで、問題にもならない説であろう。

ただ、このような露骨な陰謀論とまではいかなくても、大火に対して何かしらの前兆を求め、そこにある種の因果応報を見出そうとする心性は根強く存在していた。その代表例とも言えるのが、「振袖火事」の伝説である。

呪いの振袖

「振袖火事」は、明暦の大火の発端となった本妙寺での火災についての奇譚であり、著名な日本研究家で小説家でもあったラフカディオ・ハーン（小泉八雲）によって *In Ghostly Japan*（『霊の日本』〈リトル・ブラウン社、一八九九年〉）の中の一作品 Furisode（「振袖」）として米国にも紹介されている（講談社学術文庫などに和訳あり）。この「振袖」をはじめ、巷間流通している話には人物や舞台の設定に若干の異同があるが、共通する粗筋は以下のようなものである。

十七世紀半ばの江戸に、一人のうら若き娘がいた。彼女はあるとき外出したおりに、たまたますれ違った美しい若衆に一目惚れする。その面影を忘れられない娘は恋の病に落ち、彼がまとっていたきらびやかな着物と同じ模様を染めた振袖を作らせ、日々これを愛玩し

た。しかし慕えども慕えども若衆に再び逢うことはかなわず、娘はとうとう焦がれ死んでしまう。両親は娘を憐れみ、この振袖を棺に掛けて檀家の本妙寺へと送った。

振袖は上等のものであったので、本妙寺の住職はこれを出入りの古手屋に売った。ところがしばらくするとこの振袖が同じように棺に掛けられて本妙寺に送られてきた。住職はこのときは同じものとは気づかず、再びこの振袖を売ったが、またほどなくしてこの振袖は棺とともに戻ってきた。さすがに三度も戻ってくるとなると住職も怪しみ、話を聞いてみたところ、この振袖を手にした女性たちはにわかに病気になり、奇妙なうわごとを発した挙げ句に亡くなってしまったという。住職はこれは呪いの振袖であったかと思い、寺の境内で火をおこし、題目を唱えながらこの振袖を投げ込んだ。そこににわかに北から突風が吹き、火の付いた振袖を寺の屋根へと巻き上げた。本妙寺は瞬く間に炎上して周囲へも燃え移り、火災は江戸市街地を焼き尽くす大惨事へと拡大した。人々はこれを「振袖火事」と呼んだという。

リセットという誘惑

この「振袖火事」は、現在では明暦の大火の俗称として広く知れ渡っているが、同時代の記録にはこれに類する話は一切出てこない。『むさしあぶみ』にもない。その伝説がいかにして形成されたのかも不明とされてきたが（黒木喬『明暦の大火』）、筆者が調べたところでは、どうやらこれは「紀文（きぶん）」こと紀（き）

燃え上がる振袖（『黄金水大尽盃』13編〈国文学研究資料館所蔵〉より）

伊国屋文左衛門の伝説とともに弘まったものらしい。文政六年（一八二三）、江戸の戯作者為永春水（本名鶺鴒貞高）は人情本『長者永代鑑』を刊行し、紀文を主人公としたフィクションの原型を創り上げる。さらに彼の門弟で二代為永春水を襲名した染崎延房はこれを発展させ、嘉永七年（一八五四）から慶応二年（一八六六）にかけて、紀文が大活躍する長編小説『黄金水大尽盃』全一七編を発表する。このうちの九編から一三編が明暦の大火をモデルにした物語で、中でも一二編と一三編に「振袖火事」と共通する話が登場するのである。

物語では、先に記したような振袖の呪いと「金妙寺」（明らかに本妙寺を意識したネーミングである）での焼却、そこからの大火の発生について記され、そのさいに紀文がいち早く木曽の木材を入手して大名屋敷再建工事を請け負い、巨万の富を築く過程が描かれる。もっとも、歴史上の紀文が材木問屋を経営していたのは確かではあるものの、彼が生まれたのは寛文九年（一六六九）と推定されているから、彼が明暦の大火を利用して成り上がったというのは史実としてありえない。おそらく河村瑞賢による明暦の大火時の木曽材買い占めの話（これも真偽は定かではないが）を借用したものであろう。

ただしここで注意すべきは物語の真偽ではなく、その構造である。振袖が焼かれるまでの経緯を語る段には紀文は何ら登場もしていない。にもかかわらずこの話があえて挿入されたのは、大火後の新時代の寵児として紀文を描くためのコントラストが求められたからに他ならない。因果応報によって負の遺産は焼き尽くされ、その後の廃墟にこそ一攫千金、立身出世、世界の改造のチャンスがある——「振袖火事」というフィクションが広く人々に受容されることになった背景には、誰もが心の奥底に秘めている、世界のリセットへの願望があったのではないか。

現代を生きる我々は、その誘惑に克てるだろうか。

大火がもたらしたもの——エピローグ

大火の実像

神話という厚い壁に亀裂を入れるのは、饒舌な語りではなく寡黙な記録である。本書では、これまでの明暦の大火に関する研究で必ずといってよいほど登場していた『むさしあぶみ』をまずは使わないことから始めた。同時代の日記や書上、絵図の情報などはともすると素っ気ないが、ここから事実関係を一つ一つ確定していくことで、大火被害の実態をこれまでよりも詳細に明らかにできたと考える。もっとも、本書で作成した推定焼失範囲の図（七五頁）はまだ精度を上げられる余地は十分にある。大名家の同時代史料、あるいは寺院文書や町方文書などの発掘により、当時の知られざる実態が新たに分かることもあろう。とりわけ「寛永江戸全図」のような大火前の江戸全図が新たに「発見」されれば研究は大きく進展するはずで、期待は大きい。

本書ではつづいて、大火後に一連の「都市改造」が実施されて江戸の相貌が一新されたとするこれまでの通説に対し、果たして実際のところどこまで「改造」が行われたのか、復興の実態の検証を行った。まず大名屋敷の移転について見ると、確かに「御三家」のように大火後に中心部から周辺部に上屋敷を移した大名家は存在した。しかし幕府主導による屋敷の割替範囲とされたのは内郭の一部に限定されており、それ以外は基本的に現地復旧が容認されていたのが実態だった。大名上屋敷の郊外移転にはむしろ、大名家の側が中心部の屋敷の狭隘さを厭い、大火を機会に郊外に広い屋敷を得ようとしたという側面があり、「御三家」の移転についても同様にある意味渡りに船であったといえる。

また郊外では大火後に大名家への大規模な下屋敷の給賜が行われたが、蜂須賀家を例として見たように、その出願は大名家相互の競合というかたちになっていた。幕府はあくまで調整役に徹しており、郊外全体を視野に入れたグランドデザインは見えてこない。また郊外への下屋敷拡大は大火以前からの趨勢であり、基本的にはその延長線上の動きとして捉えられるべきであろう。

幕臣屋敷についても大名家同様、現地復旧が原則であったとみられ、被害の大きかった飯田町・元鷹匠町・駿河台一帯（現千代田区北部）を観察しても、大火後の流動率は大きくなく、街区形状や屋敷地の規模についてもほとんど変化がなかった。その一方で浜町

（現中央区）や各地の「築地」（木挽町・赤坂・小日向・小石川、現中央区・港区・新宿区・文京区）、加賀屋敷（現新宿区）、本庄（本所、現墨田区）などには大火後に新たな幕臣屋敷地が造成されたが、これらは大火復興というよりも以前から問題視されていた幕臣屋敷地不足への対応策とみるべきで、とくに「築地」については大火の四年前から工事が始まっていたものであった。本庄の開発は大火後の大規模な市街地造成として最も幕府の計画主導性を認められる事例と言えるが、突貫工事も災いして想定したほどの効果は得られず、天和二年（一六八二）に造成完了からわずか二一年で全面撤退を余儀なくされたことも指摘しておかねばならない。

大火後の幕府の防火政策としては定火消役屋敷と火除地の開設が挙げられるが、その場所を分析した結果、いずれも既存の武家屋敷への影響が最小限になるように幕府側が配慮して敷地を決定していた形跡が認められた。町人地への火除地開設にさいしては強制的な立ち退きが行われているが、この場合は新開地に代地が与えられている。火除地は大火前年から一部で計画があり、大火後に一気に各地での造成が進んだが、幕府の政策は一定せず、市街地開発のために廃止されることもあった。火除地は大火に対しては延焼を完全に防ぐというよりも速度を抑えるくらいが精一杯であり、その効果の見えづらさが火除地政策の揺れにつながったと考えられる。

寺社については従来、中心部から郊外への移転を「都市改造」の一環とする説明がしばしば見られた。確かに山王社（現日枝神社）・東西本願寺・霊巌寺などの大寺社は大火類焼を機に移転を命じられているし（山王社は隼町から溜池の現在地へ、東本願寺は外神田から浅草の現在地へ、西本願寺は浜町から木挽町築地の現在地へ、霊巌寺は霊岸島から深川の現在地へ）、郊外の駒込や浅草では新たな寺町が形成されてもいて、これらには幕府による計画性が認められる。ただし寺社の郊外移転の動きは大火以前からみられたもので、移転のピークは大火の一六五〇年代よりも前の一六三〇年代にあった。この点からすると、大火後に実現した移転についても大火以前からの既定路線だったとも言えるかもしれない。また西本願寺のように、幕府が最初に示した候補地を寺院側が覆したような事例もあるなど、寺社の移転は必ずしも幕府の一方的な命令によるわけではなかった可能性についても留意が必要であろう。

最後に町人地に対しては、幕府も比較的強権的に臨み、市街地の強制移転などの事例も見られる。しかしこれも全面的に町人地の骨格を変えるような改造はおろか、街路の拡幅さえも徹底しえなかった形跡すらある。都市景観に関わる政策としては、幕府は大火後に瓦葺の禁止を命じているが、これは都市防火という点では明らかに後退であった。

このように見てきた限り、これまで明暦の大火後の「都市改造」とされてきたことは、江戸全体からするとごく一部の限定的な手直しにとどまっており、大火後の新基軸として評価されてきた都市政策も、その多くは大火前からすでに検討あるいは実行されていたことが明らかになった。「都市改造」というイメージと実態には大きな開きがあった。

「改造」への希求

問題は、なぜこれまでわれわれは「都市改造」というイメージを強固に信じてきたかということである。その原点は浅井了意（あさいりょうい）の『むさしあぶみ』にあった。上方の人了意は大火を直接には経験していないものの、彼は大火の三年後に江戸に下り、現地で綿密な取材を行ったとみられる。このため『むさしあぶみ』の記述はそれなりに高い精度で事実を反映している。しかし忘れてはならないのは、『むさしあぶみ』とはあくまで小説（仮名草子）であり、当時の出版物であったという点である。

この書を上梓した了意には、大火の教訓を世間に伝えるという社会的な使命感もあったかもしれないが、何より作家である以上、売れるものを書かねばならなかった。そのためには大火の悲惨さは現実以上に劇的なものとして描かねばならない。しかし大火の被害を強調することは、当時の幕府の不徳を告発することにもなりかねない諸刃の剣でもある。その危険を回避するために求められたのは、大火後の幕府の復興策によって江戸がそれま

で以上に繁栄したという復興の物語であった。ここに「都市改造」神話の原点がある。
そしてその後頻発する火災のなかで『むさしあぶみ』はたびたび思い出されては読み継がれる。大正の関東大震災でも同書は引かれ、震災復興と大火復興が重ね合わされた。人々は「都市改造」という幻影に希望を見たのである。

調整する権力

世の中の行く末に不安を覚えるとき、人々は強いリーダーシップを持った政治家を希求し、それまで積み上がってきた負の遺産を一掃してくれることを期待しがちである。明暦の大火後の「都市改造」神話で言えば、「名君」保科正之（ほしなまさゆき）や「知恵伊豆」松平信綱（まつだいらのぶつな）らにそうした役回りが投影されたということであろうか。

しかし本書で検討してきた限りでは、現実の幕府の姿はそれとは大きく異なっていた。確かに江戸城の再建などについては諸大名の大規模な（強制）動員が行われている。一方で諸大名の既得権である江戸屋敷については、幕府は介入には意外にも抑制的であった。原理的には江戸の武家屋敷には私的な所有権はなかったから、幕府は必要に応じて人名や幕臣に屋敷の召し上げあるいは移転を命じることが可能であったはずであるが、幕府はこの権能をごく一部にしか行使していない。また武士ばかりか、西本願寺のような寺院に対してさえ、その移転先の決定にあたっては、寺院側と折衝を重ね、希望を十分に考慮している。もし幕府が根本的に江戸という都市を改造しようと思ったならば、それまで存在し

た諸集団のさまざまな既得権にメスを入れる必要があるが、幕府はそれを回避した。さらに郊外の百姓地に下屋敷を開発するときでさえ、幕府は主体的なデザインを行わず、諸大名家それぞれの希望拝領地を調整する役回りに徹した。幕府は現状を大胆に変革・改造する権力ではなく、それまでの秩序を維持しつつ諸集団間の利害を調整する権力への道を選んだと言えようか。

おそらくその背景には大火前から燻（くすぶ）っていた不穏な世相があったと考えられる。人々には六年前に起きた由井正雪（ゆいしょうせつ）の乱の記憶がまだ新しかった。石工の亀岡政房（かめおかまさふさ）は第一の火災に遭って本郷から筋違橋（すじかいばし）門まで逃げながら、「いかさま先年の丸橋忠弥、由井松雪（ママ）の一類残り、大風見合先々に火を付」けたかと思ったという（「亀岡記」）。幕府も放火を疑っており、大火後の正月二十六日には、火付や悪事を頼んだ者があれば訴え出るよう江戸中に高札を立てている（「日次記」無註記追記）。

幕府が真に恐れていたのは、放火をするような不穏分子が大名家と結合していた可能性であった。実際、由井正雪は牢人たちを集めるさいに紀伊の徳川頼宣（よりのぶ）の支援があると偽っていた（「日記」磐城平内藤家本、神崎彰利「磐城平藩内藤家文書の研究（一）」）。未遂に終わったあのときは事実無根であったとしても、実際に甚大な被害が出てしまった今回はどうか。幕府としては見えない敵の可能性を意識せざるを得ない。そんなときに諸大名の全面

的な屋敷替を敢行するような強権的「都市改造」に手をつけたらどうなるか。幕府としてはそこまでのリスクは取れず、大名や幕臣らの既得権を守りながらの部分的な改良という安全策を選ぶほかなかったのではないか。

江戸の把握

そこで話は最初の江戸図に戻る。なぜ江戸の高精度な実測図が大火後になって現れたのか。それは幕府が諸集団の利害を調整する道をとった以上、江戸の都市空間の現状を正確に把握することが求められたからにほかならない。

大火直後の正月二十七日、幕府は大目付の北条氏長(ほうじょううじなが)（一七〇〇石四〇〇俵、山鹿素行(やまがそこう)の兵学の師で、素行が第一の火災のさいにまず駆け付けた相手である）と新番頭の渡辺綱貞(わたなべつなさだ)（一〇〇〇石、後に江戸南町奉行となる）の二人に対し「城中　幷(ならびに)　惣絵図仕上げ」ることを命じている（「日記」）。

本書「大火の日」の冒頭「大火前後の江戸と絵図」（九頁）で紹介した「測量図」はその成果であったとみられる。同図には縦横に基準となるグリッドが引かれ、また主要な城門からは方位測線が延びている。先述したとおりそれまでとは格段に精度が高い実測図がここに完成したのである。

とくに注目したいのは、「寛永江戸全図」や「明暦大火前江戸大絵図」、「明暦江戸大絵図」など、それ以前の大絵図では、中心部から周縁部に行くほど図の歪みが大きくなっ

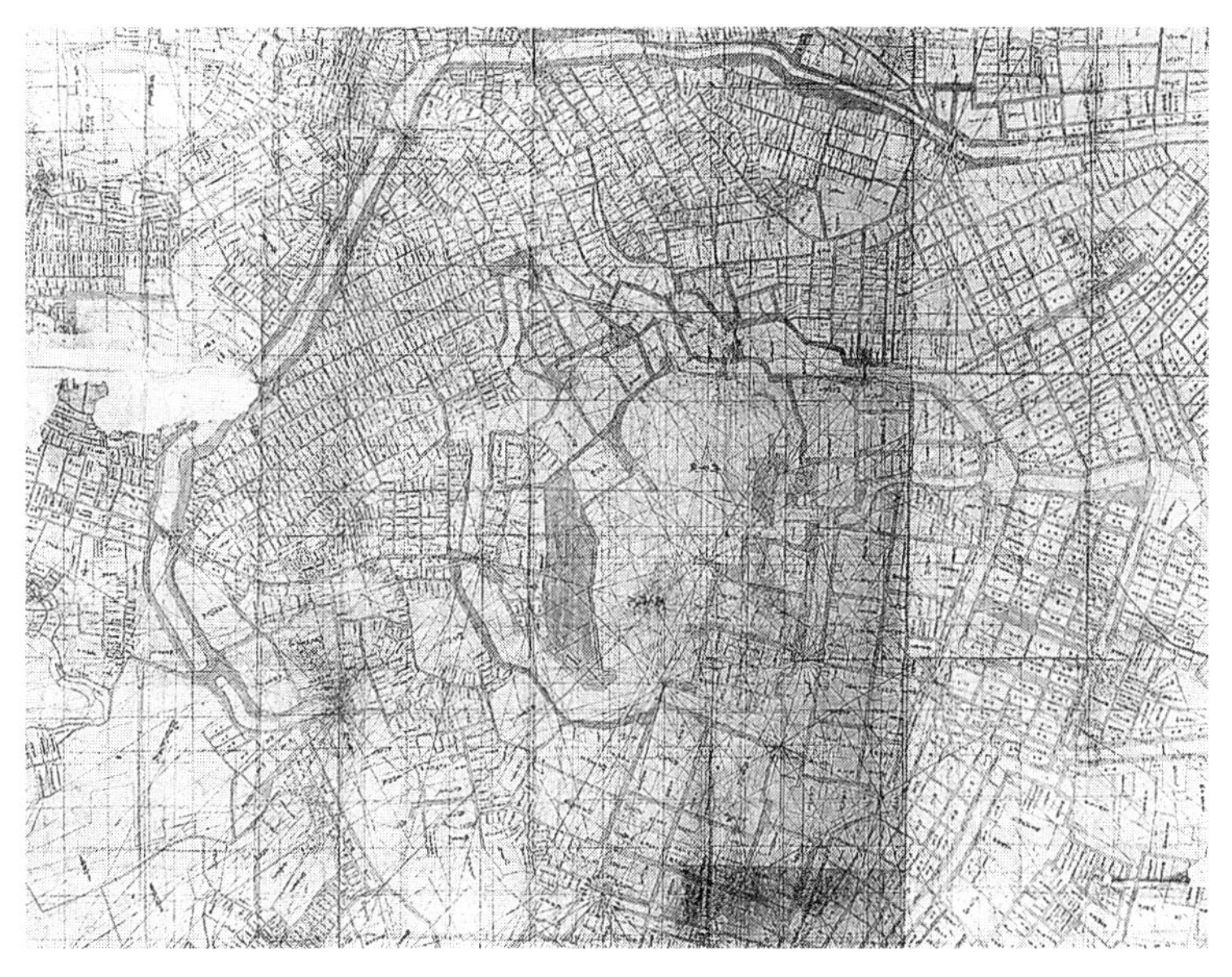

「万治年間江戸測量図」（部分，三井文庫所蔵）

ていたのに対し、「測量図」は全体を通してほぼ等しい精度で図化がされているという点である。ここで幕府は初めて江戸の都市空間を、どの場所でもほぼ共通の尺度で把握することができるようになった。

いったん全体像が把握できれば、後は変化があったときの記録を取っていけばよい。江戸の場合、とくに流動性が高いのは武家地の空間であった。その変化を記録する役割は幕府の普請奉行役所が担うことになり、屋敷地の名義が変わるたびに、受け渡される土地の情報を絵図と文章で記録した「屋敷

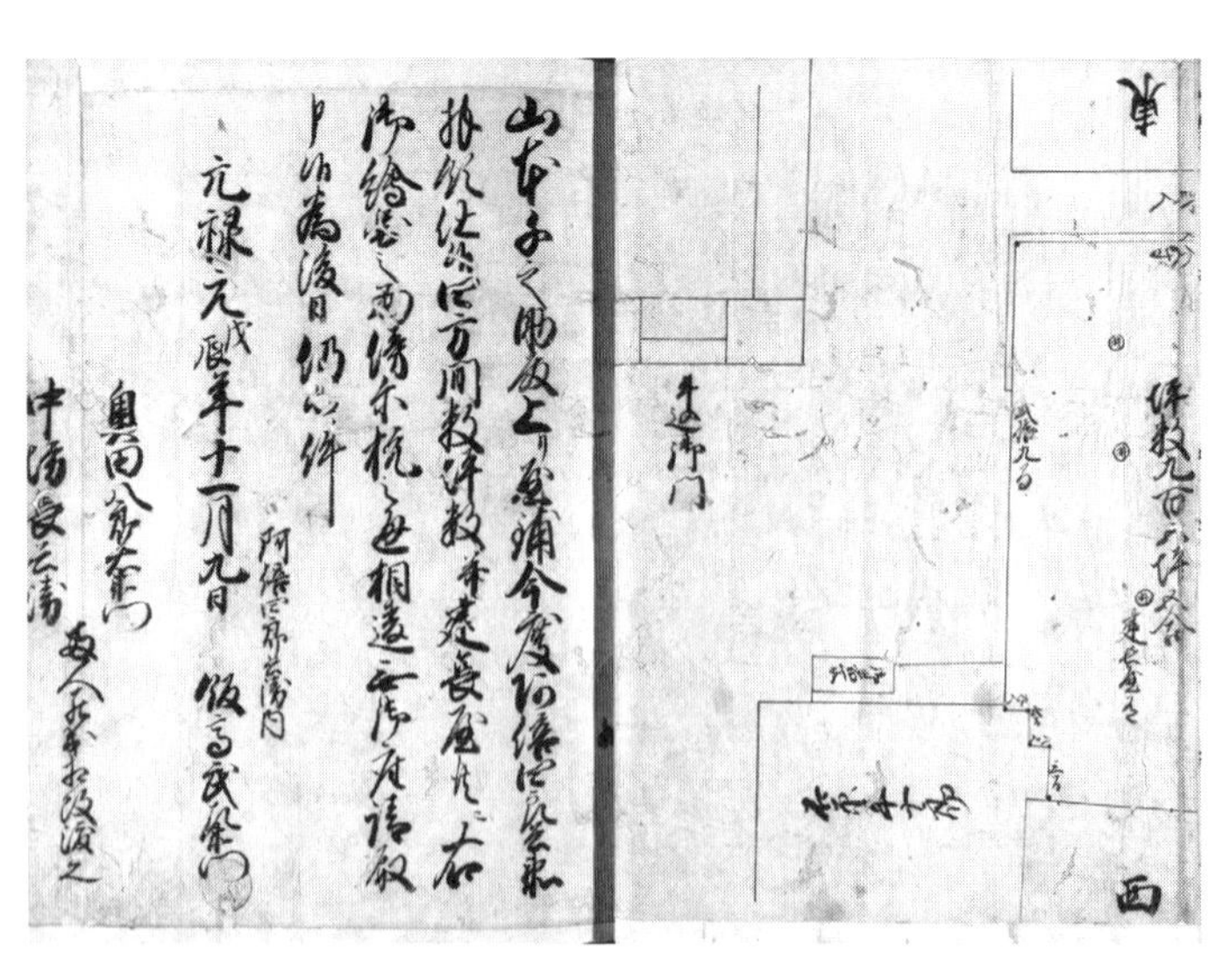

「屋敷渡預絵図証文」（国立国会図書館デジタルコレクション）

渡預絵図証文」が作られることとなる。その作成開始時期は少なくとも寛文十二年（一六七二）まで遡り得ることがわかっている（岩本馨「幕府普請奉行役所による拝領武家屋敷の把握について」）。

大火後の幕府の都市政策にはグランドデザインが見えづらく、一部の例外を除いて状況の追認という側面が大きかったことは否定しがたい。しかし少なくとも大火を一つの契機として、複雑きわまりない江戸の部分と全体を可能な限り正確に把握しようとし、そのための機構を整備し始めていたのもまた確かである。幕府が大火後二〇〇年以上にわたり、江戸という巨大過ぎる都市をまがりなりにも維持しえた理由はそこにあった。

あとがき

研究というのは思いもかけない展開をするものである。今思い返すと、始まりは前著『江戸の政権交代と武家屋敷』を執筆しているとき、吉川弘文館の斎藤信子さんから、災害というのは江戸の武家屋敷の在り方にどのように影響したのでしょうかと問われたことであった。このときはこの問題について検討するのに十分な時間的余裕がなく、明確な回答を出すには至らなかった。明暦の大火を含む徳川家綱の時代は、空白のまま残った。

前著が刊行された直後の平成二十四年（二〇一二）四月、日本建築学会のなかに、初田香成さんを委員長とする「危機に際しての都市の衰退と再生に関する国際比較［若手奨励］特別研究委員会」が設置され、筆者も委員の一人として参画することになった。これは言うまでもなく前年三月に起きた東日本大震災を受けたもので、都市と危機との関係をさまざまな時代と地域を事例として問い直そうとするものであった。

初回の研究会は六月に行われ、各委員がそれぞれのテーマについて構想を語り合った。

このとき筆者は、前年の斎藤さんの問いかけが頭に残っていたからか、「大火で大きく都市が変容したという既存の考え方を疑う」（議事録より）などと発言した。ただ、このときは明確な根拠にもとづいていたわけではなく、史料についても全く見通しが立っていなかった。そのため二年という研究期間ではとても成果を出せる気がせず、結局平成二十七年三月に出た報告書には全く別のテーマの論考を寄せてお茶を濁す体たらくであった。

その後、初田さんが諸々奔走して、この研究会の成果をベースとした論集を刊行する企画が動き出した。私はこの論集に参加すべきか迷っていたが、初田さんは以前の私の思いつきの発言のことを憶えていてくれたらしく、「江戸の大火復興」というテーマで何か書けないかと声をかけてくれた。それでようやく覚悟を決めて本格的に明暦の大火の研究に取り組んでみることとしたのである。初田さんがあそこで背中を押してくれなかったら、本書が形になることはなかったであろう。

そこからは暗中模索の日々であったが、大きな手がかりとなったのは、大学の先輩でもあった金行信輔さんのなされていた一連のご研究であった。残念ながら未だ公刊されていない博士論文『江戸の都市政策と建築に関する研究』には、近世初期の江戸の都市政策に関する重要な論点が豊富に含まれており、とりわけその第三章「初期の幕政と江戸の建築」では、明暦の大火を江戸の建築史的劃期と見なしていた従来の研究に再考を促すもの

で、学ぶところが大きかった。平成二十九年三月、恩師伊藤毅先生の退職記念イベントのさい、私は久し振りに金行さんと再会し、明暦の大火の評価に関する自分の考えを話したところ、「君もそう思うだろう？」と喜んでくださったことは忘れられない。本書はその意味で、金行さんが荒野に敷いてくれたレールの延長線上にある。

論集は曲折の末、『危機の都市史』として吉川弘文館からの刊行が決まった。私も何とか「大火と武家地」というタイトルで原稿を提出することができた。ただ、まだこの段階では粗いスケッチと言うべきもので、武家地のみならず寺社地や町人地までも視野に入れた総合的な検討が課題として残されていた。

縁とは不思議なもので、この論集の編集を担当してくださることになったのが斎藤信子さんであった。平成二十九年六月、その斎藤さんから封書をいただいた。初めは製作中の論集に関係することかと思って開けてみると、意外にも歴史文化ライブラリーへの執筆依頼であった。拙論の原稿を読んでというありがたいお言葉に、やはりこのテーマは書くことになっているのだな、と思った。

依頼から脱稿まではそこから二年と八ヵ月強を要した。藤川昌樹先生を代表者とする科研・基盤研究（B）「江戸武家地の成熟過程に関する建築史・都市史的研究」の研究会で、途中段階の内容を報告させていただき、メンバーの方々から貴重なご意見を頂戴したこと

もあった。最後の一年間は新型コロナウイルス感染症の猖獗により調査出張も思うにまかせず、加えてオンライン講義への対応に膨大な時間を取られて全く執筆時間が取れなくなり、斎藤さんには大変ご迷惑をおかけした。脱稿後は編集部の冨岡明子さんに多数の図版の掲載申請などでお世話になった。研究は一人でやるものなどというのは思い上がりで、実際には多くの方々の導きによるものであることに気づかされた経験であった。皆様に深く御礼申し上げたい。また一年以上会えていない実家の両親、毎日の笑顔をくれている妻と二人の娘たち、そしてここまでお付き合いくださった読者の皆様にも感謝いたします。

最後に、大火に関するきわめて私的な思いを綴ることをお許しいただきたい。

昭和三十七年（一九六二）二月、福岡県八幡市（現北九州市八幡東区）で洋品商を営んでいた母方の祖父母は、取引業者の招待で九州からはるばる東京見物に来ていた。六人の娘を抱えながら懸命に働いていた祖父母としては、久し振りの夫婦水入らずの旅であったのだろう。その日――二月十二日、二人は上野駅近くの旅館で一日の疲れを癒していた。新聞記事によれば、空気が乾燥し、冬の北西風が強く吹き荒れる夜であったという。

午前三時半頃、旅館に隣接する木造の空き事務所から突如火の手が上がった。放火であった。

火は強風に煽られて鉄筋コンクリート造の旅館にも燃え移った。番頭さんの呼び声で目を覚ました祖父母は慌てて逃げようとしたが、最上階の四階に泊まっていたため、階段からの避難に間に合わず、押し寄せる煙から逃れようとやむなく窓からの脱出を試みた。祖父は樋に手がかかって奇跡的に助かったが、祖母は道路に転落して命を落とした。

楽しいはずの東京旅行で突然伴侶を喪った明治生まれの祖父は、その後娘たちを無事に育て上げて平成までを生き抜き、八十九の天寿を全うした。火事から三〇年以上経っても毎朝欠かさず祖母の仏壇の前でお経を唱え、遺影に手を合わせていた晩年の祖父の後ろ姿は、今でもくっきりと思い出される。

概数でまとめられ、大きな物語に回収されがちな明暦の大火にも、祖父母たちと同様、一人一人それぞれ異なる人生の悲しみがあったであろうことを忘れずにいたい。

令和三年卯月

岩本　馨

参考文献

文献・論文

「刊行開始から一世紀を迎えた「東京市史稿」」『東京都公文書館だより』第一九号（二〇一一年）
『都市としての江戸』（復興局長官官房計画課、一九二六年）、『高柳光壽史學論文集』下巻（吉川弘文館、一九七〇年）に再録
「明暦の大火の死人は実数にあらず」『江戸会誌』第二冊第二号（一八八九年）、複刻版『江戸会編纂雑誌集成』第二巻（文化図書、二〇一〇年）所収
秋岡武次郎「幕命による明暦年間江戸全域測量図――遠近道印著寛文江戸図五舗との異同」『地図』第三巻第四号（一九六五年）
飯田龍一・俵元昭『江戸図の歴史』（築地書館、一九八八年）
伊坂道子『芝増上寺境内地の歴史的景観――その建築と都市的空間』（岩田書院、二〇一三年）
岩淵令治「水戸藩小石川屋敷拝領前の拝領者と小石川村の開発」『東京都文京区春日町（小石川後楽園）遺跡第一〇地点　後楽一―三地点における開発に伴う発掘調査報告書』（共和開発、二〇〇七年）
岩本馨『江戸の政権交代と武家屋敷』（吉川弘文館、二〇一二年）
岩本馨「幕府普請奉行役所による拝領武家屋敷の把握について」都市史学会編『都市史研究』第四号（二〇一七年）

岩本馨「大火と武家地――明暦の大火再考」「都市の危機と再生」研究会編『危機の都市史――災害・人口減少と都市・建築』（吉川弘文館、二〇一九年）
太田博太郎『日本建築史序説』（彰国社、一九四七年）
大槻泰士『江戸の町割に関する都市史的研究』（東京大学修士論文、一九九九年）
金行信輔「寛永江戸図の「下屋敷」について」『日本建築学会大会学術講演梗概集』（一九九六年）
金行信輔「寛文期江戸における大名下屋敷拝領過程」『日本建築学会計画系論文集』第五一六号（一九九九年）
金行信輔『江戸の都市政策と建築に関する研究』（東京大学博士論文、一九九九年）
金行信輔「大名屋敷と江戸の都市景観」鈴木博之ほか編『シリーズ都市・建築・歴史5　近世都市の成立』（東京大学出版会、二〇〇五年）
金行信輔「寛永江戸全図――臼杵市所蔵の新出江戸図について」『建築史学』第四六号（二〇〇六年）
金行信輔「大名江戸屋敷の複数化について――土佐藩山内家を事例に」藤井恵介先生献呈論文集編集委員会編『建築の歴史・様式・社会』（中央公論美術出版、二〇一八年）
川村花菱記／山村耕花画『大正むさしあぶみ――大震災印象記』（報知新聞社出版部、一九二四年）
神崎彰利「磐城平藩内藤家文書の研究（一）」『明治大学刑事博物館年報』第一九号（一九八八年）
倉地克直『池田光政――学問者として仁政行もなく候へば』（ミネルヴァ書房、二〇一二年）
フレデリック・クレインス著／磯田道史解説『オランダ商館長が見た江戸の災害』（講談社、二〇一九年）

黒木喬『明暦の大火』(講談社、一九七七年)
黒木喬「「明暦の大火」前後における屋敷移動」『地方史研究』第二八巻第五号(一九七八年)
黒木喬「「明暦の大火」前後における寺社および町屋の移動」『地方史研究』第二九巻第五号(一九七九年)
黒木喬『江戸の火事』(同成社、一九九九年)
黒田日出男『王の身体王の肖像』(平凡社、一九九三年)
黒田日出男『江戸図屏風の謎を解く』(角川学芸出版、二〇一〇年)
小池進『保科正之』(吉川弘文館、二〇一七年)
小泉八雲著/仙北谷晃一訳「振袖」小泉八雲著/平川祐弘編『怪談・奇談』(講談社、一九九〇年)
講談社総合編纂局編『週刊再現日本史 1657~1670』(講談社、二〇〇一年)
小林信也「失われた江戸と「明暦江戸大絵図」」之潮編集部編/小林信也解説『明暦江戸大絵図』(之潮、二〇〇七年)
小宮木代良『江戸幕府の日記と儀礼史料』(吉川弘文館、二〇〇六年)
坂巻甲太「近世初期における作者・書肆・読者の位相——作者浅井了意・書肆河野道清を軸に」『日本文学』第四三巻第一〇号(一九九四年)
坂巻甲太・黒木喬編『『むさしあぶみ』校注と研究』(桜楓社、一九八八年)
渋谷葉子「幕藩体制の形成過程と大名江戸藩邸——尾張藩を中心に」『徳川林政史研究所研究紀要』第三四号(二〇〇〇年)

水藤真「『江戸図屏風』製作の周辺——その作者・製作年代・製作の意図などの模索」『国立歴史民俗博物館研究報告』第三一集（一九九一年）
髙山慶子「1657明暦大火」北原糸子・松浦律子・木村玲欧編『日本歴史災害事典』（吉川弘文館、二〇一二年）
田中伸『庶民の文化——江戸文化と歴史への道標』（富士書院、一九六七年）
玉井哲雄『江戸——失われた都市空間を読む』（平凡社、一九八六年）
玉井哲雄責任編集『江戸の都市計画（週刊朝日百科日本の歴史72）』（朝日新聞社、一九八七年）
近松鴻二「「武州豊嶋郡江戸庄図」の基礎研究」『東京都江戸東京博物館研究報告』第二号（一九九七年）
千葉正樹「『御府内沿革図書』に見る江戸火除地の空間動態」『国際文化研究科論集』第九号（二〇〇一年）
土田至子「和歌山藩江戸屋敷の獲得過程——中屋敷の拡大過程を中心として」『論集きんせい』第一五号（一九九三年）
都築霧径「目黒不動尊と亀岡久兵衛正俊／同久兵衛政郷」『郷土目黒』第九号（一九六五年）
東京市編『明暦安政及大正の難』（帝都復興叢書刊行会、一九二四年）
東京都江戸東京博物館編『江戸東京博物館常設展示図録［図表編］——図表でみる江戸東京』（江戸東京博物館、二〇一七年）
東京都教育庁社会教育部文化課編集『江戸復原図』（東京都情報連絡室情報公開部都民情報課、一九八

九年）
東京都スポーツ文化事業団東京都埋蔵文化財センター編集『千代田区和泉伯太藩・武蔵岡部藩上屋敷跡遺跡――平成18年度参議院新議員会館整備等事業に伴う調査』（東京都埋蔵文化財センター、二〇〇七年）
内藤昌『江戸と江戸城』（鹿島出版会、一九六六年）
長瀬由美「築地御坊の創建について――上田織部正信書状より」『本願寺史料研究所報』第四二号（二〇一一年）
野間光辰「了意追跡」北条秀雄編著『改訂増補浅井了意』（笠間書院、一九七二年）
橋本隆司・増田達男「延焼シミュレーションによる江戸明暦大火の再現」『日本建築学会北陸支部研究報告集』第六一号（二〇一八年）
福田千鶴『酒井忠清』（吉川弘文館、二〇〇〇年）
水江漣子『江戸市中形成史の研究』（弘文堂、一九七七年）
光井渉『近世寺社境内とその建築』（中央公論美術出版、二〇〇一年）
宮崎勝美『大名屋敷と江戸遺跡』（山川出版社、二〇〇八年）
村井益男「明暦の江戸大火」『国史大辞典』第一三巻（吉川弘文館、一九九二年）
師橋辰夫「三井文庫蔵・〔寛文十年以前〕江戸市街図の一考証　付正保江戸図への一考証。」『月刊古地図研究二百号記念論集　古地図研究　附古地図集』（原書房、一九八八年）
師橋辰夫「明暦の大火以前の江戸図に関する一考証――正保江戸図・寛文十年以前江戸市街図」『地

図』第二七巻第三号（一九八九年）
横田冬彦「近世武家政権と首都」『年報都市史研究』第九号（山川出版社、二〇〇一年）
吉原健一郎・大浜徹也編『江戸東京年表』（小学館、一九九三年）
渡辺達三「近世広場の成立・展開Ⅱ　火除地広場の成立と展開（1）」『造園雑誌』第三六巻第一号（一九七二年）

史料

「会津家世実紀」豊田武編『会津藩家世実紀』第一巻（吉川弘文館、一九七五年）
「池田光政日記」藤井駿・水野恭一郎・谷口澄夫編『池田光政日記』（国書刊行会、一九八三年）
「江戸図屛風」（国立歴史民俗博物館所蔵）
「江戸幕府日記」（国立公文書館内閣文庫所蔵、同館デジタルアーカイブ）
「江戸幕府日記」（姫路酒井家本）藤井譲治編『江戸幕府日記　姫路酒井家本』第二六巻（ゆまに書房、二〇〇四年）
『江戸名所図会』（国立国会図書館所蔵、同館デジタルコレクション）
『黄金水大尽盃』（国文学研究資料館所蔵、新日本古典籍総合データベース）
「小槻忠利記」（宮内庁書陵部所蔵、新日本古典籍総合データベース）
「御触書集成（御触書享保集成）」（国立国会図書館所蔵、同館デジタルコレクション）
「折たく柴の記」新井白石著／松村明校注『折たく柴の記』（岩波書店、一九九九年）
「家譜年譜」国民精神文化研究所編『山鹿素行集』第七巻（目黒書店、一九四四年）

「寛永江戸全図」之潮編集部編／金行信輔解説『寛永江戸全図　仮撮影版』（之潮、二〇〇七年）
「寛政重修諸家譜」高柳光寿・岡山泰四・斎木一馬編集顧問『寛政重修諸家譜』全二八冊（続群書類従完成会、一九六四～二〇一二年）
「享保撰要類集」（国立国会図書館所蔵、同館デジタルコレクション）
「享保通鑑」辻達也校訂『享保通鑑』（近藤出版社、一九八四年）
「玉露叢」矢野太郎編『国史叢書　玉露叢』第一巻（国史研究会、一九一七年）
「慶長江戸之図」（東京都公文書館所蔵、同館デジタルアーカイブ）
「厳有院殿御実紀」黒板勝美・国史大系編修会編『新訂増補国史大系　徳川実紀』第四篇（吉川弘文館、一九七六年）
「公儀日記」（国立公文書館内閣文庫所蔵、同館デジタルアーカイブ）
「御旧記書抜」（阿波国徳島蜂須賀家文書、国文学研究資料館収蔵歴史アーカイブズデータベース）
「御当代記」戸田茂睡著／塚本学校注『御当代記――将軍綱吉の時代』（東洋文庫、一九九八年）
「御府内往還其外沿革図書」（国立国会図書館所蔵、同館デジタルコレクション）
「御府内備考」日本歴史地理学会校訂『大日本地誌大系第一冊　御府内備考　壱』（大日本地誌大系刊行会、一九一四年）
『三縁山志』『浄土宗全書』第一九巻（浄土宗全書テキストデータベース）
「寺社書上」（国立国会図書館所蔵、同館デジタルコレクション）
「祝融記」（阿波国徳島蜂須賀家文書、国文学研究資料館収蔵歴史アーカイブズデータベース）

「正慶承明記」（国立公文書館内閣文庫所蔵、同館デジタルアーカイブ）
「松梅語園」侯爵前田家編輯部『加賀藩史料』第三編（石黒文吉、一九二九年）
「正宝事録」（国立国会図書館所蔵、同館デジタルコレクション）
「新添江戸之図」（国立国会図書館所蔵、同館デジタルコレクション）
『新板江戸外絵図』（国立国会図書館所蔵、同館デジタルコレクション）
『新板武州江戸之図』栗田元次編『日本古版地図集成』（博多成象堂、一九三二年）
「新編武蔵風土記稿」蘆田伊人編『大日本地誌大系第一編　新編武蔵風土記稿』六（雄山閣、一九三一年）
「撰要永久録　御触留」（国立国会図書館所蔵、同館デジタルコレクション）
「撰要永久録　公用留」（国立国会図書館所蔵、同館デジタルコレクション）
『増補江戸大絵図絵入』（国立国会図書館所蔵、同館デジタルコレクション）
「曽我日記」（国立公文書館内閣文庫所蔵、同館デジタルアーカイブ）
「忠胤朝臣御年譜」岩崎敏夫・佐藤高俊校訂／岡田清一校注『相馬藩世紀』第一（続群書類従完成会、一九九九年）
「綱勝公御年譜」米沢温故会編『上杉家御年譜』五（原書房、一九八八年）
「天寛日記」（国立公文書館内閣文庫所蔵、同館デジタルアーカイブ）
「天享吾妻鑑」（国立公文書館内閣文庫所蔵、同館デジタルアーカイブ）
「殿中日記」（国立公文書館内閣文庫所蔵、同館デジタルアーカイブ）

『ドン・ロドリゴ日本見聞録』村上直次郎訳註『ドン・ロドリゴ日本見聞録・ビスカイノ金銀島探検報告』（雄松堂書店、一九六六年）
「後見草」『日本庶民生活史料集成　第七巻　飢饉・悪疫』（三一書房、一九七〇年）
「幕府祚胤伝」斎木一馬・岩沢愿彦校訂『徳川諸家系譜』第二（続群書類従完成会、一九七四年）
「土津霊神言行録」（茨城大学附属図書館菅文庫所蔵、新日本古典籍総合データベース）
『東インド会社遣日使節紀行』和田万吉訳『モンタヌス日本誌』（丙午出版社、一九二五年）
「備藩邸考」（岡山大学附属図書館所蔵、同館古文献ギャラリー）
『武州古改江戸之図』（早稲田大学図書館所蔵、同館古典籍総合データベース）
『武州豊嶋郡江戸庄図』（国立国会図書館所蔵、同館デジタルコレクション）
『分間江戸大絵図』（東京都公文書館所蔵、同館デジタルアーカイブ）
「政春古兵談」侯爵前田家編輯部『加賀藩史料』第三編（石黒文吉、一九二九年）
「町方書上」（国立国会図書館所蔵、同館デジタルコレクション）
「万治年間江戸測量図」（三井文庫所蔵）
「水戸紀年」『茨城県史料　近世政治編Ⅰ』（茨城県、一九七〇年）
「武蔵あふみ」（岡山大学池田家文庫所蔵）前掲坂巻・黒木編書
『むさしあぶみ』（万治四年版）（国立国会図書館所蔵、同館デジタルコレクション）前掲坂巻・黒木編書
「明暦江戸大絵図（「江戸大絵図」）」之潮編集部編／小林信也解説『明暦江戸大絵図』（之潮、二〇〇七

年）
「明暦大火前江戸大絵図（江戸市街図　寛文年以前）」（三井文庫所蔵）
「守貞謾稿」喜田川季荘（守貞）著／室松岩雄編『類従近世風俗志　守貞謾稿』（名著刊行会、一九八九年）
「屋敷書抜」（国立国会図書館所蔵、同館デジタルコレクション）
「屋敷渡預絵図証文」（国立国会図書館所蔵、同館デジタルコレクション）
「柳営日次記」（国立公文書館内閣文庫所蔵、同館デジタルアーカイブ）
「歴代公紀」山内家史料刊行委員会編『山内家史料　第三代　忠豊公記』第一編（山内神社宝物資料館、一九八二年）
東京市編『東京市史稿』救済篇第一（東京市、一九二一年）
東京市編『東京市史稿』皇城篇第二（東京市、一九一二年）
東京市編『東京市史稿』市街篇第六・七（東京市、一九二九・三〇年）
東京市編『東京市史稿』変災篇第四（東京市、一九一七年）
深井雅海・藤實久美子編『江戸幕府大名武鑑編年集成』第一巻（東洋書林、一九九九年）
深井雅海・藤實久美子編『江戸幕府役職武鑑編年集成』第一巻（東洋書林、一九九六年）
堀内信編『南紀徳川史』第一（南紀徳川史刊行会、一九三〇年）

明暦３年元日時点の大名一覧

当　主	年齢	所　　領	石　高	明暦３年元日時点の屋敷	典拠	大火５年後（寛文２年）の屋敷
青木重兼	52	摂津麻田	10,000	愛宕下，❷飯倉		愛宕下，飯倉，■下渋谷
青山宗俊	54	信濃小諸	30,000	★大名小路，❶青山	f	大名小路，青山，■愛宕下
青山幸利	42	摂津尼崎	48,000	▲大名小路，▲❶浜町，❶青山	a	大名小路，浜町，青山
秋田盛季	38	陸奥三春	50,000	▲外桜田，❶麻布	a	外桜田，麻布
秋月種春	48	日向財部	30,000	▲愛宕下	a	愛宕下，■麻布
秋元富朝	48	甲斐谷村	18,000	▲代官町，▲❶浜町	a	◎代官町，浜町
浅野長治	44	備後三次	50,000	△外桜田		外桜田，■赤坂，■下高輪
浅野長直	48	播磨赤穂	53,500	▲外桜田，❷赤坂，❷赤坂	a	◎鉄砲洲，赤坂
浅野光晟	41	安芸広島	376,500	★外桜田，❶赤坂，●深川	abfh	外桜田，赤坂，■木挽町築地，■谷中
阿部定高	23	武蔵岩槻	99,000	○西丸下，★❶浜町，❶本郷	fgh	◎西丸下，浜町，本郷
阿部忠秋	56	武蔵忍	60,000	★西丸下，▲❶箱崎，❶麻布	afg	◎西丸下，箱崎，麻布
安部信盛	74	武蔵国ほか	19,200	★永田馬場	q	永田馬場，■北品川
阿部正能	31	上総大多喜	10,000	小石川		◎麻布（位置不詳）
有馬康純	45	日向延岡	50,000	☆愛宕下，❷麻布	a	愛宕下，■麻布
有馬松千代	6	筑後久留米	210,000	★大名小路，❶芝	f	□芝，麻布（位置不詳）

当　主	年齢	所　　領	石　高	明暦３年元日時点の屋敷	典拠	大火５年後（寛文２年）の屋敷
安藤重長	58	上野高崎	66,600	★辰ノ口，★❶浜町，❶小日向	af	◎大名小路，浜町，小日向，■木挽町築地
井伊直孝	68	近江彦根	300,000	★外桜田，○❶赤坂門内，▲❶南八丁堀，○❶千駄ヶ谷	abfgh	外桜田，赤坂門内，南八丁堀，千駄ヶ谷
井伊直之	40	三河西尾	35,000	△大名小路		大名小路
池田恒元	47	播磨山崎	30,000	☆浅草	a	浅草，■浅草
池田薫彰	25	播磨新宮	10,000	湯島		湯島
池田輝澄	54	因幡鹿野	10,000	（配流）		◎愛宕下
池田光仲	28	因幡鳥取	320,000	★大名小路，▲❶愛宕下，★❶芝，★❷愛宕下	afg	大名小路，愛宕下，芝
池田光政	49	備前岡山	315,000	★大名小路，★❶大名小路，★❶浅草	afi	大名小路，大名小路，■下谷，■深川
生駒高俊	47	出羽矢島	10,000	（配流）		◎下谷（旗本化）
石川昌勝	24	伊勢亀山	50,000	☆下谷	a	下谷，■三ノ輪
石川総長	53	伊勢国内	10,000	西丸下，❶麻布		西丸下，麻布，■麻布
板倉重郷	39	下総関宿	50,000	▲外桜田，▲❶浜町，❶市谷，▲❷木挽町	a	外桜田，市谷，木挽町
板倉重矩	41	三河中島	10,000	△一橋門外		一橋門外，■湯島
伊丹勝長	55	甲斐徳美	10,000	△大名小路，❶牛込		大名小路，牛込
市橋政信	35	近江仁正寺	17,000	☆内神田	a	内神田，■下谷，■亀戸
伊東祐久	49	日向飫肥	54,000	☆外桜田	a	外桜田，■千駄ヶ谷
伊東長治	30	備中岡田	10,300	△元鷹匠町		◎元鷹匠町

稲垣重昭	22	三河刈谷	20,000	☆牛込門内	a	牛込門内，■高田
稲葉信通	50	豊後臼杵	50,060	▲愛宕下，❶麻布	a	愛宕下，麻布
稲葉正則	35	相模小田原	85,000	○★西丸下，▲❶浜町，▲❷芝口	ah	西丸下，浜町，■木挽町築地，■渋谷，■深川
井上政重	73	下総国ほか	13,000	★元鷹匠町，❶小日向，★❷霊岸島	e	元鷹匠町，霊岸島
井上正利	52	常陸笠間	50,000	▲大手前，▲❶浜町，▲❷筋違橋門内，❷千駄ヶ谷	a	大手前，浜町
岩城重隆	30	出羽亀田	20,000	外神田		外神田，■亀戸
上杉綱勝	19	出羽米沢	300,000	★外桜田，★❶外桜田，❶麻布	af	外桜田，麻布，■白金
植村家貞	40	大和高取	25,000	△愛宕下		愛宕下
内田正衆	13	下野鹿沼	15,000	○西丸下，❷麻布	g	◎半蔵門外，麻布
遠藤常季	30	美濃郡上	24,000	★内神田，❷外神田	b	内神田，外神田
大久保忠職	54	肥前唐津	83,000	☆大名小路，❶麻布	a	大名小路，麻布，■中之郷
大河内隆綱	37	相模玉縄	20,000	▲一橋門外，▲❷浅草	a	一橋門外，■浅草橋門内
大関増親	23	下野黒羽	18,000	△外桜田		外桜田，■三ノ輪
太田資宗	58	遠江浜松	35,000	☆外神田，❶駒込	a	◎湯島，駒込，■湯島
大田原政清	46	下野大田原	12,400	△外桜田，❶麻布		外桜田，麻布
大村純長	22	肥前大村	27,900	△愛宕下		愛宕下，■白金
小笠原貞信	27	美濃高須	22,700	△大名小路		大名小路，■深川
小笠原忠知	59	三河吉田	45,000	★小石川	ag	◎田安門内，■市谷
小笠原忠政	62	豊前小倉	150,000	★常盤橋門内，❶小石川，▲❷鉄砲洲（嫡子）	a	常盤橋門内，鉄砲洲，■市谷

当　主	年齢	所　　領	石　高	明暦３年元日時点の屋敷	典拠	大火５年後（寛文２年）の屋敷
小笠原長次	43	豊前中津	80,000	小石川，○❷駒込	g	小石川，駒込
岡部宣勝	61	和泉岸和田	60,000	○赤坂門内，❷麻布，▲❷芝	ah	赤坂門内，麻布，赤坂，芝，麻布
奥平忠昌	50	下野宇都宮	110,000	▲大名小路，▲❶木挽町，❷下高輪村	a	大名小路，木挽町，下高輪村
織田高長	68	大和宇陀松山	31,200	馬喰町，❶馬喰町，❷浅草		馬喰町，馬喰町，■浅草
織田長政	71	大和戒重	10,000	△大名小路		大名小路，■麻布
織田信久	15	上野小幡	20,000	★大名小路	af	大名小路，■高輪
織田秀一	19	大和柳本	10,000	△愛宕下		愛宕下，■青山
加々爪直澄	48	遠江掛塚	10,000	○西丸下，❷鉄砲洲	h	□鉄砲洲，■飯倉
片桐貞昌	53	大和小泉	13,400	☆愛宕下	a	愛宕下，■芝口
加藤明友	37	石見吉永	10,000	西久保，★❶芝	f	西久保，芝
加藤直泰	44	伊予新谷（大洲）	10,000	浅草		◎内神田，□浅草
加藤泰興	47	伊予大洲	60,000	☆内神田	a	◎下谷，■下谷
金森頼直	37	飛驒高山	38,700	▲外桜田，❶芝	a	外桜田，芝
亀井茲政	41	石見津和野	43,000	▲外桜田，▲❷芝	a	外桜田，芝，■麻布
木下俊治	44	豊後日出	25,000	△愛宕下		愛宕下，■麻布
木下利当	55	備中足守	25,000	麻布		麻布，■麻布
京極高和	39	播磨龍野	60,000	▲外桜田，▲❶芝口	a	外桜田，■芝，■麻布
京極高国	42	丹後宮津	78,200	★大名小路，❶芝	af	大名小路，芝
京極高直	25	丹後田辺	35,000	外神田		外神田，■亀戸
京極高通	55	丹後峰山	13,000	△木挽町		木挽町，■弐本榎
九鬼隆季	50	丹波綾部	20,000	△北八丁堀		北八丁堀，■弐本榎
九鬼隆昌	11	摂津三田	36,000	☆大名小路		大名小路，■弐本榎

久世広之	49	下総国ほか	10,000	○代官町，△❷箱崎	d	◎西丸下，箱崎
朽木稙綱	53	常陸土浦	30,000	○西丸下，★❶箱崎	fh	西丸下，箱崎
久留島通清	29	豊後森	12,500	芝		芝，■白金
黒田長興	48	筑前秋月	50,000	芝，❶芝		芝，芝
黒田光之	30	筑前福岡	433,100	★外桜田，○❶赤坂	abfj	外桜田，赤坂
黒田之勝	24	筑前東蓮寺	40,000	溜池端		溜池端，■白金
桑山一玄	47	大和新庄	13,000	△芝口		芝口，■白金
小出有棟	50	和泉陶器	10,000	△愛宕下，△❷西久保		愛宕下，■麻布
小出吉親	68	丹波園部	29,700	▲大名小路，▲❷鉄砲洲（嫡子）	a	◎下谷，鉄砲洲，■浅草
小出吉英	71	但馬出石	50,000	▲西久保，❶虎門内（嫡子）	a	西久保，虎門内（嫡子）
高力高長	53	肥前島原	40,000	▲内神田，▲❶浜町，❷西久保	a	□西久保
五島盛勝	13	肥前福江	12,500	芝		芝
小堀正之	38	近江小室	11,460	△元鷹匠町		元鷹匠町，■小石川
西郷延員	44	安房東条	10,000	赤坂門内		赤坂門内，■代々木
酒井忠清	34	上野厩橋	100,000	★大手前，★❶浜町，❶小石川，❷市谷	adf	大手前，浜町，小石川，■本庄
酒井忠解	15	出羽大山（鶴岡）	10,000	△神田橋門外		神田橋門外
酒井忠朋	19	出羽松山（鶴岡）	20,000	☆神田橋門外	a	神田橋門外，■牛込，■千駄ヶ谷
酒井忠直	28	若狭小浜	123,500	★大名小路，★❶浜町，▲❷鉄砲洲，○❶牛込	afk	大名小路，浜町，牛込
酒井忠当	41	出羽鶴岡	140,000	★神田橋門内，▲❷浅草	a	◎大手前，浅草，■深川

当　主	年齢	所　　領	石　高	明暦3年元日時点の屋敷	典拠	大火5年後（寛文2年）の屋敷
酒井忠能	30	上野那波	22,500	★小石川	af	◎浜町
榊原忠次	53	播磨姫路	150,000	★小石川門内，❶湯島	abfh	小石川門内，湯島
相良頼寛	58	肥後人吉	22,100	▲外桜田，❶赤坂	a	外桜田，赤坂
佐久間勝豊	23	信濃長沼	10,000	△愛宕下，❶西久保		愛宕下，西久保
佐竹義隆	49	出羽久保田	205,810	★神田橋門外，○❶浅草	al	神田橋門外，浅草
真田信利	23	上野沼田	30,000	☆大名小路	af	大名小路，■小石川
真田信政	62	信濃松代	100,000	△外桜田，❷麻布		外桜田，麻布，■麻布
島津久雄	25	日向佐土原	30,000	▲愛宕下，❶三田	a	愛宕下，三田
島津光久	42	薩摩鹿児島	728,700	★外桜田，❶芝，❷西久保	af	外桜田，芝，西久保
新庄直好	59	常陸麻生	27,300	▲大名小路，❶外神田	a	大名小路，外神田，■池之端
諏訪忠恒	63	信濃高島	32,000	赤坂門内，❶半蔵門内		赤坂門内，半蔵門内，■中渋谷
関長政	46	美作宮川	18,700	（不明）		◎芝海手，■麻布
仙石政俊	41	信濃上田	60,000	△外桜田，❶西久保		外桜田，西久保
宗義成	54	対馬府中	11,800	外神田		外神田，■三ノ輪
相馬勝胤	21	陸奥中村	60,000	★外桜田	am	外桜田，■麻布，■角筈
高木正弘	45	河内丹南	10,000	虎門内，❶渋谷		虎門内，渋谷
建部政長	55	播磨林田	10,000	湯島		湯島，■駒込
立花忠茂	46	筑後柳河	109,600	▲内神田，❶下谷，❷浅草	a	□下谷，浅草，■浅草
立花種長	33	筑後三池	10,000	湯島		湯島，■亀戸

伊達忠宗	58	陸奥仙台	620,000	★外桜田，★❶外桜田，★❶芝口，★❶芝口	adfg	□芝口，芝口，▩麻布，▩大井村
伊達秀宗	67	伊予宇和島	100,000	☆大名小路，❷麻布	a	大名小路，麻布，▩上目黒
谷衛政	60	丹波山家	10,000	虎門外，❷飯倉		虎門外，■麻布
津軽信政	39	陸奥弘前	47,000	▲元鷹匠町，❶浅草	a	元鷹匠町，浅草，▩本庄
土屋利直	51	上総久留里	21,000	★常盤橋門内，▲❷箱崎	a	常盤橋門内，▩深川
土井利隆	39	下総古河	135,000	★大手前，❶駒込	a	◎内神田，駒込
土井利長	27	下野国内	10,000	☆浜町	a	◎西丸下，■小石川
土井利房	27	下野国内	10,000	☆浜町	a	◎神田橋門内，■小石川
藤堂高次	57	伊勢津	323,900	★神田橋門内，❶神田，❶下谷	a	□外神田，下谷，▩駒込
遠山友貞	17	美濃苗木	10,500	芝		芝，▩麻布
戸川正安	52	備中庭瀬	22,500	☆溜池下	a	溜池下，■麻布
土岐頼行	50	出羽上山	25,000	▲麹町，❷芝	a	◎外桜田，芝
徳川光義	33	尾張名古屋	619,500	○半蔵門内，★❶木挽町，❶赤坂，❷市谷，❷下渋谷，●深川	hn	□市谷，■四谷門内，▩木挽町築地，下渋谷，深川
徳川頼宣	56	紀伊和歌山	555,000	○半蔵門内，❶赤坂，△❶木挽町	ah	◎四谷門内，赤坂，木挽町
徳川頼房	55	常陸水戸	280,000	○半蔵門内，▲❶浜町，★❶小石川，❶駒込	abh	□小石川，浜町，駒込
戸沢乗盛	18	出羽新庄	68,200	△外桜田，❶麻布		外桜田，麻布

当　主	年齢	所　　領	石　高	明暦３年元日時点の屋敷	典拠	大火５年後（寛文２年）の屋敷
戸田氏信	58	美濃大垣	100,000	▲筋違橋門内，▲❶大名小路，❶牛込，▲❷霊岸島	a	◎筋違橋門内，大名小路，牛込，霊岸島，■龍泉寺
戸田忠昌	26	三河田原	10,000	麹町		麹町，■千駄ヶ谷
戸田光重	36	美濃加納	70,000	△大名小路		大名小路，■北八丁堀，■弐本榎
鳥居忠春	34	信濃高遠	30,200	△北八丁堀		北八丁堀，■麻布
内藤金一郎	13	陸奥高月	20,000	○内神田	o	内神田，■深川
内藤忠興	66	陸奥磐城平	70,000	○虎門内，❶麻布，❶西久保（嫡子）	gh	虎門内，麻布，西久保（嫡子）
内藤忠政	41	志摩鳥羽	35,000	▲駿河台，❷小石川	a	駿河台，小石川
内藤信照	66	陸奥棚倉	50,000	☆永田馬場	a	永田馬場，■下渋谷
永井直清	67	摂津高槻	36,000	△外桜田		◎外桜田，■千駄ヶ谷
永井尚政	71	山城淀	100,000	▲筋違橋門内，▲❶浜町，❶鮫河橋，❶四谷，❶谷中	a	筋違橋門内，浜町，鮫河橋，四谷，谷中
中川久清	43	豊後岡	70,400	▲愛宕下，❶芝		愛宕下，芝
鍋島勝茂	78	肥前佐賀	357,000	★外桜田，❶麻布，❶麻布	af	外桜田，麻布，麻布
鍋島直澄	43	肥前蓮池（佐賀）	52,600	△愛宕下		（不明）
鍋島直朝	36	肥前鹿島（佐賀）	20,000	（不明）		（不明）
鍋島直能	36	肥前小城（佐賀）	73,200	△御成橋内		御成橋内
南部重直	52	陸奥盛岡	100,000	☆外桜田，❶麻布	a	外桜田，麻布
西尾右京	5	駿河田中	20,000	☆半蔵門内，❶赤坂	a	半蔵門内，赤坂，■角筈

丹羽氏定	52	美濃岩村	19,000	☆外神田	a	外神田
丹羽光重	36	陸奥二本松	100,700	▲外桜田，○❶永田馬場，▲❶南八丁堀	ag	外桜田，永田馬場，南八丁堀
蜂須賀光隆	28	阿波徳島	257,000	★大名小路，★❶大名小路，○❶芝	afg	大名小路，芝
土方雄次	47	陸奥窪田	20,000	▲外桜田，❶溜池端	a	外桜田，溜池端
土方雄豊	20	伊勢菰野	12,000	△愛宕下		愛宕下，■白金
一柳直興	34	伊予西条	25,000	☆愛宕下	a	愛宕下
一柳直次	35	播磨小野	10,000	△愛宕下		愛宕下，■下渋谷
一柳直治	16	伊予小松	10,000	△愛宕下		愛宕下，■三田
北条氏重	63	遠江掛川	30,000	○西丸下	h	（万治元年無嗣断絶）
北条氏宗	39	河内狭山	11,000	△愛宕下，❶西久保		愛宕下，西久保
保科正貞	70	上総飯野	17,000	△大名小路		大名小路，■麻布
保科正之	47	陸奥会津若松	230,000	西丸下，★❶芝口	fg	西丸下，芝，■三田
細川興隆	26	常陸谷田部	16,200	☆内神田	a	内神田
細川綱利	15	肥後熊本	540,000	★大名小路，❶白金	f	大名小路，白金
細川行孝	21	肥後宇土（熊本）	30,000	△愛宕下		愛宕下，■白金
堀田正俊	24	下総国内	10,000	浅草		◎西丸下，□浅草
堀田正信	27	下総佐倉	110,000	★西丸下，▲❶箱崎，❶浅草	af	（万治３年改易）
堀親昌	52	下野烏山	20,000	☆大名小路	a	大名小路，■麻布
堀利長	57	常陸玉取	12,000	小石川，△❶小石川		小石川，小石川
堀直景	54	上総苅谷	10,000	△愛宕下，△❶元鷹匠町		愛宕下，■上大崎
堀直輝	27	信濃須坂	10,050	△浜町		浜町
堀直吉	21	越後村松	30,000	☆下谷	a	下谷，■駒込

当　主	年齢	所　　領	石　高	明暦３年元日時点の屋敷	典拠	大火５年後（寛文２年）の屋敷
本多重昭	24	越前丸岡	43,300	△小石川,❶小日向		小石川，小日向
本多忠義	56	陸奥白河	120,000	★外神田，❷浅草	ac	外神田，浅草，■浅草（嫡子）
本多俊次	63	近江膳所	70,000	△南八丁堀		南八丁堀
本多利長	23	遠江横須賀	50,000	☆麴町，❷市谷	a	◎外桜田，■高輪
本多政勝	44	大和郡山	150,000	★大手前，❶小石川，▲❶浅草	a	□浅草，■下谷
本多政長	25	大和郡山新田	30,000	（不明）	a	◎大手前
本多政信	24	大和郡山新田	10,000	（不明）		（不明）
前田綱利	15	加賀金沢	805,000	★辰ノ口	ac	◎外神田，本郷，■駒込
前田利明	40	加賀大聖寺	70,000	本郷		本郷
前田利次	41	越中百塚	100,000	本郷		本郷，■坂本
前田利常	65	加賀小松	220,000	○本郷，△❷浜町	c	（万治元年死去,本藩に吸収）
前田利意	33	上野七日市	10,000	△大名小路		大名小路，■亀戸
牧野忠成	23	越後長岡	74,000	☆西久保	a	西久保，■西久保
牧野親成	51	摂津国ほか	32,600	△北八丁堀，△❶南八丁堀		北八丁堀
牧野康成	41	越後与板	10,000	浅草		浅草
増山正利	35	相模国内	10,000	△代官町		◎代官町，■高田
松平勝隆	69	上総佐貫	15,000	▲大名小路，▲❷鉄砲洲	a	大名小路，鉄砲洲
松平清良	27	出羽山形	150,000	★元鷹匠町,❶浅草	af	元鷹匠町，浅草
松平定房	54	伊予今治	30,000	★木挽町	af	木挽町，■下高輪
松平定行	71	伊予松山	150,000	★愛宕下，❶芝	ap	愛宕下，芝
松平定良	26	伊勢桑名	110,000	★北八丁堀	f	北八丁堀，■深川

松平重正	35	下野皆川	10,500	△柳原土手下，❶浅草		柳原土手下，浅草
松平忠昭	41	豊後高松	22,200	☆神田橋門外	a	神田橋門外，■四谷
松平忠国	61	播磨明石	70,000	☆大名小路	a	大名小路，■品川
松平忠倶	24	信濃飯山	40,000	☆大名小路，▲❷鉄砲洲，▲❷鉄砲洲	a	大名小路，鉄砲洲，■大塚
松平忠晴	60	丹波亀山	38,000	★虎門内，❶麻布	ag	虎門内，麻布
松平忠房	39	丹波福知山	45,900	永田馬場		◎常盤橋門内，■下谷，■深川
松平綱重	14	美濃国ほか	150,000	★竹橋門内，❷青山，❷青山，❷根津	afh	◎外桜田，青山，根津，■浜御殿，■三田
松平綱吉	12	近江国ほか	150,000	★一橋門内，❷小石川	afh	◎神田橋門内，小石川，■本庄
松平直次	33	豊後杵築	32,000	▲浅草，❷浅草	a	浅草，浅草，■本庄
松平直富	53	越前大野	50,000	★大名小路	af	大名小路，■下高輪
松平直矩	16	越後村上	150,000	☆外桜田	a	外桜田，■浅草，■弐本榎
松平直政	57	出雲松江	186,000	★麹町，❶赤坂門内，❷麻布	ah	麹町，赤坂門内
松平信綱	62	武蔵川越	75,000	★一橋門内，▲❶内神田，▲❶箱崎，❶谷中，▲●深川	af	一橋門内，内神田，箱崎，谷中，深川
松平乗久	25	上野館林	55,000	★大手前，▲❷南八丁堀	af	◎神田橋門内，南八丁堀
松平昌明	18	越前吉江	25,000	△浅草		◎下谷，■亀戸
松平昌勝	22	越前松岡	50,000	△浅草橋門外		浅草橋門外，■亀戸
松平光長	42	越後高田	260,000	★麹町，▲❶木挽町，❶麻布	ag	麹町，木挽町，麻布

当　主	年齢	所　　領	石　高	明暦３年元日時点の屋敷	典拠	大火５年後（寛文２年）の屋敷
松平光通	22	越前福井	450,000	★辰ノ口，★❶霊岸島	af	□霊岸島，■浅草橋門内，■四谷
松平康映	43	石見浜田	50,400	★虎門内，▲❷木挽町	ag	虎門内，木挽町
松平康信	58	丹波篠山	50,000	☆西丸下	ag	西丸下，■芝
松平康尚	35	伊勢長島	10,000	☆常盤橋門内	a	常盤橋門内，■深川
松平頼重	36	讃岐高松	120,000	▲外桜田，❶芝	a	外桜田，芝，■芝
松浦鎮信	36	肥前平戸	63,200	▲内神田，❶浅草	a	□浅草
三浦正春	21	上総大多喜新田	16,000	★浜町	f	(万治２年宗家継承)
三浦安次	25	下野壬生	20,000	☆元鷹匠町，❶谷中	a	元鷹匠町，谷中
水野勝貞	33	備後福山	101,000	▲外桜田，▲❷西久保	a	外桜田，西久保
水野忠職	45	信濃松本	70,000	★神田橋門内，❶外神田，❶巣鴨	a	神田橋門内，外神田，巣鴨
水野忠善	46	三河岡崎	50,000	▲西丸下，❶本郷，❷市谷	a	◎西丸下，本郷
水野元綱	64	上野安中	20,000	★飯田町，❶小石川	a	飯田町，小石川
水谷勝隆	61	備中松山	50,000	☆外桜田，❶下谷	a	外桜田，■外桜田，下谷，■三田
溝口宣直	53	越後新発田	50,000	★大名小路，▲❷北八丁堀，▲❷鉄砲洲	af	大名小路，北八丁堀，鉄砲洲，■下谷
溝口政勝	50	越後沢海	10,000	△芝口		芝口，■白金
三宅康盛	58	三河挙母	12,000	飯田町		◎小石川，■小石川
毛利右京	8	長門府中(萩)	50,000	△愛宕下，❷西久保，❷下渋谷		愛宕下，西久保，下渋谷
毛利高直	28	豊後佐伯	20,000	△大名小路		大名小路，■今里

毛利綱広	19	長門萩	369,410	★外桜田，▲❶芝口，❶麻布	af	外桜田，麻布
毛利就隆	56	周防徳山（萩）	45,000	▲愛宕下，▲❷愛宕下，❷三田		□三田，■下渋谷
毛利元知	27	長門府中新田	10,000	麻布		◎北八丁堀，□麻布
森川重政	50	下総生実	10,000	西丸下，❶四谷		西丸下，四谷
森長継	48	美作津山	186,500	★大名小路，★❶大名小路，★❶芝	af	大名小路，芝
屋代忠正	64	安房北条	10,000	△小石川門内，❶千駄ヶ谷		小石川門内，千駄ヶ谷
山内忠豊	49	土佐高知	202,600	★大名小路，○❶芝	af	大名小路，芝
山内忠直	45	土佐中村（高知）	30,000	★愛宕下	f	◎麻布
山口弘隆	55	常陸牛久	10,000	△溜池端，❶下渋谷		溜池端，下渋谷
山崎治頼	8	讃岐丸亀	44,000	△愛宕下，△❶芝口		（明暦３年無嗣断絶）
六郷政勝	23	出羽本荘	20,000	☆内神田	a	内神田，■浅草
脇坂安政	25	信濃飯田	53,000	△愛宕下，△❶芝口		□芝口，■青山
分部嘉治	31	近江大溝	20,000	△愛宕下		愛宕下，■白金

「所領」列の括弧は本藩を示す．屋敷一覧（町屋敷・抱屋敷は含めない）のうち先頭が上屋敷を示す．「大火時点の屋敷」列で★は史料上類焼が確認できる屋敷，☆は類焼の可能性が高い屋敷，○は史料上焼け残りが確認できる屋敷，▲は「類火の面々」に名前があり，類焼の可能性がある屋敷，△は「類火の面々」には名前がないものの類焼の可能性がある屋敷を示す．また白抜き数字は別邸の獲得（拝領・相対替・買得）時期を示す．❶は「寛永江戸全図」まで，❷❷は❶以降明暦の大火まで（❷は既開発地，❷は新規開発地），●は明暦の大火以前の獲得をそれぞれ示す．「典拠」列は大火による屋敷被害の典拠を示し，アルファベットはa＝「日記」，b＝山鹿素行「家譜年譜」，c＝「政春古兵談」，d＝「亀岡記」，e＝ワーヘナールの記録，f＝「歴代公紀」，g＝蜂須賀家文書，h＝「小槻忠利記」，i＝「備藩邸考」，j＝「黒田家譜」，k＝『酒井家編年史料稿本』，l＝「国典類抄」，m＝「忠胤朝臣御年譜」，n＝尾張徳川家文書（渋谷葉子氏のご教示による），o＝「折たく柴の記」，p＝甲良家文書，q＝『千代田区和泉伯太藩・武蔵岡部藩上屋敷跡遺跡』である．「寛文２年屋敷」列の□は大火後本邸と別邸の位置づけが変更された屋敷，◎■■は大火後５年のうちに獲得した屋敷（◎は本邸，■は既開発地に獲得の別邸，■は新規開発地に獲得の別邸）をそれぞれ示す．

著者紹介
一九七八年、北九州市に生まれる
二〇〇〇年、東京大学工学部建築学科卒業
二〇〇六年、同大学大学院工学系研究科博士課程修了、博士（工学）
現在、京都工芸繊維大学大学院工芸科学研究科准教授
〔主要著書・論文〕
『近世都市空間の関係構造』（吉川弘文館、二〇〇八年）
『江戸の政権交代と武家屋敷』（吉川弘文館、二〇一二年）
「大火と武家地」「都市の危機と再生」研究会編『危機の都市史』（吉川弘文館、二〇一九年）

歴史文化ライブラリー
532

明暦の大火
「都市改造」という神話

二〇二一年（令和三）九月一日　第一刷発行

著　者　岩本　馨
発行者　吉川道郎
発行所　株式会社 吉川弘文館
東京都文京区本郷七丁目二番八号
郵便番号一一三―〇〇三三
電話〇三―三八一三―九一五一〈代表〉
振替口座〇〇一〇〇―五―二四四
http://www.yoshikawa-k.co.jp/
印刷＝株式会社 平文社
製本＝ナショナル製本協同組合
装幀＝清水良洋・宮崎萌美

ISBN978-4-642-05932-9

歴史文化ライブラリー

1996. 10

刊行のことば

現今の日本および国際社会は、さまざまな面で大変動の時代を迎えておりますが、近づきつつある二十一世紀は人類史の到達点として、物質的な繁栄のみならず文化や自然・社会環境を謳歌できる平和な社会でなければなりません。しかしながら高度成長・技術革新にともなう急激な変貌は「自己本位な刹那主義」の風潮を生みだし、先人が築いてきた歴史や文化に学ぶ余裕もなく、いまだ明るい人類の将来が展望できていないようにも見えます。

このような状況を踏まえ、よりよい二十一世紀社会を築くために、人類誕生から現在に至る「人類の遺産・教訓」としてのあらゆる分野の歴史と文化を「歴史文化ライブラリー」として刊行することといたしました。

小社は、安政四年(一八五七)の創業以来、一貫して歴史学を中心とした専門出版社として書籍を刊行しつづけてまいりました。その経験を生かし、学問成果にもとづいた本叢書を刊行し社会的要請に応えて行きたいと考えております。

現代は、マスメディアが発達した高度情報化社会といわれますが、私どもはあくまでも活字を主体とした出版こそ、ものの本質を考える基礎と信じ、本叢書をとおして社会に訴えてまいりたいと思います。これから生まれでる一冊一冊が、それぞれの読者を知的冒険の旅へと誘い、希望に満ちた人類の未来を構築する糧となれば幸いです。

吉川弘文館

歴史文化ライブラリー

近世史

歴史文化ライブラリー

近・現代史

歴史文化ライブラリー

地図から消えた島々 幻の日本領と南洋探検家たち——長谷川亮一
自由主義は戦争を止められるのか 芦田均・清沢洌・石橋湛山——上田美和
モダン・ライフと戦争 スクリーンのなかの女性たち——宜野座菜央見
軍用機の誕生 日本軍の航空戦略と技術開発——水沢 光
首都防空網と〈空都〉多摩——鈴木芳行
帝都防衛 戦争・災害・テロ——土田宏成
陸軍登戸研究所と謀略戦 科学者たちの戦争——渡辺賢二
帝国日本の技術者たち——沢井 実
強制された健康 日本ファシズム下の生命と身体——藤野 豊
戦争とハンセン病——藤野 豊
「自由の国」の報道統制 大戦下の日系ジャーナリズム——水野剛也
海外戦没者の戦後史 遺骨帰還と慰霊——浜井和史
学徒出陣 戦争と青春——蜷川壽惠
特攻隊の〈故郷〉 霞ヶ浦・筑波山・北浦・鹿島灘——伊藤純郎
沖縄戦 強制された「集団自決」——林 博史
陸軍中野学校と沖縄戦 知られざる少年兵「護郷隊」——川満 彰
沖縄戦の子どもたち——川満 彰
沖縄からの本土爆撃 米軍出撃基地の誕生——林 博史
原爆ドーム 物産陳列館から広島平和記念碑へ——頴原澄子
米軍基地の歴史 世界ネットワークの形成と展開——林 博史
沖縄米軍基地全史——野添文彬
考証 東京裁判 戦争と戦後を読み解く——宇田川幸大
昭和天皇退位論のゆくえ——冨永 望
ふたつの憲法と日本人 戦前・戦後の憲法観——川口暁弘
戦後文学のみた〈高度成長〉——伊藤正直
首都改造 東京の再開発と都市政治——源川真希
鯨を生きる 鯨人の個人史・鯨食の同時代史——赤嶺 淳

民俗学・人類学

日本人の誕生 人類はるかなる旅——埴原和郎
倭人への道 人骨の謎を追って——中橋孝博
役行者と修験道の歴史——宮家 準
幽霊 近世都市が生み出した化物——髙岡弘幸
雑穀を旅する——増田昭子
川は誰のものか 人と環境の民俗学——菅 豊
名づけの民俗学 地名・人名はどう命名されてきたか——田中宣一
記憶すること・記録すること 聞き書き論ノート——香月洋一郎
柳田国男 その生涯と思想——川田 稔